文明的
另一种声音
01

GETTING OVER EUROPE

克服欧洲

[塞尔维亚] 佐兰·米卢蒂诺维奇 著
彭裕超 译

塞尔维亚文化中的欧洲形象是如何被塑造的?

商務印書館
SINCE 1897
The Commercial Press

Zoran Milutinović
GETTING OVER EUROPE
The Construction of Europe in Serbian Culture
Copyright © Zoran Milutinović
中译本译自罗多彼出版社 2011 年版

目　录

导　论 / 1

第一章　世界主义的民族主义 / 37
　　　　弱势民族是不幸的，也是崇高的 / 49
　　　　一位挪威人也报以同样的赞美 / 63
　　　　要么西方，要么死亡 / 66

第二章　斯拉夫使命的探寻：本真性和野蛮性 / 95
　　　　约万·茨维伊奇 / 98
　　　　寻找使命 / 104
　　　　丹尼列夫斯基还是柏格森？ / 113
　　　　"怨愤" / 117
　　　　理性的维京人 / 123
　　　　克服它 / 127
　　　　还　乡 / 134

第三章　绅　士 / 143
　　　　"永远不要失掉分寸！" / 146
　　　　痴迷法国 / 164
　　　　"先生" / 168

第四章　关于欧洲衰落和复兴的预言 / 181
　　　　不再稳固的中心 / 183
　　　　欧洲的精神复兴 / 207

第五章　噢，做个欧洲人！拉斯特科·佩特罗维奇在非洲学到了
　　　　什么？ / 223
　　　　只是看 / 226
　　　　他们与我们有什么不同？ / 234
　　　　但是，我们是谁？ / 241
　　　　"小镇传令兵" / 248
　　　　佩特罗维奇学得很快 / 251

第六章　维舍格勒的庞大机器 / 253
　　　　秩序与进步 / 256
　　　　"新人类" / 261
　　　　庞大的机器 / 267
　　　　桥 / 276

第七章　误解是常理，理解是奇迹 / 279
　　　　误　解 / 293
　　　　理　解 / 311

结语：野蛮人 / 325
人物小传 / 335
参考文献 / 343
致　谢 / 359
译后记 / 363

导　论

就在第二次世界大战的战火蔓延到南斯拉夫的几个月以前，博格丹·拉蒂查（Bogdan Radica）的书——《欧洲的痛苦》（The Agony of Europe, 1940）出版了。拉蒂查是南斯拉夫在两次世界大战之间，派驻法国、瑞士和意大利等国的外交官，他对欧洲各国的作家、思想家、学者和舆论家进行过采访，并在南斯拉夫首都贝尔格莱德的文学杂志和报刊上，刊发了这些访谈录。《欧洲的痛苦》正是这些访谈录的合集。其中一些受访者已经被人遗忘，而另一些则对当代读书界依然产生着影响，如保罗·瓦莱里（Paul Valéry）、托马斯·曼（Thomas Mann）、安德烈·纪德（André Gide）、查尔斯·莫拉斯（Charles Maurras）、乔瓦尼·帕皮尼（Giovanni Papini）、菲利波·托马索·马里内蒂（Filippo Tommaso Marinetti）等作家；又如贝内代托·克罗齐（Benedetto Croce）、尼古拉·别尔嘉耶夫（Nikolai Berdiaev）、何塞·奥尔特加·伊·加塞特（José Ortega y Gasset）、雅克·马里坦（Jacques Maritain）、德米特里·梅列日科夫斯基（Dmitrii Merezhkovskii）、阿德里亚诺·蒂尔格（Adriano Tilgher）等思想家；再如古格列尔莫·费雷罗（Geglielmo Ferrero）和乔治·杜哈默尔（Georges Duhamel）等历史学家。在对他们的访谈中，拉蒂查提了同样的问题：欧洲是什么？欧洲在哪里？欧洲真的已经奄奄一息了吗？如果是的话，该怎样做才能拯救它？值得一提的是，拉蒂查访问的对象并不包括政治家们，因为，在整个战争期间，塑造欧洲身份的人，不是欧洲的政客，而是这片大陆上的前卫作家和现代文人。

几乎所有的受访者，一方面把"欧洲"定义为一系列的价值，另一方面把"欧洲"定义为严肃地接受这些特定价值的某个地理位置。托马斯·曼称，"欧洲"是一种对精神和道德价值观念的理解，而这种理解正在迅速消失。安德烈·纪德说，"欧洲"的主要特征是思想观念，是关于人类自治和自由的思想观念。乔治·杜哈默尔认为，"欧洲"是关于秩序、尺度、清晰性和融合性的原则，因此它与代表着患病的、混乱的"东方"势不两立：

> 从东方传入欧洲的，只能是原始而混乱的病态思想。任何革命运动和宗教运动的极端化都将对欧洲秩序和平衡构成威胁。只有被西方有所保留地整合、分析的东方思想会成为文明和文化的基础。

对于拉蒂查的大部分访谈者来说，欧洲并不是指某个特定的地方，而往往与价值观、原则、思想和方法论相关。在1928年，杜哈默尔接受拉蒂查的访问，在回答"欧洲在哪里"的问题时，杜哈默尔给出了非常精准的定义："它包括了勃艮第地区的一小部分，香槟地区的一部分，以及诺曼底地区的几公里地。"八年之后，在第二次访问中，他表示，在欧洲大陆的东部和南部的很多地方，也可能找到"欧洲"，"只要这些地方存在一个参照着'真正的欧洲心脏——巴黎'而建立起来的'欧洲式'的社会"，而那里的"知识分子精英心系欧洲文明的救赎，以及西方文化的未来"，那么那里就是"欧洲"。随着战争逼近，杜哈默尔的"欧洲"变得更加广阔,到了1939年,它还囊括了伦敦、奥斯陆、佛罗伦萨和雅典之间的陆地。对于拉蒂查的第二个问题,所有的受访者都给出了一致的回答:是的,欧洲就算不是奄奄一息,也已经病入膏肓了。所有的受访者一致认为,欧洲正一头栽向灾难、战争和末日。只有贝内代托·克罗齐认为,黑暗只是暂时的。拉蒂查进一步问道,什么是欧洲走向衰败的内在原因?阿德里亚诺·蒂尔格解释道,原因是在经济和政治因素的共同作用下民族主义的不断升温。古格列尔莫·费雷罗则认为,定量论[1]对定性论[2]的压制使得一切传统价值因此而消失。欧洲正被自身的产物、最骄傲的作品——现代性所扼杀,这很可能是欧洲游走在死亡边缘的原因。瓦莱里说,欧洲堕落的根源在于政治对文化的压制——当一个社会的技术组织到达顶峰的时候,它的文化就会走向消亡。天主教思想家马里坦对此有不同的看法,欧洲衰落的原因是物质的泛滥导致精神的缺失,社会生活在各个方面都对基督教信仰有所压迫。别尔嘉耶夫只是简单地说:欧洲的式微始于一切价值观念的沦丧。而托马斯·曼、查尔斯·莫拉斯和乔瓦尼·帕皮尼都认为,野蛮人的入侵导致了欧洲的失败,尽管他们没有在"谁才是真正的野蛮人"这个问题上达成一致。帕皮尼和托马斯·曼把种种价值观的堕落,怪罪于"技术的"和"机械的"文明化进程。除此以外,托马斯·曼还试图把"体育的入侵"也当作衰败的罪魁祸首。帕皮尼把共产党、俄国人和亚洲都

---

1 所谓定量论是用数字来表达的理论,理论中的命题、变量和常量及其相互关系都是用数字来表达的。只要将特定的数字带入定量理论公式,便可获得相应的结果。研究者也可通过设置特殊条件并观察输出中是否有特定数值的方式来检验理论。——译者

2 与定量论不同,定性论是用文字而不是用数字形式来陈述的理论,定性论是大多数社会科学理论所采用的形式。这个理论并没有用数字来表达语言获得的参数,而用文字来说明对语言起着决定性作用的重要变量。——译者

视为野蛮性的根源，而托马斯·曼认为帕皮尼法西斯主义者和德国纳粹的身份，同样也应该被看作野蛮性。莫拉斯认为，帕皮尼恰恰代表着那一种将欧洲推向深渊的野蛮性，并且谴责这种野蛮性正在瓦解欧洲的普遍文明和道德统一。

拉蒂查进一步问道，欧洲是否还有救，我们是否能够找到药方？对于这个问题，他的对谈者都持怀疑态度，不过他们也认为，欧洲联邦制或许值得一试。梅列日科夫斯基说，欧洲人应该等待弥赛亚的回归。帕皮尼坚持认为，治疗欧洲的希望，应该寄托于意大利。莫拉斯认为希望在法国，马里坦认为希望在基督教，别尔嘉耶夫进一步明确说，应指望俄罗斯基督教。另一方面，加塞特在年轻的巴尔干国家身上看到了欧洲的救赎："在既年轻又崭新的巴尔干国家，现代的思想和新鲜的理念得到了最准确的解释。这些崭新而欠发达的国家，正代表着欧洲的未来。"这种看法在南斯拉夫得到了很好的诠释。

那么，在当时既年轻又崭新的巴尔干国家首都之一——贝尔格莱德，人们又是怎样看待欧洲呢？本书的目的就是希望回答这一问题：塞尔维亚文化中"欧洲"的形象是如何建立的？本书将从两次世界大战之间主流文人和知识分子的文本作品中寻找答案。本书要研究的不是欧洲表征的真伪或准确与否，而是它的话语建构模式。这个问题往往要借助形象学[1]来探讨：谁来建构，

---

[1] 尽管传统的文学动机的历史（Stoffgeschichte）为关于他者形象（hetero image）和自我形象（auto image）的研究提供了充足的资料，这些资料有着可贵的研究价值，并具备了形象学的特征。20 世纪 60 年代，由胡戈·狄泽林克（Hugo Dyserinck）领军的亚琛学派（Aachen Programme）取得突破，形象学作为学科分支被引入比较文学。在当时，勒内·韦勒克（René Welek）对文学研究分为"外部探讨"和"内部研究"，他的观点很有影响力，直到 20 世纪八九十年代，才在学科方法和跨学科方法的掩盖下变得不再紧要——因为韦勒克的研究法强调内部研究的"优先权"，不能对作为文学的"外部"的国家形象研究提供充分支持。不过，无论（接下页）

建构者具有何种权威性？这些建构究竟是为谁而设？关于欧洲的表述是如何起作用的？它应有的作用是什么？"欧洲"的对立面应该是什么？当人们拿"欧洲"跟塞尔维亚做比较的时候，会遇到什么问题？为什么会有这些问题？在建构的过程中，话语元素来自于何种话语传统？所有关于他者的表述同时也是关于自我的塑造和确认，因此我们同样需要考察作为他者的欧洲，如何反向定义塞尔维亚文化的自我认知。

两次世界大战之间（时间跨度还可以向之前和之后再延伸几年），是生活在欧洲大陆的我们认识欧洲的一个极其重要的阶段。虽然，关于欧洲的概念、形象和思想一直存在，但许多知识分子是从第一次世界大战的灾难中，看见了寻求欧洲文化、政治和社会的意义统一的迫切性。对于欧洲的政治家来说，要使他们得到同样的感悟，则需要一场更大规模的战争、一场更加深刻的灾难。第一次世界大战让欧洲人对他们的未来感到悲观绝望，他们对之前一个世纪所取得的成就失去了信心。在许多人看来，欧洲已经错过了挽回和救赎的最后时刻，奥斯瓦尔德·斯宾格勒（Oswald Spengler）甚至还创立了一套哲学，从生物学角度解释欧洲没落的必然性。他遵循19世纪中叶的科学范式，他的说辞颇有"末日美感"：如果我们必须死去，那么在我们的自我意识中，目睹自己的死亡一定是具有某种审美特质的，不然我们也不会成为第一个眼睁睁等待着自己死亡的文明。其他人更希望欧洲的结局还有悬念。托马斯·曼不认同斯宾格勒，他认为斯

（接上页）是后结构主义文学方法的发展，如史蒂芬·格林布拉特（Stephen Greenblatt）的文化诗学，还是跨学科领域的建立，如后殖民研究（概念和知识去意识形态化的现象泛滥成灾的领域），都是对狄泽林克理论的支持和印证。关于形象学的历史和理论，详见 Beller and Leerssen 2007。

宾格勒是"尼采的聪明猿",他在小说《魔山》中,把主人公汉斯·卡斯托普(Hans Castorp)送到战场,且没有让他平安归来。另外,很多文人作家、知识分子和政治家在这个时候开始赞美欧洲,誉欧洲为最值得钦佩的文化大陆,是唯一有可能拯救世界免于陷入野蛮性的大陆——然而在1914年到1918年间,欧洲自身却深深地陷入了野蛮性,世界上其他国家全都小心翼翼,就怕给欧洲火上加油。两次世界大战之间,欧洲呈现出雅努斯[1]般的面孔:它既是疾病又是救药;它既是没落和衰败,甚至是死亡的代名词,但同时又是人类最后的希望,是值得活一次的生命。卡蒂安娜·奥吕克(Katiana Orluc)致1918年的欧洲有识之士说:

> 欧洲是一个腐败的社会,正如在启蒙运动时期一样,它危在旦夕,但即便如此,它似乎是守护文明的最后一线希望,它是个讲求道德而濒临灭绝的实体,有时候甚至还是重新获得霸权的唯一手段。

在两次世界大战之间塞尔维亚文人作家和知识分子的著作中,围绕欧洲形象进行的同样是一场漫长而深刻的讨论,欧洲的形象是双重的:它既是一种病,也是一种药。这几十年是塞尔维亚文化中欧洲话语建构的关键时期。在这段相对较短的时期以前,欧洲往往是对欧洲列强的指称,它是塞尔维亚挣脱奥斯曼帝国统治的关键希望,同时也是对塞尔维亚"文明"进展(建设铁路、工业化、建设现代政治、发展教育)总方向的指称。无论哪

---

[1] 雅努斯是罗马神话中的两面神,两副面孔一个在脑前,一个在脑后;一副看着过去,一副看着未来。——译者

种指称,关于欧洲的含义都是清晰的:有人对欧洲列强充满了反感和反抗,因为欧洲列强害怕俄国把巴尔干地区纳入自己的势力范围,所以宁愿暗中帮助奥斯曼帝国在巴尔干苟延残喘;有人对现代性充满了戒备和厌恶,因为它将让传统农民社会的田园牧歌戛然而止。还有一些人将欧洲奉为唯一值得借鉴的社会模式、政治模式和文化模式。第二次世界大战以后,在政治环境翻天覆地的情况下,这样的争论变得毫无意义。欧洲分裂为资本主义的西方国家和共产主义的东方国家,以及夹在中间的南斯拉夫——南斯拉夫不愿意被划为西方阵营或者东方阵营中的一员。直到20世纪80年代中期,欧洲才被重新提起。只有在共产主义政权受到挫折时,有关欧洲的有意义的讨论才再次成为可能。不过,欧洲联盟的存在成为全新的背景,欧洲以政治经济"二重身"的姿态粉墨登场。正如周恩来所说,如果以一个历史学家的眼光来看,塞尔维亚文化中关于欧洲的争论意义何在,其走向如何,"尚还很难下最后的结论"。但是,毫无疑问的是,从很多方面来看,这场争论是从半个世纪以前中断的地方重新被拾起的:那些旧书,在绝版了几十年后,被再版重印,而那些旧的论断,如今又找到了新的推动者。塞尔维亚文化中的欧洲建构掀起了第二股浪潮,这股浪潮并非毫无意义。因为它是在波及好几个欧盟国家的南斯拉夫战争的阴影下被掀起的,这种复杂性引起了吉布斯(Gibbs)的讨论。很明显,在新的浪潮中被使用的形象资源和思想储备,很大程度上恰恰来自两次世界大战之间的那一场关于欧洲的讨论。因此,本书准备着手对这些形象资源和思想储备展开考察。

在两次世界大战之间,欧洲的形象建构活动之所以成为可能,不仅是因为塞尔维亚政治和文化的两个巨大的他者——奥斯曼帝国和奥匈帝国在第一次世界大战中灭亡了,从而释放出与帝国相关的活力和想象力,还因为有一定数量的本国人,可以带着合理的自信心参与这一建构过程。19 世纪塞尔维亚眼中的欧洲形象非常简单:列强和文明——一方面由于列强有着更强的国力,并以自身作为文明国家代表,有一种高高在上的地位,塞尔维亚人对此无力忽视。另一方面,当时的塞尔维亚人与外国人打交道的经验相当有限。到了 20 世纪初,随着掌握外语和了解外国文化的人越来越多,在西欧不同地区有过生活和学习经验的人越来越多,对相关问题有一定知识视野的人也越来越多,人们不断上升的智性水平和不断丰富的生活经验,成为建构复杂的欧洲形象的重要前提。

在本书中,我们会遇到哪些人、哪些见解和哪些思想呢?1947 年春天,作家兼前皇家外交官布兰科·拉扎列维奇(Branko Lazarević)在贝尔格莱德参观了大量的古董店和二手书店。他没有买任何东西,他和他的随从都没有钱买书,但是他好奇在卖的都是什么书。另外,他还希望能够发现一些曾经属于他以前的私人藏书室的东西。他最引以为傲的藏书,曾经藏在了贝尔格莱德的住宅,但是他所有的书都被政府没收了,并且被送到了白宫——曾经是王宫,战后被铁托元帅用作自己的官邸,拉扎列维奇知道自己再也见不到这些书了。但是,他在赫瓦尔岛上的别墅和他在贝尔格莱德的第二所公寓,在战争期间和战争结束后遭到洗劫,他有理由相信他曾经拥有的某本奇书会在某个地方突然出现。[1] 在店里的书架上,他发现了贴有他朋友藏书票的书,

---

[1] 在战争的最后阶段,为了躲避战火,拉扎列维奇逃到了贝尔格莱德附近的村庄。当他回到市里的公寓时,他发现一群游击队员聚在篝火边。因为他们找不到炭,士兵们用书来烧火取暖。他们为自己辩护说,这样做是经过深思熟虑的:从老书开始烧。就此,拉扎列维奇失去了他珍藏的第一版《伏尔泰选集》。(Milićević 2007: 462).

于是便想起了朋友们藏书室里的其他物品。他想起了博格丹·波波维奇（Bogdan Popović）珍藏的德加的小画，想起了约万·武茨科维奇（Jovan Vučković）珍藏的鲁本斯的画作，想起了博什科·乔拉克-安蒂奇（Boško Čolak-Antić）有一幅伦勃朗的小画，尽管有可能是件赝品。拉扎列维奇并不奢望找到这些油画，但他发现那里有很多书是被主人（或者盗贼）当卖的，并且已经在书架上逗留了很长时间。这是一个理想的考察机会：考察战争前富裕的贝尔格莱德人都读什么书？拉扎列维奇发现，原版的希腊和罗马经典并不多见，印度和中国的经典完全没有，甚至连译本都没有。西班牙语和斯堪的纳维亚语种的书籍也只有极少数。可以找到一些意大利语和英语书籍，德语书籍不少，而最多的竟然是法语书。拉扎列维奇写道："一百本书中，有九十本是法语的。"他甚至还找到一些珍本：

> 我甚至找到了梅特林克战前的最后一部作品——《在最后的沉默之前》（*Avant le dernier silence*）。无论它以前的主人是谁，他都一定是位有品位的读者。年轻的文化体是不会读这样的作品的。如果找到马塞尔·普鲁斯特，虽然也是非常偶然，但我不会感到惊讶，因为普鲁斯特是时髦的。不过，能找到梅特林克、蒙泰朗、帕皮尼就不简单了，需知道，要读懂他们的作品，得有丰富的文化知识背景。

架子上的这些书促使拉扎列维奇对贝尔格莱德过去五十年的文化发展进行反思。在第一次世界大战以前：

> 国外的书，尤其是巴黎出版的书，新出版后几天就会来

到我们的知识分子手中……人们周游各国，学会了新的语言。人们订阅《坦帕斯》（*Tempus*）、《时代》（*Times*）、《新自由报》（*Neue freie Presse*）、《两个世界的评论》（*Revue de deux mondes*）等期刊。许多年轻人去到巴黎和柏林留学，还有的人到了伦敦。本土有《塞尔维亚文学先驱报》（*Srpski književni glasnik*）和《作品》（*Delo*）等专门对最新文学潮流和学术出版物进行介绍的刊物，国外的剧作首演后不久就会在贝尔格莱德的国家剧院的舞台上演，时装和其他事物也是如此。然而，1914—1918年爆发了战争，使上述的一切影灭迹绝。图书馆和家具店被战火摧毁。然而，到1941年，贝尔格莱德再次以文学、科学、建筑、音乐、绘画和雕塑等重新孕育起自身的文艺活力。人们重建楼房，修建图书馆，创作音乐。贝尔格莱德的期刊和杂志在欧洲可以跻身领先行列，体现出了优秀的品质。戏剧和歌剧同样得到了很好的发展……虽然，从数量上看，贝尔格莱德的文化生活并不突出，但是我们可以明显看到这座城市正逐渐酝酿出中欧城镇的精神面貌。1941年以后，一切又一次灰飞烟灭。

拉扎列维奇的日记里的这一段话最近被人发现，它很好地揭示了他那代人对文化、历史以及欧洲的思考方式。还有一件事为拉扎列维奇的"格调"加分：他的文化背景属于精英阶层（Bildungsbürgertum）[1]文化，这一阶层的人一般拥有名声显赫的

1　Bildungsbürgertum 在德语中指精英阶层，从 Bürger（市民阶层）一词而来，精英阶层比一般的市民阶层具有更高的文化修养。

家庭图书馆和豪华的家具，而德加和伦勃朗的画更是特殊的荣誉标志。在这一阶层中，"孕育文化"首先指的是消除塞尔维亚（文化语境中）的奥斯曼帝国的遗产，特别是在物质文化领域的文化遗产，其次指的是追随欧洲其他公认的大都市，尽可能多地了解像梅特林克最新著作这样的文化时尚趋势。温蒂·布雷斯韦尔（Wendy Bracewell）将拉扎列维奇对自己外围地位的确认定义为"外在情结"：欧洲的规范视野存在于别处。不过，知道自身所处位置没有害处：拉扎列维奇没有将贝尔格莱德与巴黎或者柏林做比较，而是跟维也纳、布拉格和布达佩斯做比较，他发现贝尔格莱德的情况并不是太糟糕。在拉扎列维奇简短的历史回顾中，最有说服力的是其文本所塑造的一个缺席的他者。拉扎列维奇从未打算把日记出版示人，这位被边缘化的、穷苦的、孤独的、沮丧的前任皇家使节，从不奢望自己的思考会引起战后共产主义南斯拉夫这个新生国家的任何人的兴趣，这份手稿最终被找到并且被出版，可以说是一个奇迹。以这种最为私密的、内心独白的形式，拉扎列维奇流露出对大都市凝视的内化过程，这种凝视赋予了他东方的、非欧洲的局外人身份：他不得不通过在书店里观察书籍，以寻找旧日美好回忆的证据，最终正是为了抑制这种内在凝视。他对欧洲的思考，无疑受到了深层割裂思维的影响，这种思维把欧洲大陆分成了东欧、南欧、巴尔干，以及这三者以外的部分——大陆的西北部分，西北欧，即唯一名副其实的欧洲。

这种分裂是必然存在的吗？对于以多西泰伊·奥布拉多维奇（Dositej Obradović）和柳博米尔·内纳多维奇（Ljubomir Nenadović）为代表的早期旅行者来说，当然不是。奥布拉多维奇周游欧洲，不管在伦敦、巴黎，还是在士麦那（Smyrna）[1]，一样感到悠然自在。无论到了何处，他总能遇到热情的当地人邀他共进午餐，共赏美酒，他从未有过被人轻视的感觉。内纳多维奇在瑞士学习，又在德国留学，他注意到在这两个国家生活有好的方面也有不好的方面。与塞尔维亚的乡村相比，德国乡村的贫穷落后使他感到震惊，却从未因"缺乏欧洲性"而受到委屈。内纳多维奇还赞扬黑山，认为黑山具有可与瑞士媲美的自由传统，尽管形式不同。不过，拉扎列维奇的同代人生活在一个较为狭小的世界，那时候大部分的欧洲人有文化素养，可以看书读报，可以从书报上接触到由他们社会的新闻精英和教育精英提供的关于巴尔干的知识。这些知识，往往被污名化的刻板印象所笼罩，其中的微义对一般的欧洲读者来说难以甄辨，他们只会把这些负面的印象当作普通的知识一样进行吸收。鼓励文化与民族更加接近的想法，总是会带来更加深刻的理解与同情，却没有普遍的有效性。另一方面，拉扎列维奇那代人登上舞台的年代，欧洲自身的内部联系与融合程度也已经加深了很多。拉扎列维奇时代的人们与欧洲生活的融合程度，远比奥布拉多维奇和内纳多维奇的年代要高。相比而言，拉扎列维奇那代人操多种语言，生活在各种不同的地方，比前辈们有更加广阔的知识视野，总体上比前辈们更有"欧洲"的感觉。伏尔泰有着丰富的人生经历，他会说多种语言，在法国、英国、德国和瑞士都生活过，履历和见识远比他同时代的、只会说一种语言、只坐在书桌前做研究的知识分子丰富。到了20世纪初，伏尔泰的"躁动"和"坐立不安"已然成为有自我追求的欧洲知识分子的新常态，塞尔维亚人也不例外。

1　即今天土耳其第三大城市伊兹密尔（Izmir）。——译者

随着与欧洲的联系越来越紧密，塞尔维亚人对欧洲文化的了解越来越多，同时也越来越清晰而强烈地感受到欧洲人对自己陈规定型的观念。矛盾的是，他们越是希望在文化和思想上融入欧洲，就越是容易遇到针对他们的刻板印象，而他们对这些外部凝视进行内化的可能性就越大。于是，他们在墙上挂上了德加的小画。

事实证明，放眼欧洲和反观塞尔维亚，是观察的两个维度，但是这里还必须加上第三个维度，那就是外界的凝视。这一视角与本书所研究的学者、旅行者和作家的著作有着密切的相关性。有两方面的原因，一方面，受普遍的认同结构的制约，所有的身份认同始终是关系性的；其次，在两次世界大战之间，关于欧洲的讨论，在欧洲大陆的多个文化体中都有着特定功能。罗伯特·弗兰克（Robert Frank）写道："某个国家关于欧洲的话语，同时也是关于这个国家的话语。"他的文章指出，关于欧洲的思想，始终是各种国家话语的要素之一。两次世界大战之间，塞尔维亚文化中的欧洲形象的建构、投射和定义，不仅与该国的自我投射有互动作用，人们还通过欧洲话语的建构，来对自己的国家进行重新定义、重新建构和重新发明。

读着两次世界大战之间大都市区域（欧洲主要城市）作家的作品，人们不禁会意识到，当时几乎不存在所谓的欧洲。欧洲联盟的成立，相当于为人们提供了一个关于欧洲的想象的锚点，提供了一个制度上的等同物，它将在一定的时间内取代两战之间关于欧洲形象的论战拉锯和混乱杂声。欧洲政治、经济和文化的一体化的未来走向，将决定哪种声音被冠为先驱，哪种见解被冠为长远方略，而其他的声音和意见将被湮灭，将被放逐为不可思议、不切实际的幻想。所有的人，不管是有识之士还是幻想家，都有一个共同点：欧洲不是他们生活所在的地方。不管他们是在汉堡、布达佩斯、佛罗伦萨、伦敦还是萨拉曼卡,他们身处完全不同的地方。他们当中那些最为国际化的人,相信欧洲是同质的,认为欧洲很容易归纳,有着毋庸置疑的、预先确定好的轮廓,正舒适地存在于任何一处,只是恰巧不是他们所在的那处。欧洲不是各个部分的总和,而是一个抽象实体,它真实而充分的物质体现可以在任何地方找得到——除了在他们自己的家里。在这样的逻辑下,标题为"欧洲与X国"的文章到处泛滥。在这样的文章里,欧洲是一个对于思想、形象和价值总和的能指,它干净而协调,它是令人满意的概括,只是它不可能以任何形式存在于任何现实的地方。欧洲总是在别处,欧洲总是别人的,这是所有欧洲人的共同感受,对于那些"非常嫌疑犯"——地理上处于边缘位置的民族,如西班牙人、英国人和俄罗斯人等来说,这种感受自然更深。"欧洲是永远的他者",路易莎·帕塞里尼(Luisa Passerini)写道:

> 别提那些生活在岛屿上的人们,就算对于那些生活在大陆上的人来说,欧洲也常常是"其他地方",从某种意义上说,它不曾是,也不会是公认的祖国,反而是一种深刻而令人困惑的归属感对象……因此,"作为别处的欧洲"已然成为每个国家欧洲身份认同的中心主题。

极少民族认为自己具备欧洲的核心特质,帕塞里尼认为:"大多数的民族都经历过并且正在继续经历着一种持续的感受,那就是欧洲既是他们所共同归属的某种东西,同时又是使他们彼此分离的某种存在。"如何建构这个"其他地方"?如何想象这个地方的内容?这个地方的人们如何生活?人们的恐惧、希望和热情如何投射在这个地方？人们每一次在特定的时间和地方对建构欧洲进行探索时，这些问题都必然会被提起。

这也意味着，人们极少关心"欧洲"和真实欧洲之间的对应关系。两次世界大战之间，塞尔维亚文化中的欧洲建构问题，与真实欧洲之间是否有着对应关系？这个问题我们很难找到准确的答案。人们总是从一个特定的视角观察欧洲，并且在其存在的任何一个时刻都以不同的方式来对其进行建构。就连它的名字也随着时间改变：长期以来，它称自己为"基督教"；到了殖民扩张的高峰期，它把自己的名字改为"文明"；从19世纪末开始，它又更名为"西方"，整个20世纪，它都保留着"西方"和"欧洲"两个名字。本书所观照的作品和作者，正是使用了上面这些名称来指代欧洲，这一做法有明确的战略意义："欧洲""基督教""西方""文明"这些词语体现了不同的话语策略，显示出了显性和隐性的政治和文化目标。每一个名字都不是纯粹的描述性词语，它们背后的话语策略始终反映着显性的竞争关系，它们争先恐后要成为"真理"的表述，通过言语和行为对人们造成影响。这一套逻辑，不仅适用于观照我们即将进行话语分析的对象，同样也适用于分析作为表述者的我们自己。

建构主义历史学家声称，欧洲大陆的东部边界是不明确的，其领土不断向西边溢出。关于欧洲的话语无论什么时候都具有双重特征。彼得·伯克（Peter Burke）指出："在不同时期，'欧洲'一直都是野蛮性、异教徒、专制、奴隶制、有色皮肤、热带地区和'东方'的反义词。它的意涵是文明、基督教、民主、自由、白色皮肤、温带地区和'西方'。同时，值得强调的是，我们可以勉强把它看作是'历史合奏'的进程：也就是说，人们总会有意识地、以偏概全地以自己所处的部分来对欧洲整体进行身份认同。"从这种非地理意义上讲，欧洲不是一个事实，而是一套表述。弗拉迪米尔·坎托尔（Vladimir Kantor）认为："我们正在处理的问题实际上是如何将西方和东方分隔开，将欧洲与亚洲分离。但是我们不能忘记，它们之间的边界是可移动的，因为这里的边界不是地理事实，而是关于世界的历史学解释。"杰拉德·德兰蒂（Gerard Delanty）写道："这个古老的名字在不同的时期对于不同的民族来说有不同的含义。只有当思想和身份认同被建构起来，历史现实被构成的时候，欧洲才得以作为一套话语成为事实。"博·斯特罗特（Bo Stråth）坚信："欧洲是一套被政治化和意识形态化了的话语，如果欧洲有意义，那就是它可以被用作一项政治计划。"所以，用赫兹菲尔德（Herzfeld）的话说："我们必须转换思维，把思考的焦点，从判断欧洲的性格与思维方式，转移到研究本地参与者是如何提出和运用这些言论的问题上。"

克里斯托弗·戈格维尔特（Christopher GoGwilt）认为欧洲是"一套对于没有共同尺度的思想连贯而简短的修辞主张"。这种观点是关于欧洲的新假设。19世纪末20世纪初，"西方"作为一种文化历史、政治身份和文学传统出现，戈格维尔特认为这种现象存在于两种语境中：

> 其一是19世纪80年代的英国殖民修辞语境：当时"新帝国主义"下的沙文主义宣传和政治都处于鼎盛时期。对20世纪的修辞力量构成影响的另一个语境，是发生在19世纪60年代的俄国知识分子辩论，这场辩论影响了西欧思想在世纪之交的主要流向。

戈格维尔特认为"西方"一词的兴起，是相吸又相斥的两套关于欧洲身份认同的修辞共同作用的结果。对于这个问题，阿拉斯泰尔·邦尼特（Alastair Bonnett）有不同见解，他认为，"西方"实际上是那些"非西方"的人的发明："早在'西方'成为西欧的争论中心主题以前，关于'西方'的含义以及'西方化'究竟是好是坏的辩论，就已经在土耳其和日本激烈开展。"这些关于"西方"的非西方建构，经常出现在一些国家的论战中：日本人福泽谕吉（Fukuzawa Yukichi）和土耳其人齐亚·格卡尔普（Ziya Gökalp）将西方视为日本和土耳其的积极目标，而拉宾德拉纳特·泰戈尔（Rabindranath Tagore）则把西方视为消极负面的乌托邦，提醒印度要对其加以注意。在这三个例子中，"西方"的建构主要取决于建构者对日本、土耳其和印度这三个国家的看法，而不是基于他们对西北欧地区任何可被验证的描述。在地理上把"西方"定义为欧洲大陆的西北部地区，其实也是存在争议的，因为边界总是根据需要发生着变化。马丁·W.刘易斯（Martin W. Lewis）和凯伦·E.威根（Kären E. Wigen）认为"西方"不属于地理范畴，而属于元地理范畴，可以根据它所服务的话语策略和话语目的，来确定包含哪些空间[1]。"西方"的关键意涵在于：

　　控制和操纵自然的强迫欲望；在与他人竞争时，将自己

---

[1] 刘易斯和威根认为，"西方"或者欧洲的边界，可以通过排除东南欧来确定，"对东南欧地区'去欧洲化'，不仅仅是西方沙文主义者的古老把戏，它到现在还持续发生着显著的作用。与俄罗斯一样，巴尔干地区的任何问题都可以归咎到它的'东方遗产'上。此类观点可以在乔治·凯南（George Kennan）于1993年发表在《纽约书评》（New York Review of Books）的文章《巴尔干危机》（Balkan Crisis）上找到。他写道：'我们如今面对和反对的是一个可悲事实。早期时（接下页）

视为自主主体的倾向；对增长和发展的不可遏制的渴望；对人身自由的强烈追求；对物质财富的饥渴；通过技术手段来寻求社会改善的世俗（this-wordly）企图；以及最重要的，对理性探寻的承诺。而"东方"的思想则与之相反："东方"的本质是社群主义的美学价值，以及其他超俗的（other-wordly）含义。在这种世界观中，个人是对永恒而神秘的集体的奉献。

这份关于"西方"特质的清单，是由西方亲自炮制的，它体现出明显的战略意图，有着面向未来的建构性，而这种建构性唯一关注的是举证和论证的过程，不惜以真理和事实为代价。它对不同的主张有所筛选，"优先认为把欧洲文化联系在一起的主要关键，是启蒙运动的怀疑精神，而不是大规模影响着基督教社会的狂热主义"。刘易斯和威根提醒人们，"理性"是最重要却最具争议的元地理意识建构之一，这个问题很有启发性：伏尔泰和其他哲学家们曾经谴责欧洲缺乏东方的美德思想；而我们今天反对"西方"的人，却把西方的恶果归咎于理性。[1] 近几年来，人们看到中国经济和科技快速发展，是否会想到："控制和操纵自然的

（接上页）代的发展，包括奥斯曼土耳其的统治时期及之前的历史，都对欧洲的东南部地区产生了深刻的影响，赋予其非欧洲文明的特性。这些特性一直延续到今天，使这一地区与当今世界格格不入，甚至比八十年前还不如。'在巴尔干地区，土耳其和伊斯兰的影响虽然是毋庸置疑的，但鲁莽地认定如塞尔维亚这样的国家必然与东欧地区国家在文化和历史上的关联，比与欧洲其他地区的关联更深，则不一定可取……将'种族清洗'这种现代的恐怖行径，视为受东方影响的、违背西方道德的产物，是对欧洲历史极其偏颇的选择性记忆。凯南的把戏在于将纳粹主义归咎于东方信条，从而对历史责任进行否认。我们的元地理意识已经变成了一种工具，用于把西方文明的罪恶转移到非欧洲他者身上"。（Lewis and Wigen 1997: 68）

1 萨米尔·阿明（Samir Amin）举了一个简单的例子："19世纪，东方的闪米特人被视为劣质人等，是因为他们有着所谓'旺盛的性活动'。而如今，精神分析等研究又说，东方人的劣质性，却是来源于其强烈的'性压抑'。"（Amin 1989: 95）

强迫欲望、对增长和发展的不可遏制的渴望、对物质财富的饥渴、通过技术手段来寻求社会改善的世俗企图,以及对理性探寻的承诺",这些特质用来描述东方难道不是比描述西方更为贴切吗?中国追求发展是不是为了"西方化"?这个问题的答案取决于,在大众想象中现代化是不是等同于西方化。

起源高于过程,地理先于历史,是"现代化=西方化"等式的核心假设。本质上,现代化的确代表着西欧的文化精髓,因为(据说)现代化的确起源于西欧……我们不认为个人主义、民主、世俗主义等就是西方文化的本质内容和跨历史内涵。罗马天主教是西方文化区的基础机构,它却竭力反对个人自由、现代科学、民族、市场文化和世俗主义的发展,现在在试图保持"传统"家庭结构方面,它又发现自己很难与激进的伊斯兰教坐到一条船上。实际上,所有这些类似的现代化"主义",在西欧都受到严峻的抵制,难以立足。此外,所有这些"主义",最开始都是由全球进程催生而成,而它们同时又被证明是不完整的、偶然的。

从欧洲和"西方"这两个概念的既定内容出发,来研究欧洲或者"西方"如何在一种特定文化体中建构的问题,是无法成功的。如果我们试图忽略欧洲和"西方"不过是一种话语策略这一事实,从一开始就对其内容进行定位,那么我们所做的只是从研究的文本和作者中,把有关内容进行归类,或者找出那些关于欧洲和西方思想的发生了偏差的表述而已。最终的结果顶多是归纳出我们自己的欧洲或者"西方",即话语策略本身:这样的表述只不过是对它想要的内容的简单假定。有两种完全不同的方法有助于证明这一点：海登·怀特（Hayden White）的论断可能是对当代欧洲建构最激进也最有挑衅性的描述，他的结论可以说是毁灭性的：

> 在话语以外，"欧洲"从不存在。这种文明的历史属性是对世界霸权的冲动，面对那些它无法占有、吸收或者消费的东西，它就将其摧毁。那些有远见者和无赖者的讲话和著作，实质上是为此寻找一种不在场证明……正因为欧洲是一套话语，或者仅仅存在于话语之中……我们就必须考虑话语是如何建构身份认同的，把身份认同标榜为一种本质存在，且准许其作为最不人道的社会行为采取行动。欧洲话语极力逃避确定其内在价值，认为欧洲的身份是被赋予的而不是被"标记"的，因为身份是"不言而喻"的东西。这种话语，所言说的无非是欧洲用以购买"文明"而支付的"野蛮性"。本雅明、博尔赫斯和福柯等许多现代主义作家和思想家已经把野蛮性作为欧洲文明的核心来加以分析研究。这种野蛮性，体现在欧洲为了整合和净化其身份所做的各种努力当中：纳粹第三帝国，及其摧毁破坏任何被认为是对雅利安人有害的其他民族、文化和机构的计划……德国人屠杀犹太人已经过去五十多年了，这件事似乎被"中和"了，在话语中竟然没有留下任何痕迹，这就是欧洲在大屠杀问题上的共谋。如果，身份认同取决于主体的历史作为、习惯行为和持续行为（而不是主体的思考、想象和愿望），那么欧洲的本质必然是反犹太主义和种族主义无疑。

怀特研究的重点是那些在我们当代欧洲话语建构中很少被解

释而往往被压抑的问题。他的结论不仅批判了人们普遍接受的、自我奉承的话语策略和对事实的故意遗漏和曲解,而且还批判了"欧洲的核心本质",以及它"对不能占有的东西势必摧毁的霸权冲动",指出反犹太主义和种族主义是其最显著的表现。怀特的目的是揭露那种特别受欢迎的话语策略的作用模式,从而揭露它不希望去解释的东西——就像胶片的底片,他最终的结论主张,欧洲的核心本质仅仅在于它的历史存在,而这点受到了毫无必要的简化。怀特的话语策略是把欧洲身份的一个方面——霸权、暴力和野蛮作为欧洲身份的基石,同时压制其他的方面。通过这样的做法,怀特为常常扭曲的、自我奉承的话语策略找到了平衡,但是,如果我们把他对欧洲核心本质的判断作为出发点,那么我们本书可以做的,就是对书中提到的作者和作品进行分类,分类的标准是他们所发现的欧洲与"真相"是否接近。在这些作者和作品中,野蛮性是一个很常见的词语。一位作家把欧洲看作是霸权和统治的体现,而另一位作家的欧洲则跟怀特的欧洲形象很接近:旨在消灭种族主义无法吞噬的东西。其他作家把欧洲和"西方"视为绅士风度的化身,有着珍贵的文化模式和值得珍视的文化成就。不过,约万·斯凯尔利奇(Jovan Skerlić)倾向于把欧洲的自我奉承话语策略和怀特的野蛮霸权话语模式融合在一起,他眼中的欧洲是活力、工作、民主、进步、理想主义、世俗主义的综合体,同时又充斥着被闪亮的文明话语包装过的帝国主义的可恶罪行。在我们看来,所有关于欧洲核心本质的论断中,一些是正确的,一些是错误的,而斯凯尔利奇的论断则介于两者之间。本书所讨论的作家从不同的角度来看一个非常复杂的身份,而这一身份的核心本质——就算它真的存在——也不可能简化成一种表现形式,更不存在所谓的内在价值。是否存在某种可能性,仅仅因为我们为了阐述它而创造和使用了各种话语,才使其有了含义?

就算我们决定不理会怀特所提出的关于欧洲身份认同不受欢迎的那方面,坚持遵循西方自我奉承的话语,问题依然存在。霍尔姆·桑德豪森(Holm Sundhaussen)把"西方"看作是与"自由、人权、民主、法治、个人主义、公民社会、市场经济、多元化、国家与教会分离、理性主义等概念相关的未完成工程",他非常谨慎,没有断言这些价值是"西方"的历史现实,而把它们视为对西方"历史增长的规范性理解"。桑德豪森的解释与人们所熟知的"未完成的现代性工程"类似,他只是换上了新的名字,而在地理问题上,他主要还是与欧洲西北部关联。尽管在日常使用和学术探讨中这种现象非常普遍,然而这样的做法会引起概念上的混乱。桑德豪森认为在"西方"存在着强大的反西方力量,这种说法可能有些片面。如果要以这种方式来假定"西方",那我们会发现,跨越了漫长的历史之后,直到最近,"西方"忽然开始深刻地反对自己了。"以现代性作为判断标准,站在历史的对立面,反对历史的大部分,甚至是'西方'的历史——这样的倾向极具诱惑",这也是当下主义的概念陷阱之一。桑德豪森把反西方主义分为古典和现代两种:现代反西方主义萌生于19世纪末,是对现代化进程的一种应激反应;在桑德豪森看来,古典反西方主义具有宗教和教会内涵,这正是东欧和东南欧的特征,这一特征来源于东、西教会的分离。换句话说,古典反西方主义,指的就是东正教对"西方"的态度。古典反西方主义是反西方主义的一个子类型,自教会分裂以来,东正教会就被认为是"与自由、人权、民主、法治、个人主义、公民社会、市场经济、多元化、国家与教会分离、理性主义等概念相关的未完成工程"

所对立的，甚至在"工程"出现以前，东正教的对立地位就已被确立。人们可能会想，在教会分裂时期，究竟又是谁提出这些价值观的呢？是东欧、东南欧，还是西欧？东正教的反西方主义针对的是罗马天主教会，在 11 世纪时，罗马天主教会代表的肯定不是现代性。在现代性工程的背景下，"西方"不断合并，"西方"原本指的是欧洲的地理区域，却产生了"确定欧洲的核心本质，并以它作为尺度衡量别人"的话语建构过程。"西方"一词不能澄清任何问题，反而带来了重重困难。

本书所研究的文人作家，与欧洲化、西方化和现代化的修辞建构有着密不可分的关系。他们极具冒险精神，勇于突破欧洲中心主义的局限，直面东方主义和西方主义构成的辩证逻辑[1]，这些万里挑一的品质构成了他们的知识视野。从广义上说，这是一本关于塞尔维亚西方—东方主义的书，其主要特征为：以欧洲中心主义为基础假设，怀着对西方化的渴望，但是又对欧洲的霸权形象有着强烈的警觉。欧洲霸权把塞尔维亚人和其他众多民族排除在外，这些民族既对自己不符合欧洲普遍标准的事实感到绝望，又对霸权的存在感到愤怒；既想"像所有人一样"，又认识到没有人可以"像所有人一样"，世界上几乎不存在一模一样的东西。罗伯托·达依诺托（Roberto Dainotto）在米凯莱·阿马里（Michele Amari）的后期研究中，同样发现了这种中间位置：并不是只有依循了欧洲精神的人才能在历史中享有自己的位置。每个人都有独特的历史，并且与众不同，所以每个人在世界历史上都应有一席之地。拉斯特科·佩特罗维奇（Rastko Petrović）用

1　关于欧洲中心主义，详见：Amin 1989, and Chakrabarty 2007; 关于西方主义，详见：Coronil 1996, Carrier 1992 and 1995; 关于东方主义，详见 Said 1979。

一句预言式的极有分量的话说:"在我们克服欧洲,或者学会讲欧洲的语言之前,我们不可能在自己身上发现任何价值,更别说用某种有益于世界的方式来描述这些价值。"这就是本书所遵循的叙事方式。我们将以约万·斯凯尔利奇和伊西多拉·赛库利奇(Isidora Sekulić)为起点。他们把19世纪的欧洲建构总结为一个值得学习,但绝不能盲从的政治、社会和文化模式。到了动荡的20世纪20年代,本书发现了战前模式的延续,以及对欧洲模式的差异化认知(从表现主义式的向往斯拉夫和印度,到本土主义式的排斥欧洲,再到借斯拉夫野蛮优越性最终征服欧洲)。到20世纪40年代,本书主要以伊沃·安德里奇(Ivo Andrić)的作品为考察对象,这时西方—东方主义的模式和以现代化为途径的西方化终被克服、被超越。当然,这跟一部戏剧里的三幕不一样,没有明确的阶段,而相同的情境又反复出现。逻辑顺序和时间顺序可能是颠倒和混乱的,但塞尔维亚文化的总体前进方向显而易见,它不断朝着超越欧洲建构的方向发展。德拉吉沙·维托舍维奇(Dragiša Vitošević)的书名昭示了这一叙事线索——《向欧洲走去,然后回来》(*To Europe and Back*, 1987)。维托舍维奇指出,大部分人都是先学会并掌握了"欧洲方法",然后在很长一段时间过后,其创作在隐喻层面和文字层面才回归到"本土模式",这是塞尔维亚大部分文人作家和艺术家所依循的文化轨迹。不过,本书不同意这一判断,认为这种现象在个人或者整体文化中都没有过体现。20世纪20年代到40年代,塞尔维亚文化没有回撤(即回归到没有受到过欧洲建构影响的本土主义),而是"学会讲欧洲的语言",正是这样,它才得以发现自己的价值,以及自己在欧洲文化中的谦卑地位。

如前所述,在19世纪的塞尔维亚人中,"欧洲"和"西方"

代表着三个相互联系的含义：社会、经济和政治的现代化，文化传统，以及大国列强。这三个方面在另外两个巴尔干文化体中，即与塞尔维亚有共同的宗教历史和文化传统的希腊和保加利亚，也有所体现。[1] 希腊、保加利亚和塞尔维亚的欧洲话语的主要特征非常相似：一种在历史中姗姗来迟的自卑和尴尬的感觉，以及尽快理解并实现与欧洲看齐的普遍模式的愿望。"这样就能在一到两个十年内达成其他人在一两个世纪里取得的成就。"除了许许多多的相似之处以外，希腊、保加利亚和塞尔维亚的文化传统也有很多特殊的地方，这导致它们在各自的欧洲建构中有不同的侧重点。比如，塞尔维亚和保加利亚在认同古希腊文化遗产方面不具备优势，因而它们在欧洲国家等级制中不能享有合法的特权地位；希腊则缺乏与斯拉夫民族团结统一的机会和经验。在这种情况下，欧洲作为现代化途径的含义和作为文化传统的含义，都会受到质疑和引起争议，不过它从未被拒绝过。就像在传统社会中推行现代化一样，总会遇到一些偶然的阻力，但很快就会消除。如果仔细研究就会发现，在 19 世纪，这三个巴尔干国家发生的事情都具有典型性，并不是什么例外。19 世纪"意大利的统一"是意大利人意识到自己的落后，并认识到应该迎头赶上后所做出的反应。在巴尔干，东正教的例子跟这非常相似。意大利把失望归咎于"几个世纪的奴役、落后，与现代文明潮流的隔绝"，以及人们的性格和心态。波兰的欧洲话语同样把欧洲视为文明和现代化的典范，但同时也将其视为威胁，并对可能威胁和蚕食波兰性的西方利己主义、冷漠的理性主义、追求经济利益、物质主

1　关于巴尔干地区的欧洲建构，详见 Heppner 1997, Heppner and Katsiardi-Hering 1998, Heppner and Preshlenova 1999, and Heppner and Larentzakis 1996。

义和肤浅性保持高度警惕。在他们的话语建构中，波兰性充满灵性，是对自由的热爱，是社会群体之间的平等与团结。沙俄之于波兰，正如奥斯曼帝国之于巴尔干：代表着东方、经济落后、贫穷、失序和无法无天。只有彻底的欧洲化，才能保护波兰幸免于难。西班牙同样也有难以摆脱的政治、经济和文化顽疾——非洲。西班牙人必须通过"去非洲化"和欧洲化走出困境。欧洲是科学、教育、技术、进步和理性主义的土地，它既是一种病又是一种药。正如加塞特所说，欧洲的科学理性可以拯救西班牙，但同时它又会抵消西班牙民族的精神性、慷慨、理想主义和传统智慧，这正是乌纳穆诺所担心的后果。一方面，人们意识到朝着某个特定方向前进的必要性；另一方面，人们又担心一旦达到终点，一切将不再跟以往一样，这种犹豫不定的心情，总是体现在话语的边界——不在这里，也不在那里，不在东方，不在非洲，不在美洲，也不在西欧——往往以"桥"的隐喻出现。"桥"的一侧，是外界认为应该待在的地方，另一侧则是希望到达的地方。从芬兰人和波兰人，到捷克人、匈牙利人、罗马尼亚人、保加利亚人、希腊人、西班牙人、德国人、英国人，再到我们很快将展开讲述的塞尔维亚人，所有人都希望成为东西方的桥梁、亚洲和欧洲的桥梁、非洲和欧洲的桥梁、美洲和欧洲的桥梁、西欧和东欧的桥梁。人们可能会意识到，桥梁不是完全出于对那些被留在岸上的人们的关心，而是受到一种事实的启发——桥梁不仅被允许，还被要求靠在两边的岸上。我们要改变，但仍将保持原样：因为我们是一座桥，可以同时拥有两边的世界；同时，我们可以保持模棱两可，当我们为他人提供服务的时候，对方就会意识到，我们的不明确身份其实是我们被请求执行别人无法承担的使命时不得不付出的代价。

作为现代化和文化传统的欧洲含义已被广为接受,但作为列强的欧洲含义,第一次世界大战之前在塞尔维亚引起了激烈的争议。均势理论将一方的胜利解释为另一方的失败,迫使大国轮流扶持奥斯曼帝国。欧洲是充满矛盾的,这使19世纪的塞尔维亚作家感到痛苦:欧洲为民族国家的现代化设定了目标,但同时又设法阻碍它们去实现。19世纪的欧洲建构被现代化思想家们从匈牙利带到塞尔维亚。他们在德国、奥地利和匈牙利的大学接受教育,受爱国主义和就业前景的双重鼓舞(当时塞尔维亚的受教育人口很少,而人才需求很大)跨过多瑙河回到塞尔维亚。如多西泰伊·奥布拉多维奇,他是塞尔维亚的第一任教育部长,在他的帮助下大学堂(the Great School)得以创立,其后在1905年重组为贝尔格莱德大学;如约万·斯戴里亚·波波维奇(Jovan Sterija Popović),他参与了学校课程的设计,并协助塞尔维亚成立现代的立法机构;又如伊西多拉·赛库利奇,她20世纪初随最后一波匈牙利塞族侨民归国潮回到祖国。塞尔维亚文化中的19世纪欧洲建构,就像这些知识分子的一件行李,从国外被带回。他们在行李箱里装下了对现代化的需求、对欧洲文化的渴望,以及关于欧洲的理论——他们坚信"输血"是实现现代化的最快途径。他们同样带回来了欧洲的"雅努斯"面孔,一方面是扎哈里娅·奥夫林(Zaharija Orfelin)在18世纪中叶创造的"快乐欧洲"形象,另一方面则是对殖民主义的启蒙式批判,该形象已在匈牙利的塞族人中广泛流传。约万·德雷迪奇(Jovan Deretić)对19世纪初塞尔维亚文学中的许多内容进行解释,并经常把欧洲殖民主义与奥斯曼帝国的征服进行比较,认为人们心底里的倾向是与无法抵抗的征服者联合,所谓的抵抗实际上只是纯粹的道德印象。约万·斯戴里亚·波波维奇经常在诗歌中反映出这样的主题：他批评的重点始终是人们的"宣称"和实际行为之间的差异。他的作品《年》（*Godina*）讲的是自由土地上的合法奴隶制是对美国革命的背叛；作品《致开悟者》（*Izobraženiku*）批判的对象是那些表面上谴责奥斯曼帝国野蛮，自己却暗地里从事着侵略活动和奴隶贸易的虚伪的人。

19世纪下半叶，塞尔维亚有了一群人数不多的、受过良好教育的精英，他们不仅是来自奥地利和匈牙利的塞族侨民，还包括来自塞尔维亚本土，在中欧和西欧大学里上过学的塞尔维亚人。当时的德国大学虽然很受欢迎，但越来越多学生去了法国和瑞士，在第一次世界大战爆发前夕，留法学习人员的数量超过了留德学习人员的数量。[1] 这种教育背景，某种程度上削弱了接受德国教育的匈牙利塞族侨民的文化影响。这些人属于第一批塞尔维亚现代化思想家，他们当中的很多人年富力强，在世界大战前夕达到了创作生涯的顶峰，不过他们并没有带来一种新的欧洲建构。约万·斯凯尔利奇总结出一个经典的印象："西方"是社会、经济和政治现代化的代名词。与他等身的著作所流露出的态度，可以总结为"不西方，毋宁死"。作为一名文学和文化历史学家，斯凯尔利奇拒绝并且脱离欧洲中心主义文化（从古希腊古罗马，到文艺复兴，再到启蒙运动）的一切。他对中世纪南部斯拉夫民族的口头文学传统不感兴趣，因为他认为塞尔维亚文化的开端出现在启蒙运动时期，他认为塞尔维亚从这时起开始追赶西方。不过，他不认为西方的任何一切都适合输送给塞尔维亚。斯凯尔利

---

[1] 据柳宾卡·特尔戈夫切维奇（Ljubinka Trgovčević）估计，19世纪的塞尔维亚知识分子中有70%在国外接受教育。她指出，1905年，贝尔格莱德大学技术学院所有的教授都是在中欧国家的大学获得博士学位；法学院的教授有略低于一半曾在中欧国家留学，略高于一半在法国；在哲学院，53%的教授在中欧留学，39%在法国留学，8%在俄国留学。（Trgovčević, Ljubinka 2003.）

奇把"西方"视为活力、乐观主义、工作、理性主义和进步的象征，他的"西方观"排除了与上述价值观不符的一切：如所有反对理性主义的表现、欧洲浪漫主义主潮、颓废的末日诗歌，都被斯凯尔利奇批判为不适当的文化表现。斯凯尔利奇还对塞尔维亚文化当中那些（他认为）在"西方列车"上走错了车厢的人痛加批判。塞尔维亚青年联盟是活跃于19世纪六七十年代的匈牙利塞族文化政治组织，其理念受马志尼的自由民族主义启发，性质与"青年意大利"或"青年德国"等运动相类似。在斯凯尔利奇看来，"青年塞尔维亚"并不是塞尔维亚当时追赶欧洲现代性和当代性（民族主义蔚然成风）的例证，相反，却是人们拒绝"西方"的证据。斯凯尔利奇作品中的欧洲同样有着"雅努斯"面孔，他写道："被称为欧洲的实际上是一群互相嫉妒、互相掠夺的无情恶霸，他们从来无法就如何分配战利品达成一致，他们为了自己的利益，人为地让名存实亡的土耳其苟延残喘。"具有讽刺意味的是，斯凯尔利奇与他激烈批判的颓废派艺术家之一伊西多拉·赛库利奇有很多共同点。赛库利奇眼中的欧洲是艺术和知识价值的典范，其水平远远高于塞尔维亚文化。她的愿景是通过译介的方式，把欧洲的文明引进到塞尔维亚，从而实现欧洲化，这正有效地补充了斯凯尔利奇将欧洲经济、社会、政治现代化对塞尔维亚进行"输血"的愿望。对赛库利奇来说，提升塞尔维亚文化的动机，在于对民族国家与民族文化两者相互依存关系的理解。她将民族文化视为捍卫和守护弱势民族国家的重要力量。她在作品《挪威游记》中，对康德的崇高精神的理解进行了引申，使其适用于历史和政治领域。赛库利奇认为，小国只有以道德精神武装自己，才可以抵抗列强的入侵，反过来，列强的入侵，是小国发现自己的道德世界的契机。20世纪初，所有的小民族都在努力地寻求解放,其过程艰苦而悲壮,但是必须指出的是,塞尔维亚的作家们一致将民族解放视为斯凯尔利奇现代化(斯凯尔利奇所指的)和赛库利奇文化欧洲化(赛库利奇所指的)的结合体。赛库利奇把民族自我保护能力的提升寄希望于民族文化。但是,民族文化越进步,就越违背了赛库利奇设定的目标。当民族文化成为先进文化后,就不再是民族的了,它会切断与民族国家的联系,变为世界性的。赛库利奇对民族文化发展的这点特性有所预料,但她并不在意。她对"文化"和"血腥的民族主义"进行了明确区分:后者是民族主义的本义,而前者通过译介活动创造普遍的文化价值观,拓展一个民族的道德世界,引领文化实现"去民族化",并将其带往世界主义的方向。

斯凯尔利奇和赛库利奇共同使 19 世纪的欧洲建构在 20 世纪初达到了顶峰,到两次世界大战之间,它变得复杂了。作为一种文化传统,欧洲一直享受着热情(有时甚至是狂热)的支持者的追捧。这点在塞尔维亚文化的亲法时期表现得尤为突出,约万·杜契奇(Jovan Dučić)完全认同法国,甚至认同法国思想中以欧洲为中心的普遍主义和东方主义。不过,别的知识分子开始意识到,光是社会、经济和政治的现代化是不够的,还需要其他一些东西。博格丹·波波维奇和米兰·卡沙宁(Milan Kašanin)把他们的所见总结为塞尔维亚人的心态:人们的习惯决定了他们对于环境的解读和反应,这一点跟英国人和荷兰人很相似,但是(塞尔维亚人)缺少自律和控制情绪的能力。波波维奇称塞尔维亚人缺失的这些东西为"绅士风度",至于缺失的历史原因,波波维奇的观点与诺贝特·埃利亚斯(Norbert Elias)关于文明进程的解读大体一致。斯洛博丹·约万诺维奇(Slobodan Jovanović)把欧洲人的文化心态,概括为更高层次的文化模式,他指出:塞尔维亚的知识分子虽然成功建立起政治和国家的模式,但是他们未能设计出一种类似于法国的"诚实的人"(honnête homme)、德国的"饱学之士"(gebildeter Mensch)和英国的"绅士"(gentleman)这样特定的塞尔维亚文化模式。在这里,欧洲不仅作为现代化模式和文化典范出现,而且还作为一种文化模式发挥作用。

但是,第一次世界大战后,斯凯尔利奇所信奉的"西方"变得不可持续,这动摇了整片大陆对"欧洲价值观"的信任。美好的时代一去不复返,欧洲大陆的将来被蒙上了一片阴霾。此外,民族解放实现了,斯拉夫民族的独立国家在欧洲正式出现,塞尔维亚人生活在一个力量更强、规模更大的南部斯拉夫民族国家。南斯拉夫成为民族自豪感和自信心的源泉,它的出现使得人们在19世纪的落后、自卑和尴尬的感觉得以缓解。一群年轻的作家、表现主义者和柏格森主义者以在欧洲历史上继日耳曼人和古罗马人之后的"第三大强人",却往往被忽视和被低估的斯拉夫人为中心,设想了一个"斯拉夫欧洲"。虽然不能说波兰-南斯拉夫或捷克斯洛伐克-南斯拉夫的文化集团是彻底的失败,但斯拉夫人的向往只是短暂的插曲,相比于互相联合,斯拉夫人更倾向于为自身溯源。正如弗拉迪米尔·德沃尔尼科维奇(Vladimir Dvorniković)所说:人们希望把自身文化的源头追溯到战争以前的西欧大都市文化。同一群人几乎同时也经历了一场"印度向往":以印度为中心建构东方,东方世界还保留着在其他地方因欧洲理性主义的崛起而消逝了的精神性。这样做的动机类似于人们早期对欧洲中心主义的抵抗,也类似于19世纪人们对科学理性摧毁民族精神本质的恐惧。这种对印度的向往,只不过是受柏格森和尼采理性主义批判所启发,是类西方文化和西方亚文化的回响。弗拉迪米尔·武伊奇（Vladimir Vujić）是这个群体中唯一一位本土主义者，他把对印度的向往视为"地域文化包法利主义"[1]，并且试图通过运用"桥"的比喻，解构东方—西方二元对立的观念。他认为，塞尔维亚人应像桥梁那般，承担起连接东西方的使命。武伊奇是一个坚定的斯宾格勒主义者，因此他还深受另一种二分法的"毒害"，那就是文明与文化的二分。在评价塞尔维亚文化时，19世纪的文人作家为了避免说它"价值较低"或"积累较少"，往往说它"崭新而年轻"。在这种情况下，斯宾格勒二分法的优势就会体现出来：因为"西方"已经经历过自己的顶峰，是一种即将走下坡路的"文明"，如果尚且还在经历"文化"阶段的塞尔维亚人跟随西方走向死亡，那是何其愚蠢的事？塞尔维亚人应该集中精力，以自己的文化遗产为基础，生产新鲜的、重要的和原创的文化。柳博米尔·米契奇（Ljubomir Micić）持同样的立场，但是他相对夸张地刻画了"野蛮天才"的形象：所有的斯拉夫人，最开始都是没有文明负担的野蛮人，而只有塞尔维亚坚持到最后。这种野蛮人有充沛的活力和丰富的体力，他们将使疲惫的欧洲重振精神。米洛什·茨尔年斯基（Miloš Crnjanski）的作品《爱在托斯卡纳》（*Ljubav u Toskani*）为东方—西方的辩论赋予了文学形式，他让所有的元素得到了有力的表达，包括：斯拉夫人复兴欧洲的使命，对弱势民族文化的信心，对模仿态度和欧洲中心主义的拒绝，以及一个全新的视角——茨尔年斯基在看待本国文化的时候，并没有落后、自卑和尴尬的感觉。尽管茨尔年斯基重申了米契奇的野蛮人情结，但他是同代人中第一个成功"克服欧洲"的塞尔维亚人。正如武伊奇

---

[1] 关于"地域文化包法利主义"，详见 Antohi 2002。

那样，他不对东西方二元对立进行解构，而是肯定了欧洲大陆的统一性，描绘了一幅灿烂的图景：在广阔而交融的人类文化中，塞尔维亚人不仅享有应有的地位，还保存着自己的传统。

第一次世界大战过后，"东方问题"[1]不再是塞尔维亚人和列强之间的冲突点，然而，知识分子对欧洲帝国主义和对"西方"文明使命的虚伪性的批判更加尖锐。弗拉迪米尔·德沃尔尼科维奇用"文明化了的维京人"来概括欧洲形象，他认为："欧洲达不到自己的标准。欧洲人希望给可怜的弱势民族带去一些文化、一些幸福和自由。他们却把大炮推出来了，紧接着进行战争动员、入侵、占领和'保护'，不管他们怎么称呼这些行为。但是如果你仔细听他们在台上冠冕堂皇的讲话，你就会发现其中的石油、矿山和战略要塞。碰巧的是，所有这些资源恰好都落在了弱势民族居住的地方，而弱势民族为了得到幸福和文明，不惜放弃他们的资源。"拉斯特科·佩特罗维奇在他的非洲游记里，也对欧洲的霸权和虚伪进行了暧昧的批判，对于他来说，欧洲、非洲和巴尔干三者构成一个三角形，其中隐含着一种关于身份认同的等级制。对于非洲人来说，佩特罗维奇是欧洲人，跟他的法国同伴一样，但是如果戴着种族偏见的有色眼镜，与后者相比，他的欧洲性是有欠缺的。只有在论及文化身份的时候，他身上的欧洲性才成为可能。佩特罗维奇和很多其他的塞尔维亚作家一样，优先把欧洲看作一种文化。而在认同欧洲文化的过程中，他们始终对其内在的力量均衡机制有明确感知，他们认为作为政治身份的欧洲，正如德沃尔尼科维奇所说，达不到自己的标准。欧洲对于

---

[1] 东方问题指的是近代欧洲列强为争夺昔日地跨欧亚非三洲的封建神权大帝国——奥斯曼帝国及其属国的领土和权益所引起的一系列国际问题。从欧洲来看，奥斯曼帝国地处东方，故统称为"东方问题"。——译者

塞尔维亚人来说，既是自我又是他者——文化上的是自我，政治上是他者。这种模棱两可的立场可以看作是对欧洲统治权的内部批评。更重要的是，它必须通过欧洲方式来进行文化表达。比如，因为没有其他文化传统可以作为批评的根据，佩特罗维奇只好对约瑟夫·康拉德（Joseph Conrad）的《黑暗之心》（*Heart of Darkness*）进行改编。不过，佩特罗维奇的游记也揭示了其他东西：一种对权力的迷恋。如果要摆脱模棱两可的立场，如果要成全"不完整的自我"，他就必须采取"对普遍霸权的冲动，并摧毁无法统治的一切"[1]。佩特科维奇的作品中运用了大量的性暗示，如果这是判断是否摆脱身体焦虑的指标的话，那他似乎成功了。

两次世界大战期间，正如欧洲大陆的其他地方一样，在塞尔维亚，欧洲被作为一种病和一种药来建构。尼古拉耶·韦利米罗维奇（Nikolaj Velimirović）主教是一位反现代主义者，他还反对启蒙运动和世俗主义，把欧洲视为个人主义、无神论、理性主义、利己主义、科学主义和帝国主义之地，代表着与基督教的纯洁和单纯背道而驰的一切。在他看来，欧洲背弃了信仰，正逐步陷入疾病和死亡。第二次世界大战结束之际，韦利米罗维奇把欧洲视作死亡的代名词，他把斯凯尔利奇的名言"不西方，毋宁死"改写为"不基督，毋宁死"和"不基督，毋宁欧洲"。韦利米罗维奇20世纪20年代宣扬欧洲的精神复兴，到40年代却对欧洲的一切完全拒绝。他的朋友，迪米特里耶·米特里诺维奇（Dimitrije Mitrinović）基于同一前提出发，即欧洲亟需精神复

---

[1] White, Hayden 2000. "The discourse of Europe and the search for a European identity" in Stråth (2000): 67 - 86.

兴,却得到了完全不同的结论。在他的隐喻性论述中,雅利安人的基督教代表着理性、个人主义和自由意志,代表着米特里诺维奇眼中最为崇高的人性价值,也代表着欧洲的思想根基。为了实现历史发展的目的论进程,欧洲人不得不进入最后的阶段,从而成为人类集体中的个人成员。米特里诺维奇认为这个最后阶段是社会主义,并相信社会主义将会为欧洲带来精神复兴。这是一种"世界意识",欧洲的任务正是带领全世界走进这一阶段。

第一次世界大战后,踏入新的历史阶段的作家们,对以现代性为标志的19世纪"西方"建构进行了调整:他们不仅让"西方"的形象变得更加复杂而微妙,更重要的是,他们不再把这种以现代性为代表的形象来源局限于地理上的欧洲西北部,而是把它放宽至国外的任何地方。对伊沃·安德里奇来说,现代化不再意味着西方化或者欧洲化。他的小说作品《德里纳河上的桥》(*The Bridge over the Drina*)对现代性进行了批评,类似的批评也能在英语、法语、德语的极端现代主义文学中找到。如卡夫卡和普鲁斯特,安德里奇将现代性视为以牺牲本质性为代价换取结构性和功能性的胜利。在安德里奇的小说中,现代性是一种具有无穷无尽变革动力的"浮士德式工程",旨在摧毁它创造的一切。跟斯凯尔利奇不一样,安德里奇没有把现代性作为与自己对立的事物,也没有把它看作是他和他的同胞都必须投身的使命。如果说现代性是欧洲的标志之一,安德里奇则是从内部对作为现代性的欧洲提出质疑。他的另一部小说《特拉夫尼克纪事》(*Bosnian Chronicle*)是"克服欧洲"的最后一站。斯凯尔利奇和他的同代人带来的20世纪欧洲形象,终于被克服了。这部小说可以看作是对两次世界大战之间所有关于欧洲的争论的高度概括。《特拉夫尼克纪事》这部作品,基于欧洲和波斯尼亚彼此建构起来的形象，有效地消解了将两者本质化的所有可能性。书中有好几个"欧洲"，它们并不是相安无事的，比如以仁慈、开明著称的"欧洲"，一直与以霸权冲动著称的"欧洲"发生误会甚至发生冲突。那么，在波斯尼亚，至少有四个"欧洲"交织在一起。通过对东方问题、文明与野蛮、虚伪与权力政治、进步与落后等类似问题的回顾，安德里奇最终成功消解了东方主义式的东方和西方之间的对立，以及巴尔干主义式的巴尔干和欧洲之间的对立，最终克服欧洲。

第一章

世界主义的民族主义

- 弱势民族是不幸的,也是崇高的
- 一位挪威人也报以同样的赞美
- 要么西方,要么死亡

伊西多拉·赛库利奇的游记《挪威来信》（*Pisma iz Norveške*, 1914）可以说是塞尔维亚现代文学中最重要的游记作品。同时代塞尔维亚人写的游记中，只有这本书和柳博米尔·内纳多维奇的《意大利来信》（*Pisma iz Italije*, 1868–1869）属于规范的游记体裁，它们常常被学校列为必读书目。就算是不热衷于阅读的人，都对这两本书十分熟悉。当人们提起挪威，首先想到的必然是赛库利奇的《挪威来信》，尽管他们对这个国家毫不了解。贝尔格莱德大学的挪威语言文学教授柳比沙·拉伊奇（Ljubiša Rajić）说：

> 赛库利奇《挪威来信》中的挪威成为几代读者印象中的挪威。我们对挪威语言文学专业的学生进行过多次连续性的调研，发现就算是后来通过电视渠道传播的挪威形象，其影响力也远不能与赛库利奇的作品所塑造出来的挪威的自然形象和民族形象匹敌。有时候我们发现，人们对赛库利奇的挪威形象感到非常满意，其他的一切都是画蛇添足。

尽管自赛库利奇的书出版以来，已经过去了一个世纪，它依然很有生命力和影响力，继续在生产挪威形象，对于塞尔维亚的读书界来说，它直接代表了挪威的形象。

赛库利奇选集共有十二卷，其中九卷是散文和一般的报纸文章。她似乎有意掩藏自己毋庸置疑的叙事才能。在她的五本小说和故事集中，流露出自己对塞尔维亚和南斯拉夫的文化使命的理解，并加以宣扬。她对文学经典、哲学、艺术史和欧洲的几种文学传统非常熟悉，同时也掌握扎实的历史和科学知识。她拥有数学和物理学的学位，她的研究涵盖从古希腊到当时欧洲作家的最新作品，甚至对日本戏剧也有所涉猎。[1] 塞尔维亚文化中各种主题都是在她的文章中首次提出的。赛库利奇笔耕不辍，每天写作，她不是为了流芳百世，而是为了给当时的读者提供信息和知识。她的目的是把世界上其他民族的文化和传统价值与标准介绍到塞尔维亚，向这一个规模较小且相对年轻的文化体展示世界的广阔文化背景，让各种价值观得以实现。同时她还鼓励人们在更具深远意义的文化生产中投入更多的精力。她的贡献是巨大的，光是她一个人的成果，就堪比一个小型研究所。她的编辑将她的文章选集取名为《机构》(*Služba*)，这个名字可以说很恰当，在塞尔维亚－克罗地亚语中，这一名词不仅意味着日常的工作、职业或者专业，它还有一种宗教仪式意味。赛库利奇的确是以宗教的热情投身于文化服务的，她每天孜孜不倦，履行自己认定的使命，以期实现个人的救赎。在她的信件中，她还常常写到一个经常进出她的"修行舍"的人，将他塑造成修士的形象。这个人就是米奥德拉戈·帕夫洛维奇（Miodrag Pavlović），是在赛库利奇晚年时期围绕在她身边的年轻作家之一，他如此写道：

---

[1] 在20世纪20年代至40年代，没有人比赛库利奇更加了解当代欧洲文学。她怀着强烈的好奇心和巨大的精神魄力，在期刊、书籍、报纸里对英语、法语、德语、意大利语、西班牙语和俄语的文学作品进行密切跟踪，从不错过任何一期的《时代文学增刊》(*Times Literary Supplement*)。(Kašanin 2004a: 33)

> 她为拓宽我们的文化视野做出了巨大的贡献,她承受了巨大的痛苦。她仅凭借个人的努力,不依靠任何文化机构,这反而使得她的工作得到了自主权,因而与全球文化潮流更加契合……这不是一种可以一劳永逸的工作。像我们这些弱势语种和弱势文学,总是受到视野和创作意图地方化的局限。

帕夫洛维奇没有简单地把赛库利奇看作一位作家,而是把她看作一名公共知识分子、一位道德启蒙者、一位文化传教士,最重要的是,把她当作一位"18世纪的启蒙者"来敬仰。帕夫洛维奇对赛库利奇文章的折中主义主题、观点和态度进行过概括:她的观点是斯拉夫民粹主义、维多利亚知性主义、政治进步主义和保守主义、博爱思想和形而上学主观主义等多种思想的混合体。它既带有斯拉夫派意识,又面向西方,既是天主教的,又是东正教的。因此,帕夫洛维奇认为,伊西多拉·赛库利奇是典型的巴尔干弱势民族的文化使者:

> 在欠发达的文化体中,一些文人作家意识到自己处在相对的文化真空之中,他们无法抗拒各种外部文学和文化的诱惑,最终成为各种各样的文化潮流的代表。他们同时表达好几个社会阶层的意见和愿望,弥补了文化机构的缺失,也弥补了他们民族在文化历史时期中的缺席。伊西多拉·赛库利奇就是这样的代表。

帕夫洛维奇说,赛库利奇在去世前不久对他说过,她一生所做的一切,无非是往我们的文化空洞里扔了几块鹅卵石。这种文化使命并不是巴尔干文化的"专利"。帕斯卡尔·卡萨诺瓦（Pascale Casanova）对创造"世界文学空间"的途径进行了研究，从中她意识到，踏入现代时期，类似的文化使命在较小的文化体中有规律地出现：这些人"是文学世界中多语性和世界性的杰出代表"，他们以充实自己民族的文化空间为己任。充实自身文化空间最常见的方法之一，就是译介。因为历史的原因，在文化积累较少的国家，本国语言很晚才成为文化工具，而译介外国作品被认为是一种快速吸收外国文化资源并加以利用的方法，是为本国文化增加文学资源的有效途径。这种引进外国资源的方法，实现了文学和文化的转移，也为塞尔维亚奠定了一个更快地创造并且积累民族文化的基础。卡萨诺瓦说道："本质上，文学资本是民族性的。它与语言紧密相连，文化遗产是民族利益的重中之重。"单单只是了解外国的文化价值是不够的，如果要让它们真正发挥作用，就要让它们以本国语言的方式出现，因此必须对外国作品加以翻译。然而这个过程又是充满矛盾的，卡萨诺瓦提出一个很重要的观点：最初的动机是民族的，甚至是民族主义的，目的是丰富本国文化。然而民族语言与政治紧密相连，尤其在那些刚刚获得独立的新兴民族国家。译介外国作品来充实本国文化的过程，让本国文化失去了任何假定的"真实性"，并且使其驶进了"去民族化"的轨道。这种冲兑出来的文化，在极乐观的情况下，被称为人类的共同文化，而事实上，它稀释了本民族文化中的爱国主义动力。

赛库利奇的第一本著作是抒情散文集，书名是《同行者》（*Saputnici*, 1913）。这本书在它出版的年代，被认为是绝对现代性的基准，其后出版的《挪威来信》同样有这一特质。不过，这两部作品受到当时最有影响力的文学评论家约万·斯凯尔利奇的严厉批评，斯凯尔利奇的批评影响了赛库利奇，直接致使赛库利奇回撤至一个相对保守的审美立场。[1]而在她之后，在第一次世界大战期间应运出现的一代文人作家毫不费力地跨过了这道门槛，步入了审美现代性，其中包括了斯坦尼斯拉夫·韦纳维尔（Stanislav Vinaver）、拉斯特科·佩特罗维奇、米洛什·茨尔年斯基和伊沃·安德里奇。他们熟悉那些底蕴丰富的文化价值和标准。尤其是茨尔年斯基和安德里奇，他们的创作，就算跟欧洲同时期的作品相比，也是出类拔萃的。赛库利奇将意识形态、美学和不同价值观融合在一起，她的审美水平和文化素养，在后人看来似乎有点过时。德拉甘·耶雷米奇（Dragan Jeremić）把赛库利奇喻为"最后一位民族浪漫主义作家"，这番描述可以说很恰当。那么，赛库利奇是不是也属于民族主义作家？弗拉迪斯拉娃·里布尼卡尔（Vladislava Ribnikar）认为答案是肯定的，因为赛库利奇始终忠诚于调和极端的倾向，她确实试图将民族主义和世界主义融合在一起：

---

[1] 在高度认可赛库利奇的风格和才华的同时，斯凯尔利奇也对她自我主义、知性主义、世界主义倾向和书呆子气提出批评。《同行者》在塞尔维亚－保加利亚战争爆发的1913年，同时也爆发了霍乱，许多人在战场和医院里丧失了生命。斯凯尔利奇如此写道："我在笼罩着血腥和死亡氛围的火车上，尝试去读这本书……火车的车厢和火车站里，只能见到老人们绝望的脸和妇女们恐慌的脸，只能听见人们的呻吟和哀号……在拉波沃（Lapovo），我看到几百位妇女和小孩，其中很多人已经披麻戴孝，在那里等待着运送伤员的火车到站。火车进站时，这些不幸的妇女冲向车厢。当发现伤兵里没有自己的家人，甚至连尸骨都没有，这些妻子和母亲发出了惨烈的尖叫和哀号，发出伤心欲绝的哭喊，战争的痛苦历历在目。随后，伤员被运下车，这时另一幅吓人的画面出现了：有的人被担架抬下来，有的人拄着树枝，有的人缺胳膊缺腿，有的人腹部被刺穿，有的人头破血流，有的人眼睛都掉出来了。这幅画面让人毛骨悚然，让人永远无法忘却，也让人深深感受到痛苦和苦难——而有人却用长达十七页的华丽辞藻来描写头痛！在我一生中，从未像当时那样强烈地感受到词语的空虚和文学的虚荣。"斯凯尔利奇还批评赛库利奇连自己的名字"伊西多拉"都不是塞尔维亚语的，批判她对人民的苦难无动于衷。（Skerlić 1964c, pp. 278-292）

伊西多拉·赛库利奇认为，由于受到历史条件的影响，文学对于她和她的同代人来说，是与民族主义和爱国主义格格不入的……在《同行者》和《挪威来信》中，她遵循自己的方向，拒绝接受斯凯尔利奇认为文学"赋予生命"的理念，不认为文学只服务于国家利益和国家目标。但是在她的文章和批评中，还可以看出她对社会和族群的责任感，正因如此，她对悲观主义和颓废主义文学以及现代艺术家的个人主义倍加谨慎。

里布尼卡尔也引述了托多尔·马诺伊洛维奇（Todor Manojlović）的相反观点：

赛库利奇处于两个时代的交界。她身后的是单纯、天真、缺乏生活经验的同胞，他们虽然知识眼界狭窄，却虔诚地献身于传统和记忆，创造出了集体而非个人的诗歌。赛库利奇身前是强大而耀眼的"西方"，它拥有各式各样的、精致的、诱人的和游移不定的现代文化，有着令人意想不到的迷人魅力、危险、美丽和深渊。当时的"西方"还没有取得全面胜利，它在招募它的战士和使者。赛库利奇是我们同胞中第一个听到感召，第一个投身于这种最新的"西方"的人，她走得比谁都远。

看来，如果我们把赛库利奇视为"民族主义者"，她本人也不会有什么意见。但是，她对于"民族主义"这一术语的理解，肯定跟我们今天说的不一样。20世纪初，民族主义和爱国主义处于巅峰。1912年至1913年巴尔干战争期间，以及从她到访挪威的 1911 年至发表《挪威来信》的 1914 年间，她写了一篇题为"文化民族主义"的文章，在文章中她表达了对"民族主义"一词的理解："在我们的政治和文化出现问题时，我们赋予了民族主义很多不同的含义。我们曾经有过一种非常狭隘的沙文主义，用史诗、琐屑的目标、无力的威胁和渺茫的希望将其填充。"这不是一种她所认同的民族主义。她所追寻的是一种和平时期的民族主义，一种"正常的、安静而活跃的民族主义……这种民族主义，不管从内容还是形式上看，都代表一种纯洁而崇高的文化，有着这个世界上最可贵的意义，它讲道德，讲伦理，讲人性，讲诚信。诚信和卓越的品质不仅属于塞尔维亚人，还属于全人类"。仅仅用了两句话，赛库利奇把"民族主义"上升为一种卓越的、道德的、人性的、非民族的、普遍的文化，然而继续沿用"民族主义"这一名词来囊括这些意识形态。这种"民族主义"抛弃了狭隘的民族性，变成了世界性的，因为"民族意识从未被文明化，它永远是一种贪婪而饥渴的、单纯而狭隘的农民意识"。文化民族主义有一个自相矛盾的目的：

> 我们的民族生活水平不仅要改变，而且要提高。我们应该换一种复杂的方式来表达对民族进步的渴望。不管对我们的朋友和敌人，还是对我们与全人类的关系，我们都需要有一种全新的理解。我们的愿望必须与整个文明世界的愿望一致，要成为其中的一部分。

在赛库利奇看来，民族主义是文化进步的阻碍。如果要使文化进步成为可能，就必须要以世界主义来取代民族主义。不过，她并没有使用这两个术语，她用"全人类的民族主义"来指称世

界主义:

> 如果我们只发展狭隘的民族主义,而不是全人类的民族主义,我们就不可能取得更大、更高的成就。最高的成就要求有最大的魄力和最大的自由,只有战胜狭隘,只有努力向最宽、最广、至善和至诚的方向行进,这才能实现……我们对民族主义的权力思想、象征思想和宗教思想的形成,不仅要立足于本民族传统和民族经验,还应立足于全世界的哲学与思想……我们应该从非感情的、不易动容的精神中,汲取纯洁的思想,建立纯洁的体系,只有这样,一种伟大的、无私的、无恶的文化才能得以蕴生。斯堪的纳维亚民族就是很好的例子,他们是崭新而年轻的民族,却成功地建立了一种全人类的民族文化。

在文章"文化民族主义"的结尾,关于民族主义的思考再一次转移到了它的对立面——世界主义。关于我们今天所理解的民族主义,赛库利奇不由分说地把它称为"血腥的民族主义",称它是"有一百个脑袋的不死之蛇",是只有"所有国家通力合作,一起在政治和文化上共同努力才能阻止它张开大口"的妖怪。"血腥的民族主义"是一种"当一个民族在无法正常地对其他民族展开想象时,无法相信和祝福别人的可怕心态"。

赛库利奇为什么不使用"世界主义"这个词呢?为什么她要用"全人类的民族主义"这种反语来掩饰"世界主义"?有理由相信,第一次世界大战前夕,民族主义的狂怒席卷欧陆,在这样的背景下,宣扬"世界主义"不会得到很多人的支持,因此,只好给它贴上官方意识形态的标签,那就是"民族主义"。在《挪威来信》首次出版三十六年后，赛库利奇才考虑将它再版。1951年，她终于同意再版了，但是条件是要补写一篇详尽的序言。这让人很费解，差不多过了四十年，在第二次世界大战后的南斯拉夫，在极力压制民族主义的铁托政权下，赛库利奇仍然感到有必要保护自己，以防自己因宣扬世界主义、不够民族主义而遭受批评。这篇后补的序言，字面上主要是写斯凯尔利奇的，不难想到的是，斯凯尔利奇这个名字，恰恰代表了第一次世界大战前普遍存在于塞尔维亚文化和社会中的民族主义精神。"一方面，民族主义很重要，另一方面，却很邪恶。而世界主义其实经常是一个文化问题，这是民族主义无法理解的。在战争爆发之前的几年，斯凯尔利奇对任何温和而怀疑的态度失去了耐心，对任何与民族主义倾向相抵触的事物无法容忍。"变成这样的不止斯凯尔利奇一人：

> 我们怀着或多或少的狂热和激情，在民族主义的激流中浮浮沉沉……我们与这些伟大而狂热的智者同游，斯凯尔利奇就是其中一位，他是一位民族主义者，他没有犯什么重大的错误，只是有时喜欢随意放枪，哪怕没有任何东西值得射击。这就是他对世界主义思想和世界主义风格进行文学批评和政治批判的主要意图。他的批判其实是对欧洲性的批判，因为在那个时候，正是这样的欧洲风气，滋养了诗歌和小说当中的悲观色彩……但是，在当时塞尔维亚这个虚弱的、病怏怏的、单纯的小国家里，又有谁是世界主义者呢？要是有的话，他是怎么做得到的？……是来自伏伊伏丁那（Vojvodina）为了寻根而逃到塞尔维亚的我们这群人吗？在当时的塞尔维亚，其实每个人在文化上多多少少都是有点世

界主义的。在文化上,每个人,包括斯凯尔利奇,都必将带有世界主义的思想和特征,因为只有世界主义文化才是全人类的文化,它的本质是世界性的。至少到今天为止,文化是全人类的、全世界的,它是团结我们所有人的力量!

赛库利奇不用"世界主义"的另一个原因,是担心这一旗帜反而会让她的立场被误解。这个原因也许更重要,而且更加显而易见。不管是民族主义还是世界主义,都有可能令她想确认的身份认同失真。第三种立场不在前两者之间,也不是将前两者兼而有之,而是凌驾于它们之上,涵盖两者。这种立场指的是一种"优秀文化",它的核心观念是民族,因为它是在民族语言的土壤里成长起来的;但它同时也是超民族的,是世界性的,因为凡是优秀文化的内在动力必然会使它超越本民族的局限,进而成为全人类共同的文化。

赛库利奇对于文化的热爱和奉献,使她从未设想过,实际上文化可能并不是民族主义和暴力的有效解毒剂。尽管有着类似的历史经验,但是她永远不会像乔治·奥威尔(George Orwell)那样写下那句令人印象深刻的话:"当我在写作的时候,文明程度更高的人正从我的头上飞过,试图杀死我。"她没有亲眼目睹过她所深深喜爱且了如指掌的19世纪欧洲文化潮流是如何与民族主义和种族主义和谐共处的。赛库利奇坚信,分享文化价值、参与人类共同文化、从人类文化中汲取营养并给予回报,就能使不同的民族汇聚成一个统一的整体,所有的潜在冲突都可以通过相互理解来避免和解决。她是一位浪漫的民族主义者,希望塞尔维亚文化变得丰满、充实和去民族化,希望它融入人类共同的文化空间。在文章《文化接触使人类的幸福》中,她写到了卡瓦菲斯（Cavafy）、戴·刘易斯（Day Lewis）和其他很多人，她写道："文化让人类富足，艺术使人类幸福，而幸福是国际化的，自远古时代以来，对于全人类来说，幸福没有发生任何改变，依然是原本的样子。"人类文化的历史是由互相递送东西而牵在一起的手编织出来的，文化伴随在人类身边，使人快乐。但是，除了使人快乐之外，文化在弱势民族的生命中，还发挥着另一种作用。《挪威来信》提到了这一点。

弱势民族是不幸的，也是崇高的

在第一次世界大战以前，塞尔维亚知识分子走出国门的目的地主要是法国、瑞士、德国和意大利，还有英国。不管作为旅行目的地还是作为游记的题材，挪威都不是一个寻常的选择。不管伊西多拉·赛库利奇因为什么原因到访挪威，促使她写这本游记的恰是挪威的缺陷。挪威地方不大，既不富裕，也不强盛；几个世纪以来，它都被强大的邻国统治着，直到最近才得到解放；与更传统的欧洲国家相比，挪威的文化传统并不突出，教育资源也不丰富。法国之所以受出国者的欢迎，不仅因为它能够提供良好的教育，还因为人们在那里生活总能学到新的东西，哪怕只是简单造访。那里有图书馆和博物馆，有城市生活体验，有日常生活文化，而巴黎街头的时尚女性，同样吸引着旅行者的兴趣。在上述这些方面，挪威乏善可陈，但是它作为一个与塞尔维亚在很多方面都有相似点的国家，又十分渴望向其他国家学习。

去巴黎从不需要任何理由。1911年，巴尔干战争正酣，她没有前往历史文化就在街上流淌的法国，而是选择了什么事情都不会发生的挪威作为旅行目的地。塞尔维亚国王佩塔尔·卡拉焦尔杰维奇一世（Petar I Karađorđević I）是一名自由主义者，曾经翻译过约翰·斯图亚特·密尔（John Stuart Mill）的《论自由》（*On Liberty*）。佩塔尔1904年继位后，贝尔格莱德的文化生活迎来了蓬勃的发展。文学史学者普雷德拉格·帕拉维斯特拉（Predrag Palavestra）把那一时期视为塞尔维亚文化的黄金时期，当时实行君主立宪制，实行议会民主和开放边界，主张新闻自由，这些都是受到了法国文化影响的标志。好景不长，1908年，奥匈帝国入侵波斯尼亚和黑塞哥维那，导致民意迅速趋于同质化，民族主义浪潮迅速被掀起，在其后的几年，民族主义作为一种思想意识形态在塞尔维亚挣脱奥斯曼帝国统治的过程中起到了关键的作用。参与了这场解放运动的人们称，这是几百年漫长奴役的终结，也是新时代的开端。人们还没有来得及在胜利的心情中陶醉，就被粗暴的第一次世界大战打断。虽然胜利很短暂，但每个人都见证和体会到生活在积极的历史时期是多么让人激动和振奋。

与赛库利奇身后的故乡相比，她所见到的挪威是一个几乎没有历史的地方。她写道："很久以前，善战的挪威战士和维京人是叛军和复仇者……他们以粗暴的方式消除障碍，他们以野蛮的方式庆祝胜利，他们以粗野的方式高唱凯歌。"挪威的激情与活力仅仅存在于他们遥远而野蛮的过去，不足以让他们创造出一段"更加精彩的历史"，现在他们的首都竖立着他们两个国王的雕像——其中一个是丹麦人，另一个则是瑞典人。她说："没有哪个国家的历史比挪威还简单……也没有哪个国家的命运能比挪威更加缺乏教育意义。"挪威时而跟丹麦联合，时而跟瑞典联合，无论跟谁，它都是被奴役的小跟班：

> 很久以前，太久以前，血腥的味道就从他们的历史和诗歌中消失了。挪威人过早地采取了苦涩的忍让态度，他们认为，只有履行上帝意旨的人，才具备结束人类斗争的能力……一个农民，经常为了一片面包而在极为艰苦的条件中不断挣扎，他本应对世间的财富充满渴望，也应汇聚起更多的民族精神，之后将其转化为现代生活的活力。但是他只是应付着自己的工作，没有发挥应有的潜力。他没有奋勇崛起，只是奸诈狡猾地活着。

挪威人过早地"驯服了自己的热血，抹净了身边的血迹"，野蛮、血性、激情和原本可以转化为现代生活的活力，还将在文化中留下痕迹。正如瓦尔特·本雅明后来所说，所有的文化记录同时也是野蛮性的记录，赛库利奇在这里还写道：

> 他们光辉而黑暗的中世纪教堂在哪里？重现他们在战场上骑着烈马洒着热血的油画又在哪里……最后，他们的国家在什么时候被民族浪漫主义的前进力量和危险的激情所淹没？他们所有的人又是在什么时候合为一体，成为一位以理想为领导、做出伟大壮举的浪漫主义英雄？造就了整个民族并使之得到提升？

赛库利奇总结道，在历史发展的过程中，挪威人跳过了一个章节。维京时期的历史虽然野蛮，但是短暂，人们在战争中搏斗，血流成河，积累了大量的原始能量，建起了黑暗的哥特式教堂。但是他们错过了整个民族浪漫主义时期。在这样的时期里，人们往往会把野蛮时代（不管是多么短暂，不管是否虚构）的事迹融入到绘画和史诗里面，整个民族人格化为激情澎湃、浩浩荡荡、力拔山河的浪漫主义英雄的形象。民族浪漫主义是原始力量的爆发，所以它一定是野蛮的。赛库利奇说："这是一种好的野蛮性，因为它的发展和积累随后转变成现代生活的活力，以免人们对上帝、对强于自己的一切、对操纵自己的一切低头屈服。"这正是挪威人跳过的历史，恰好也是赛库利奇在1911年（到访挪威）至1914年（《挪威来信》出版）期间在塞尔维亚所亲身经历的一切：民族浪漫主义的大获全胜。

正如赛库利奇所见，挪威人虽然没有循规蹈矩地走过民族发展的所有阶段，却很早就开始"以欧洲的方式来发展文化"了。他们快速地把小型木制教堂，改建为"粉刷一新的、明亮的、素净的新教教堂，与其说这些是教堂，还不如说是阅读室和告解室"。挪威人早在实现民族统一前，就成为个人主义者：在寻求民族的解放以前，每个人首先寻求个人的解放。这里的"以欧洲的方式来发展文化"，指的正是个人主义，即不把知识问题和道德问题与民族问题挂钩。所以，他们与丹麦联合时选择"打盹"，几乎从来没有醒来过：

> 这个国家享有无与伦比的力量和健康，它的风光是全欧洲、全世界最美的，它的文学开端甚至比英国还早，它的文化在所有这些不幸的欧洲弱势国家当中水平最高、质量最好，难道这样的国家不应该独立自主，不应该主宰自己的命运吗？

挪威人尽管在 1905 年后获得独立，但他们只对文化问题敏感，而对民族问题不敏感。

对于伊西多拉·赛库利奇来说，文化是隐含着等级制度的，这一制度并不以文化成就为评价标准。如果这样来看，挪威的"得分"相当高，但是如果要讨论它是否讲"民族原则"，就不是这么回事了。为了说明这一点，赛库利奇举了一个塞尔维亚读者都熟悉的例子：生活在塞尔维亚境内的塞尔维亚人和生活在奥匈帝国境内的塞尔维亚人的区别，后者包括了她本人。

（后者有）一种古老而强大的文化，但是这种文化是从别人那里接手的，不是自己在民族自由中挣来的，它就像是施舍给被征服者的与其身份不配的奢侈品；又像一种嫁接的植物，它确实能开花结果，但这些果实并不符合人们的需求。

这里的论述可以看出，赛库利奇当时主张一种有机文化理念，这种理念创建于浪漫民族主义时期，其出发点试图清晰地辨明原生文化和非原生文化、本土文化和外来文化之间的区别。这种对文化的理解，与她之后的人生使命——试图把塞尔维亚文化带入世界优秀文化的轨道，以消解文化原生性和本土性等概念——是矛盾的；与她在《挪威来信》中宣扬的"文化民族主义"——文化是非民族的、世界性的，文化的民族性意义在于融入全人类的普遍文化当中——也是违背的。

可以认为有机的原生文化高于引进的"嫁接"文化，它的优势类似于去民族化后的欧洲文化，可以在政治领域发挥效用。有机文化可以用作民族的"水泥"，或者保存民族力量和活力的仓库，随时提供活力保障：

另一方面，塞尔维亚境内的塞族人比挪威人和奥匈帝国境内的塞族群体要幸运。塞尔维亚首先得到了解放，之后就开始创造文化，并把文化传递给自己。拥有文化和拥有对民族文化的理解能力是极其重要的，这点在1912年到1913年尤为明显，我们亲眼看着人们响应宣扬民族文化的号召，投身到民族文化的战争当中。这就是我对塞尔维亚这种弱势文化更加尊重的原因，也是我逐渐对类似瑞士文化的文化失去尊重的原因。

赛库利奇将挪威人跳过的民族发展阶段——民族浪漫主义理解为政治和民族活力的容器。它保存着血腥和蛮悍时代的记忆，这些记忆可以在需要的时候再次被调用起来。对于赛库利奇来说，"以欧洲的方式来发展文化"意味着去除自身的野性力量，而反过来，"以民族的方式来发展文化"则是指保存自身的野性力量。弱势民族要保存自身的野蛮潜质，为自己争取自由和保持自由提供保障。"以欧洲的方式来发展文化"增添了个人主义色彩，以及洗净了鲜血和斗争的气味。这是一种奢侈：弱势民族渴望拥有，却求而不得。

缺少历史导致挪威人缺乏有机民族文化，其根本原因在于恶劣的自然环境："这个国家的自然条件要比它的敌人厉害得多，既更凶悍，也更美丽。挪威历史中任何重要而有趣的点，似乎都来自自然造化，而不是人类的修为。"挪威人在与自然的搏斗中耗费了所有的力气，因此他们懒于抗击侵略者，怠于创造"精彩的历史"。他们没有历史，有的只是自然。不过，他们跟自然的搏斗与别的弱势民族抗击入侵者其实很类似。如果不类似，赛库利奇写他们又有什么意义？

"我在这个千里冰封的国家究竟做什么？"在书的开篇，赛库利奇如此写道。她立即回答了这个问题："我被这里的麻烦和挣扎吸引住了。我对那些既能破石头，又能烤面包的人们感到钦佩。"经过丹麦的时候，她发现那里的一切像极了"我们家乡贫穷的农村"，而在挪威人的眼中，丹麦却已经是一个"富裕的国家，那里的农民过得很好"。但跨过边境走入挪威时，就会有种"走进了一个非常穷困而且非常孤独的人的家里"的感觉。挪威没有道路，也没有乡村，因为那里的土壤无法支持。"村与村之间相隔极其遥远，由于寒冷和贫瘠，人烟极其稀少。"挪威给赛库利奇留下的印象好像一片沙漠，上面分散着几处绿洲，一些悲伤而贫穷的人们，在那里过着孤独的日子。"没有餐厅……你不会看到人们坐在家门前，你也不会看到人们透过窗户往外张望。"在她看来，除了贫穷以外，挪威的另一个问题是孤独，这些问题都是恶劣的气候所导致的："冬季太长了……这里的一切都是面朝太阳的，连树都向着太阳的方向倾斜生长。所有的窗户和阳台都只建在房子朝阳的那一侧，所有的人们都走在阳光照射的那一侧街道。"气候条件、地理位置和自然环境决定了挪威人的生活方式、文化和历史。恶劣环境造成的贫困，要求人们把所有的精力都投入到生存搏斗中去，因此他们没有余力来解决国家问题。孤独的性格使人们更加孤立，把人变成了个人主义者。就算是挪威的知识分子，尽管他们的血液里还保留着战士的血性，但他们宁愿把精力耗费在个人主义的抽象问题上，也不愿意去解决国家和政治的问题。每一个不幸的弱势民族，都必须有自己的荣誉。虽然挪威人缺乏光辉的历史和有机的文化，但他们是战士。他们面对的敌人是野蛮的自然环境，挪威的自然是"光秃秃的石头和冷冰冰的水的野蛮幻想"。在这个地方，野蛮主义早在短暂的维京时期结束后就已消失,被封存在某处。在挪威的土地上,进行着一场充满了激情和力量的血腥战斗,人们没有取得最终胜利的希望,不过也没有被彻底打败的可能。在《挪威来信》中,赛库利奇这样赞美挪威仿佛是想弥补它在民族浪漫主义史诗方面的缺失。

为了让一场战斗具有史诗般的背景,自然必须生机勃勃,具有史诗时代神话般的生命气息。在书的开始,赛库利奇重述了古老的北欧神话,就像是为后面的故事奠定基础,她将两场隔世的战斗平行着来书写。从南边的边境进入挪威,一路向北,将德国抛于身后,就会"立马感觉到自己走进了北方领土,这片土地曾经见证了人们与巨人和海怪的搏斗,而如今,人们与石头、海水和寒冬的战斗继续上演着。史诗般的搏斗发生在自然界,而大自然的一切都武装到牙齿。从船上,赛库利奇看见"坚实的水浪互相碰撞,直至粉身碎骨",仿佛"水是手里拿着尖刀和利剑的敌人"。古老的北欧神话中的巨人,以山丘的形象出现,它们"高大、僵硬、皱着眉头"。日落时分,她感受到"古老的微风,粗野的时代,以及一种总是弥漫在这个国家的气氛里的奇怪的恐惧"。自然界夸张的戏剧性,弥补了挪威历史的平淡无奇。赛库利奇在描写峡湾的飓风时,犹如在写一场可怕的历史战役:

> 大旋涡卷起了成千上万的鱼,把它们重重地砸在岩石上,鲜血、鳞片跟汹涌的海水融合在一起,不知道应该流去哪里。等这一过程结束,海水就像安静的羔羊一样沉降下来,水面上漂满了船只,惨遭毒手的比目鱼鱼头和鱼身碎片在岩石上逐渐被吹干。这样的场景每天重复。当刮起东北风,或者冰雪融水使水位升高时,这一场面就会变得更加野

蛮血腥。风在大声呼啸，人们用手在胸前划十字，向仁慈的神祷告，希望神可以结束这一场水怪的狂欢。

这本应该是悬挂在欧洲博物馆的浪漫主义绘画。海水和土地之间的血腥战争不断重演，永不停止：

> 海水无休止地追赶着石头，不断吮咬它们，把它们吞掉。它残暴地攻击土地，为了可以深入其中，它把海岸上的石头堆成高塔，撞击时让浪花可以飞溅得更高。被冲刷下来的尖锐碎片，划破了平静如镜的水面。这些泥土吸收了海水形成峡湾，最终把海浪围成了死寂的湖水，呈现出诅咒般的绿色。

人们从历史故事中发现的力量、激情、痛苦和胜利，在挪威全都可以从大自然里看见。对于强大的对手丹麦而言，挪威有着更大的优势。因为跟挪威相比，丹麦似乎是一个风景平庸的无聊地方，"它死板僵硬，就像是重病的岁月里那股冷漠的寂静"。

挪威的大自然，不仅像别的民族的历史故事那样充满了戏剧性和恐怖色彩，而且处处埋伏着危机和不确定性。搏斗不仅是在自然力量之间进行，也在自然与人类之间进行。挪威的自然是"奇怪的"和"令人困惑的"，它是不明确的，不讲信义的，就算在白天，天空中依然可以看到月亮。而在晚上，依然能够看到太阳，让人分不清昼夜，还是"明亮的夜晚之后的一个昏暗的白天"。一个人刚刚阔别地中海的气息，忽然来到了这一片冰山的领地，从田园风光的迷人景色，走进了这里野性而崩裂的石林。一场暴风雪一夜间就让地貌发生了彻底的改变，人们找不到回家的路，就死在了他们出生的山里。安静而美丽的风景，能在顷刻间变得可怕。挪威的自然生机勃勃，充满活力，同时又充满了恐怖和不确定，就像是浪漫主义的"恐怖之美"，把人们吸引过来仅仅为了让他们崩溃。

赛库利奇所描述的自然是活泼的、美丽的，同时又是吓人的：峡湾"美丽壮观，同时又是一片死寂"；暴风"邪恶而卑鄙，但同时又美丽壮观"；所有的一切都是那么"安静，有着美丽、纯洁、强大和恐怖的崇高气势。挪威的自然是可怕的、壮观的、吓人的，但是归根结底，它是崇高的"。

赛库利奇对于波涛汹涌的海洋的书写与康德对崇高的描述有很多相似之处。康德认为，动态的崇高是一种令人生畏的精神，因为它给人的冲击是压倒性的，让人感到无助，使人意志麻痹。崇高是在自然界中最常见的东西，一切令人敬畏的事物都可以是崇高的，比如，使人在强大敌人面前坚如磐石的英雄主义。崇高有两个层次。康德坚信，我们之所以认为势不可挡、令人敬畏的自然力量是崇高的，实际上是因为它唤起了我们的感受。康德所说的崇高，不是让我们感到无助而不得不屈从的超力量外物，而是一种潜在抵抗的内在感觉。自然界中崇高的表现"把灵魂的毅力提高到中等水平以上，使我们在自己身上发现一种完全不同的能力，给我们带来勇气去相信我们可以跟伟大而全能的自然成为对手"。我们依靠理性，不甘受到大自然意志的限制，对抗着体现为狂风暴雨的自然法则的挑战。动态崇高就是以这样的方式给予我们机会，让我们在行为中发掘我们本应该实现的道德本质和自由。康德说："崇高的感觉使人类的本性免于退化。"挪威这个例子正好说明了崇高理论的第二个层次：敬畏的感觉，把无可比拟的自然力量变成了人类敢于直面挑战的道德本质。在这种情况下，崇高的不是大自然本身，不是比我们能力更强的海洋，也不是把我们压倒的恐怖力量，而是我们自己。

根据康德的说法，这种力量不一定是大自然的力量，它可以是人类的力量，可以是更强的对手，可以是庞大的军队——军队力量之大，足以使自然灾害相形见绌。但是，抵抗行为本身就是一种崇高而令人敬畏的力量：

> 连野蛮人都会致以最高尊敬的是什么？是不受惊吓，不知害怕，不对危险屈服，充满魄力，且机智地采取行动的人。哪怕是在一个完全文明的社会里，人们也会对战士怀有崇高的敬意……如果战争以有序的方式推进，尊重公民权利，那么战争就具有神圣性，也将具有崇高意义。同时，它将确定一个民族的思考方式，在面对危险的时候，更加坚定地保卫崇高。另一方面，长期的和平，将使商业精神盛行，伴随而来的是自私自利、怯懦和软弱，这些弱点将让崇高的思考方式变得腐败。

尽管挪威人的维京时代已经过去很久了，他们依然以对抗自然力量的战士身份为荣。他们的战争从未停止，只是形式发生了改变。每天他们从天亮起就以他们的道德准则和勇气跟野蛮的自然进行搏斗。抵抗比自身更强的力量就是崇高的，因为抵抗证明了道德和自由理性的存在，他们的抵抗是他们道德精神的证明："事实上，我们所认为的崇高，是通过文化来形成的，它所排斥的是没有文化教养和缺乏道德修养的人。"只有具备文化和道德修养的人才能面对自然的力量，面对强大的敌人，才能摆脱恐惧，在自己身上发现道德世界；只有这样的人才有足够的力量，在强大的对手面前，保持自由和道德的追求，不问成败。波涛汹涌的海洋和强大的敌军可能让人感到可怕，但是它们绝不是崇高的。虽然不幸，却有道德精神和勇气对抗更强大敌人的弱势民族，才是崇高的。

这就是《挪威来信》中挪威人和塞尔维亚人的共同点。挪威人的崇高在于他们永不停歇地与对手进行着战斗，尽管他们知道没有胜利的希望，但是他们没有投降，他们只为自己的生存而战——对于不幸的弱势民族来说，胜利不是唯一的指望。他们依靠的不是体力，而是他们的道德精神，道德精神弥补了弱势民族在力量上的不足。这样的胜利体现在两个方面：他们开凿石头，也烤面包，他们的道德精神其实是艰苦劳动的成果。道德世界的开端是他们在强大的对手面前雄起的那一瞬间。那是一个以主观战胜客观、以小胜大的瞬间。那些通过与比自己强大的对手对抗而建立起道德精神的人，绝不是野蛮人。他们是真正的文化英雄，而单纯依靠力量的所谓的强者才是野蛮人，因为他们既没有发展道德精神的机会，也没有这样的需要。挪威人可能不具有"民族的"文化，因为他们没有与丹麦或者瑞典发生过战争，但他们是具有文化修养的，因为他们在与强大而野蛮的大自然进行搏斗的过程中形成了道德精神。

从当时到现在，塞尔维亚读者可能都对"科索沃传奇"这种元文本建构似曾相识。"科索沃传奇"来源于口头史诗，人们在中世纪时期借用福音故事的形式讲述自己的历史。"科索沃传奇"出现于 19 世纪下半叶，在 20 世纪 20 年代有了政治含义。[1] 口头史诗主要讲述的是拉扎尔王子的殉道故事：面对强大的、令人生

---

[1] 关于科索沃生化的谱系、意义和政治背景，详见 Popović 1977 和 Petrović, Rastko 1974。

畏的奥斯曼帝国军队,他可以选择屈服,做帝国的附庸,从而维护自己的地位;也可以选择进行毫无胜算、必死无疑的抵抗。如果不抵抗,选择投降,他可以维护自己的"世俗王国";如果选择抵抗,他就会失去自己的土地,但是会赢得一个"天堂王国"。在中世纪史诗中,"天堂王国"所代表的含义有待确定,但是最可能的含义主要是对中世纪基督教文化的呼应。在基督教故事中,耶稣放弃了世俗王国的一切权利,他认为自己的王国不是世俗的,而是神圣的。拉扎尔王子决定抗争,不惜失去自己的王国和生命,他追随耶稣的脚步,重复了他的选择,为自己的信仰牺牲,成为殉道士。拉扎尔的回报不存在于世俗的世界上,而是在基督的天国里。表面上失败的那一方,事实上是赢家:"那些试图保命的人终将失去性命,而那些不惜牺牲的人才能保住生命。"[1] 所有的神话在不同的历史情况下会得到不同的解读,"科索沃传奇"也不例外。在 19 世纪,从字里行间解读基督教故事,更加适合世俗世界的人。所有理想的和非物质的事物(如道德观)都象征着"天堂王国"。如果遵循浪漫主义的崇高逻辑,我们将得到这样的解读:面对压倒性的对手时,拉扎尔在自己身上发现了关于自由的理性思想、道德准则和勇气。他没有向令人生畏的敌人屈服,而是选择抗争,并为之付出了生命。如康德所说,他"让自己的人性免于退化"。他没有恐惧,而在自己身上发现了自由和道德的崇高境界,他也因此而变得崇高,赢得了道德上的胜利。

这就是赛库利奇看待弱势民族以及他们的命运选择的角度。他们可以选择投降然后消失于历史中,也可以在自身中找到自由

---

[1] 出自《圣经·路加福音》。

和道德世界,从而走向崇高。在思想、态度和价值观杂糅于心的情况下,她保持着这一种观点。而她所做的一切,都对其思想加以印证。1940年,另一个令人生畏的对手在赛库利奇的国家投下了阴影,她极其明确地重申了以下态度:

> 这是我们关注的事实:我们是一个弱势民族……我们既没有黄金,也没有可以与外界竞争的工业;没有任何神话或者宏伟的构想。我们最后拥有的,仅仅是思想、理性和道德精神的集合。这就是我们古老的科索沃传奇。我们要专注于自己的存在、语言、道德和上帝。

对于赛库利奇来说,"科索沃传奇"成为弱势民族对抗敌人、大自然和各种潜在威胁的方法。在权力的世界里,除了变得崇高以外,弱势民族没有别的选择:

> 我们很弱小,我们很孤单。但是,这不应该成为阻碍我们努力克服自身内在混乱的理由,也不是我们在世界上站不住脚的理由,因为我们是最优秀的民族之一。让我们正视自己身上最优秀的品质吧!让我们告诉世界,我们需要的是理性的世界。没有时间犹豫和拖延了……我们虽然弱小,但是如果我们专注起来,就会变得团结。我们不要去羡慕那些伟大的民族,也不要自怨自艾。让我们永不屈服。

让我们变得崇高。不过,一个人要走向崇高,就需要高度发展道德精神,并且发展出可以为道德精神输送营养的文化。否则,正如康德警告我们的那样,令人生畏的对手就会轻视我们,认为我们胆怯。挪威人具有"所有不幸的欧洲弱势民族中水平最高、质量最好的文化",因此没有人需要为他们担心。但是塞尔维亚人呢?面对强大对手,塞尔维亚人会毫不示弱,并从自身找到崇高的品质吗?为这些问题寻找答案的过程,就是赛库利奇的"奉献"。这是她不得不夜以继日地工作,孜孜不倦地"往文化空洞里扔了几块鹅卵石"的原因。

一位挪威人也报以同样的赞美

在赛库利奇赞美挪威文化,赞美它在抵抗野蛮的自然力量时体现出的崇高品质的同时,一位挪威旅行家也以自己的方式报以同样的赞美。亨利克·奥古斯特·安格尔(Henrik August Angell)是一名挪威官员,在1874年希腊与土耳其战争和第一次世界大战期间,他多次到访巴尔干,主要任务是进行军事观察。他对黑山人和塞尔维亚人流露出喜爱之情,并且出版了四本关于他们的书,最后一本出版于1914年,与赛库利奇的《挪威来信》同时面世。[1] 除了军事情况以外,他也对塞尔维亚文化进行了观察,他认为,弱势民族获得自由的唯一保证是提高军事士

---

[1] *Gjennem Montenegro paa Ski* (Through Montenegro on Skies), Kristiania 1895; *De sorte fjeldes sønner* (The Sons of the Black Mountains), Kristiania 1896; *Et stækt folk. Montenegrinske fortællinger* (A Strong People: Montenegrin Stories), Kristiania 1902; *Naar et lidet folk kjæmper for livet. Serbiske soldaterfortællinger* (When a Small People Struggles for Life. Serbian Soldiers' Stories), Kristiania 1914.

气并武装自己。不难发现这些书反映了作者的自我认同。在写到黑山的时候，安格尔不厌其烦地重复气候和地理条件对人们生活带来的种种不利影响，强调这是导致贫穷的主要原因。他如此写道："他们非常贫穷，他们必须与恶劣的自然条件做斗争。"像赛库利奇一样，看到这些人就算贫穷也不会去偷东西的时候，他也感到十分惊讶。不过实际上，他们的同胞，无论挪威人还是塞尔维亚人，总是偷东西，这点除了让我们空欢喜一场以外，并没有让我们感到意外。他们不仅对不同的事情感到惊讶，也会对相同的事情感到惊讶：赛库利奇对奥斯陆的"人行道"感到惊讶，而安格尔对采蒂涅[1]的"溜冰场"感到意外。对方怎么跟我们一样那么了解雪，并且懂得在雪上滑行的？两位作家都是城里人，同样对农民热情的待客之道感到惊讶。在黑山和挪威之间，安格尔发现更多的共同点：小木屋很相似，小村庄很相似，人们的葬礼仪式很相似，音乐和民间故事也极为相似，人们招待客人的方式也很相似。招待安格尔的主人坚持要给他讲述"科索沃传奇"的故事，这故事让安格尔想起 1066 年在斯坦福桥战役中抵抗英国的挪威国王哈拉尔德的故事，尽管失败已成定局，但哈拉尔德的士兵们仍坚决战斗。他发现的不同之处在于两个民族的发展阶段：黑山人仍然很看重个人声誉，而挪威人已经不再如此了。总而言之，安格尔对黑山之行感到十分满意，只有个别情况与他的想象不符，让他感到失望：采蒂涅的女性打扮入流，就像巴黎时尚杂志中的女性那样，邮政和电报服务比较先进，在每一个村庄里都能找到掌握欧洲主要语言的人。他发现，黑山和挪威之间唯一真实而出人意料的差别在于他们对待妇女的方式。他在 1 月份

---

[1] 采蒂涅（Cetinje），黑山共和国文化中心。在 1878—1918 年是独立的黑山王国的首都。——译者

到达克托尔港,道路被厚厚的雪覆盖,他需要一位带他前往采蒂涅的向导和运送行李的挑夫。他很快就找到了一位名叫约沃的黑山人,看着安格尔沉重的行李包,他嘟囔到:"只有女人才拿得动。"没隔多久,他就找来了一位"漂亮、面带微笑的黑山美女"。女人背起行李,而约沃拿剩下的小东西,就这样,他们出发去采蒂涅了。

让安格尔感到意外的是他在黑山的亲眼所见跟他在德国报纸上读到关于黑山的情况不一样。他曾经读到关于一场黑山"革命"的记载,知道有一位王子被废黜。但是当他来到采蒂涅,他发现根本没有革命发生,王子稳稳在位。他发现报纸并不是最可靠的信息来源,在1914年出版的书里,他对此表达了痛苦和绝望。在书中,他对1912年巴尔干战争期间的军事观察有如下描述:

> 欧洲的报纸上,人们每天都可以读到塞尔维亚士兵在战争中不人道和不光彩的行为。我记得特别清楚,有一次,布达佩斯的一名记者在一家主要的英语报纸上报道说,有数千名阿尔巴尼亚人在库马诺沃和乌斯库布(即斯科普里)之间的地方被人屠杀。他们被绞死,尸体被沿路吊起。这是一个无耻的谎言,因为在库马诺沃和乌斯库布之间,连一棵可以挂猫的树都没有。或许在库马诺沃附近可以看到十来棵杨树,不过当布达佩斯的记者捏造报道的时候,没有阿尔巴尼亚人被挂在上面。那时候,我正好在一个小城里,在一位警察局长的家里过夜。我陪他走过街道。我还跟军官们一起骑着马穿过战场,之后又徒步沿着土耳其和塞尔维亚军队的路线前进。如果这样我都没有看到这成百上千被绞死的人的身

影,或者听说类似的事,那我是有多么眼瞎和耳聋呢?

毫无疑问,一位文化使者会赞扬一个民族体现在无畏斗争和勇敢生存背后的坚实文化基础,而军事官员会赞扬"受强大的邻国骚扰和压迫,召集起所有能够扛起武器并且敢于把怒火喷向敌人,为自己的生命而战"的弱势民族,这是那些幸运而强大的民族从来没有想过的,因此弱势民族更能够感受到彼此的崇高。

要么西方,要么死亡

约万·斯凯尔利奇是第一次世界大战以前最有影响力的塞尔维亚知识分子之一,他把1912年看作"光明的日子",因为"塞尔维亚的战士像头雄狮一样战斗",他如此写道:

> 这些让人敬佩的农民,是他们在这片土地上洒下的血液和汗水,造就了今天的塞尔维亚。他们是第一个揭竿而起的巴尔干民族的后代,如今受到了教育和自由思想的熏陶,他们充沛的活力和精诚的努力赢得了人们的钦佩。今天,欧洲人目瞪口呆地见证了一个奇迹:威震世界、久负盛名的土耳其军队,被来自舒马迪亚[1]的、身穿简单的农服和软皮皮鞋

---

[1] 塞尔维亚中部的一个地理区域。——译者

（opanak）[1] 的农民兵打得落荒而逃。

1912 年，巴尔干各国结束了长达数百年的奥斯曼帝国统治，掀开了历史的新篇章。在这样的胜利气氛下，公共话语中出现骄傲情绪是可以理解的。斯凯尔利奇甚至夸张地写道："伟大的历史戏剧的最后一幕将是欧洲和亚洲之间的斗争、文明和野蛮之间的角逐。"不过，即使在这一个充满欢乐和节日气氛的时期，也不能忘记过去的苦痛。整个 19 世纪，巴尔干精英相信，如果不是有欧洲列强干预的话，巴尔干的民族可能更早挣脱帝国的统治。由于欧洲列强之间存在着互相不信任和竞争，他们宁愿扶持奥斯曼帝国。在这个问题上，斯凯尔利奇所见略同：

> 所谓的欧洲，实际上是一群互相嫉妒、互相掠夺的无情恶霸，他们从来无法就如何分配战利品达成一致，他们为了自己的利益，人为地让名存实亡的土耳其苟延残喘。土耳其是文明的耻辱和长久威胁。如今，欧洲是债权人、投机者和生意人，他们残酷地剥削土耳其，而土耳其则变本加厉地迫害它统治下的基督徒奴隶。但欧洲派往土耳其的经营者或者出口商利益一旦受到损害，欧洲就会派船舰到土耳其水域进行威吓。然而，当塞尔维亚人、马其顿人和亚美尼亚人遭到土耳其人屠杀时，欧洲则视而不见，听而不闻。欧洲以基督教的人性和文明作为自己的面纱，打着和平的旗号，掩盖自己的自私和贪婪。如果指望欧洲，那今天的巴尔干就是一片

---

1 用软质的漆皮做成，没有鞋带，其头部有一个向上翘起的尖部。这种皮鞋非常耐穿，是 19—20 世纪塞尔维亚乡村人民主要的鞋类穿着，如今成为塞尔维亚民族象征的工艺品。——译者

巨大的墓地了。

斯凯尔利奇认为，如果保加利亚、希腊、塞尔维亚和黑山等巴尔干民族意识到不能指望欧洲，唯有自发结成联盟，那么他们就可以在几周时间内挣脱奥斯曼帝国的统治。他说："富有怀疑精神和秉持重商主义的欧洲人看到了很长时间以来未曾见过的东西，那就是为自由而死的决心。"当时的法国外交官以类似的方式评论了1912年的战争："在东方问题的历史中，弱势国家第一次摆脱对列强的依赖，他们可以脱离列强自行采取行动，甚至可以把列强拖倒。"欧洲历史上，被称作"东方问题"的一章就是以这样的方式被合上了。马克·马佐尔（Mark Mazower）是这样总结的：

> 哈布斯堡不希望斯拉夫人在他们家门口搞解放斗争。法国和英国在支持被压迫的基督徒反对穆斯林统治和扶持奥斯曼帝国以抵抗沙俄帝国之间举棋不定。因此，巴尔干对独立的渴望，被大国列强的竞争和冲突遏制住了……实质上，"东方问题"是国际对于奥斯曼帝国衰落和民族起义兴起这一不可预测的过程的把控。

这是在20世纪对"东方问题"的定义。1913年，英国历史学家威廉·米勒（William Miller）的定义更好地反映出当时的主流理解："东方问题实际上是如何填补由土耳其帝国逐步衰败而引起的欧洲真空的问题。"这一观点受到斯凯尔利奇等巴尔干知识分子和政治家的反对：他们不认为自己的存在是一种真空，一种在奥斯曼帝国衰退后，其他帝国可以随意填充的真空。他们对于大国列强政策的不满，不是由于缺乏支持，而是担心自己从一个帝国的统治落入到另一个帝国的统治当中。对于塞尔维亚人来说，接手他们的可能是奥匈帝国，"当其他大国列强向国外扩展，瓜分非洲的时候，奥匈帝国仅仅盯着南部斯拉夫民族的土地"。当南部斯拉夫民族终于获得自治权，甚至获得独立后，他们仍然依赖着列强，因为列强"大量干涉着新兴国家的内政"，列强"在外交会议上为新兴国家划定边界，并且通过炮舰外交和扭曲的经济条款从各个方面实现自己的愿望"。挣脱奥斯曼帝国的统治，只是任务的一半，南部斯拉夫民族还需要摆脱那些把他们视为真空并企图填充的其他列强的觊觎。对于19世纪的塞尔维亚文化来说，1878年的柏林会议很好地说明了这种真空状态和列强的轻视——欧洲列强在会议上绘制了一张全新的巴尔干地图，然而在会议桌上入座的居然没有一位来自巴尔干国家的代表。20世纪60年代，丽贝卡·韦斯特（Rebecca West）的作品《黑羊与灰鹰》(*Black Lamb and Grey Falcon*) 中的"康斯坦丁"，即斯坦尼斯拉夫·韦纳维尔，为一本关于拉扎·科斯蒂奇（Laza Kostić）[1]的书写了评论，他的评论风趣幽默，表达了一种深深植根于塞尔维亚文化当中的对于大国列强政策的理解：

> 拉扎·科斯蒂奇作为外交大臣约万·里斯蒂奇（Jovan Ristić）的秘书参加了柏林会议，这场会议将决定我们"生存还是毁灭"，里斯蒂奇顶多只能待在"门厅里"，不可再往内了。我们的代表，外交大臣都不能步入俾斯麦主持柏林会议的拉齐维尔宫（德国总理府）的会议厅，更别说他的秘书

---

[1] 塞尔维亚浪漫主义诗人、剧作家。——译者

科斯蒂奇了。在那里，世界上的强国和大腕发表了傲慢的演说，宣扬着关于欧洲文化、人文主义和神圣权利虚伪的陈词滥调，而弱小的民族，那些前途未卜的民族，却不被允许参加讨论（至少他们还可以配合着列强的音乐表演一下自己的舞步啊）。这些弱势民族不配参加这闪亮的聚会！还是让他们回到自己的小屋里跳皮皮勒夫卡和科科涅什[1]吧！要让他们机智一点，谨慎一点，圆滑一点！他们的技巧一定要完美无缺，因为总是被要求讲礼貌，所以圆滑机智高于一切，永远不要忘记！

欧洲形象通常以大国列强为代表，对于列强来说，巴尔干是一个可以渗透和占有的真空地带，这是斯凯尔利奇所言说的一部分。当他写到塞尔维亚从奥斯曼帝国的统治中解放出来时，他看到的是塞尔维亚人把土耳其人赶回亚洲。而同时，塞尔维亚人还回头张望身后的欧洲是否在看着，如果欧洲在看，那么塞尔维亚人就可以说："你们看到了吗？我们这里不是真空！"对于斯凯尔利奇来说，如果得不到欧洲的肯定与认可，那么民族解放就是没有完成。如果说被奥斯曼帝国统治是一个从1912年开始愈合的伤口，那么另一个伤口则来自欧洲，来自欧洲对于弱势民族的蔑视，来自欧洲的觊觎并使其合法化，这才是真正的伤。这个伤口是象征性的，并且更难愈合。奥匈帝国虽然是塞尔维亚实现民族自由的障碍，但是斯凯尔利奇并不把它放在眼里，令他无法忘却的是，欧洲民主对塞尔维亚解放的嘲讽：

---

1 皮皮勒夫卡（pipirevka）和科科涅什（kokonješte）都是南部斯拉夫民族的转圈舞。

欧洲民主对沙俄专制和俄罗斯东正教的憎恨……使他们对波兰人和匈牙利人表现出极大同情，反过来他们对巴尔干的斯拉夫人一点都不关心，对塞尔维亚人更是冷漠至极。他们视塞尔维亚为沙俄专制的利益代表和附庸，这就是英国自由派对我们如此怀疑的原因，也是人们能在德国社会中听到"亲土耳其"和"恐塞尔维亚"的声音的原因。

来自欧洲左派的蔑视，是作为社会民主主义者的斯凯尔利奇最大的痛与不甘。因为斯凯尔利奇认为欧洲左派应该支持所有为自己的自由而战的人，包括塞尔维亚人。弗里德里希·恩格斯（Friedrich Engels）说："我冒昧地把生活在中欧地区的原始的弱势民族看作是一种过时主义。"马克斯·斯皮尔（Max Spiel）说："巴尔干民族的解放斗争背后是沙俄霸权的隐藏威胁。"斯凯尔利奇引用了这些话，相当于往自己的伤口上撒盐。他还引用了卡尔·马克思（Karl Marx）在德国社会民主主义杂志《新时代》（*Neue Zeit*）上重载的文章，他是这样说的："斯拉夫人在土耳其的奴隶制中遭受了很多苦难，他们被按照穆斯林的阶级制度分成三六九等……不过实际上，土耳其人、南部斯拉夫人和希腊人与西欧的共同利益，比与俄国的更多。"对斯凯尔利奇来说，更重要的是马克思的提法与他关于政治和公共参与的核心认识契合，斯凯尔利奇当然要把握这个借马克思的话来表达自己想法的机会：

谁想要支持当今欧洲的民主思想，就应该尽一切可能发展工业、教育、法制，应该支持自由的意志，支持土耳其的基督教附庸国争取独立。人类和平发展的未来与此息息相关。一个人如果希望得到好的收成,就要在犁地和播种时格外细心。

弱势民族在埋头争取切身利益的同时,有必要时常抬头看看欧洲在想什么,因为他们的努力和最终成败很大程度上取决于欧洲的意见。如果他们在此过程中,碰巧违反了一两项准则,比如如果他们发表了损害西方的言论,只会引起西方的挖苦和讽刺,却不会引起西方重新思考这些准则是否合理。斯凯尔利奇写道:

> 当一个国家在法国金融市场上完成一笔贷款交易,不用说,这个获得贷款的国家,首先要做的必然是去给有影响力的报社送钱。塞尔维亚就是这样的情况。每当塞尔维亚的贷款获得批准时,某些报纸很快就会对塞尔维亚展示出同情。给报社送钱不是只有金融家才会做的事,那些有意掩盖自己的不端行为或政治意图的人或国家,也会花钱收买报社……这就是土耳其在亚美尼亚大开杀戒时,让巴黎和其他欧洲报纸保持沉默的方法……包括塞尔维亚在内的欧洲弱势国家,每年定期向大型报社缴纳费用。这也解释了为什么某些报纸,在每年的除夕夜向我们部长大臣"免费"寄送报刊,在个别报道中隐隐透露出对我们国家的不满情绪,他们以这样的方式向我们催钱。新年是好朋友互道问候、互送礼物的时候,新年过后,前嫌很快就被勾销了。那些不讲原则的、腐败透顶的新闻……威胁着我们这个时代的公共责任。不仅仅是法国,几乎欧洲到处都是这样,在我们的邻国奥地利和匈牙利,情况更甚。

弱势民族必须依循别人制定的游戏规则，但是这不代表他们对"布道"与"传教"之间的差异毫无感知。相比于腐败的媒体运作，帝国主义的双重标准令斯凯尔利奇更加气愤：

> 曾经，同一群欧洲人拼命抗击撒拉逊人、塔塔尔人和土耳其人的入侵，抵制伊斯兰教的传播，如今却要将他们自己也不相信的宗教教义强加给东方人。同一群欧洲人，在自己的家里以抵制酗酒行为为荣，如今却用枪炮逼迫中国人购买欧洲人经营的工厂出产的鸦片。弱者受到如此的压迫，他们的权利如此微不足道，强者却用冠冕堂皇的语言来掩饰自己的罪行，这是历史上前所未有的。

斯凯尔利奇强烈的反欧洲情绪，与伊西多拉·赛库利奇对民族事业的冷漠有着异曲同工之妙。崇尚帝国主义的、自私而贪婪的欧洲，通过它的腐败媒体和双重标准，把健康的弱势民族（如塞尔维亚人）视为道德低劣的民族，把他们看作是腐烂的苹果。应该有人持反欧洲情绪，对这样的欧洲提出批评。斯凯尔利奇对于差别的感知极为强烈，比今天简单按照"亲欧洲"和"反欧洲"两种不同阵型来站队的人们要明确得多。不管是在他之前还是之后，再也没有塞尔维亚作家像他这样频繁地使用"欧洲"一词。对于斯凯尔利奇来说，欧洲显然不是一个地理概念，但是欧洲对于他来说意味着什么，这个问题还值得研究。在他的著作言及地理东方和文化东方时，几乎找不到任何积极的含义。对于他来说，文化东方不是地理概念，而是急需治疗的疾病，是必须打败的邪恶。在大多数情况下，斯凯尔利奇所指的地理东方和东方人只是一个简单的用法，没有明确的含义。在评论到跟他同时代的另一位文学批评家柳博米尔·内迪奇（Ljubomir Nedić）和诗人德拉古丁·伊里奇（Dragutin Ilić）时，斯凯尔利奇写道："内迪奇是一个受西方文化熏陶的人，但是他却是个东方人。"或许内迪奇的确有犯错的地方，但是他依然具有救赎的能力，可以被原谅。而在斯凯尔利奇眼中，伊里奇则是不折不扣的"东方人"，没有挽救的余地。

斯凯尔利奇认为塞尔维亚人，首先属于斯拉夫民族大家庭，因此与生俱来有许多负面的特征——意志薄弱，缺乏个人进取心，情绪消极，没有持续工作的魄力和毅力。他既运用民族精神心理学（Völkerpsychologie）的方法把这些特征归结于斯拉夫民族的先天特性，又运用历史学的方法把它们归结为"数百年来政治和社会现实的后果"。他在这两种观点之间摇摆不定。"被东方的宿命论者统治四百多年，是一场巨大的灾难"，这种观点只能增强别人对斯拉夫民族性格中缺乏主动性（个人的主动性不能改变任何事情）的印象：

> 东方宿命论的影响使塞尔维亚人性格中的斯拉夫人的冷漠特质和消极情绪进一步凸显。被东方人统治了四五百年是我们的极大不幸。土耳其人的卑鄙和伊斯兰教的命运观在我们的民族性格中留下了深深的烙印。不管是先天注定还是后天影响，一旦东方的宿命论注入到我们的斯拉夫消极性当中，民族的力量就消失殆尽，就失去了坚持工作的毅力，使得我们变得强壮的途径就消失了。要知道，现代人之所以伟大，是因为他们在工作中投入了巨大的努力和毅力。

这是一种需要治疗的病。消极性和宿命论的双重作用，活力和意志力的双重缺失是塞尔维亚"社会体制机器部件生锈并隆隆作响"的原因,对于那些"不幸地对'腐朽的西方'的生命维度有所认识"的人,以及"把萨瓦河(Sava)[1]上的桥看作是监狱的窗户"的人来说,这种感觉尤为明显。泽蒙是与贝尔格莱德隔河相望的小城镇,但是对于身处塞尔维亚这座监狱的斯凯尔利奇来说,俨然已是自由的领土。

仅从"宿命主义的民族"的手中获得解放,无论是多么有益,都还不够。这个必要条件一旦获得满足,寻找正确道路的伟大任务才真正开始:

> 我们离开了祖先们缓慢而平静地走过的狭窄道路,但是我们对任何新的道路都一无所知。就算我们碰到一条新路,我们的步伐也是不确定的。我们是这个全新民族中第一代从事知识工作的人,我们的祖先从未动过脑筋,而现在我们每个人都必须绞尽脑汁,必须依靠自己的力量,迅速地缩小前几代人所落下的差距,追近与那些古老的民族的距离。

斯凯尔利奇的"诊断"十分精炼,"塞尔维亚人现在所受的苦,是年轻的民族在适应现代生活时遇到的痛苦",要改善自身,就要摆脱"来自东方不作为的病毒、不开化的野蛮性,摆脱乡巴佬的琐屑和庸俗",还要摆脱"大街上监狱般的黑暗和人们恶毒的面孔,以及来自不幸的东方的一切负担和恶臭"。一个"呆滞、不持久、宿命主义的民族",如何才能甩掉斯拉夫意识和东方传

---

[1] 当时的萨瓦河是奥匈帝国与塞尔维亚的分割线,而这里指的桥所连接的是奥匈帝国的泽蒙和塞尔维亚的贝尔格莱德。

统的双重负担？对于斯凯尔利奇来说，这是最重要的问题。他一辈子的著作，可以看作是一种寻找"让这个落后国家找到精神和道德复兴"道路的尝试。他相信这个问题只有一个答案，并且不厌其烦地重复答案："理想、方向和榜样只能在一个地方找到，那就是它们的真正来源——西方。首先，每个人都应该是一个好的欧洲人……人性的一切善良、美好和伟大来源于善于思考、崇尚自由、积极向上和活力充沛的西方。"尽管在政治和民族问题方面，斯凯尔利奇批评欧洲，但是"每个人都应该是一个好的欧洲人"是他不断重复的执念，好比拉丁语名言"迦太基必须被毁灭"[1]。他最重要的著作可以看作是对这句名言的一系列脚注，可以看作是一位文化历史学者为民族历史以及未来所提供的探索路径。

塞尔维亚人是如何步入文化的？这是斯凯尔利奇《18世纪塞尔维亚文学》（*Srpska književnost u XVIII veku*）的中心主题。以传统视角来看，塞尔维亚的文化模式在18世纪开始从东正教－拜占庭的中世纪模式向西方古典主义和启蒙运动的模式过渡。然而，在斯凯尔利奇眼中，18世纪不是漫长的文化历史的转折，而是塞尔维亚文化历史的真正开端。"18世纪……意味着走出中世纪，步入现代；意味着告别拜占庭文化，走进西方文化……我们的文化和文学发轫于18世纪。"浪漫主义者所珍视的中世纪传统，对于斯凯尔利奇来说根本不存在，或者至少并不以

---

[1] 原文是一句拉丁语名言，源于罗马政治家老加图。公元前2世纪第二次布匿战争后，罗马共和国内部的主战派念念不忘汉尼拔对罗马造成的威胁，决心消灭迦太基。主战派的代表老加图在元老院做演讲时，哪怕是和迦太基没有任何关系的演讲，都会在演讲结束加上一句"还有，我认为迦太基必须被毁灭"，从而不断提醒罗马人消灭迦太基。主战派的政治努力最终导致第三次布匿战争，罗马彻底消灭了迦太基。——译者

文化的形式存在。在 18 世纪末多西泰伊·奥布拉多维奇出现以前，塞尔维亚文化是"野蛮中世纪中的巴尔干黑暗"，是"来自于巴尔干的原始性和野蛮性"，是"拜占庭精神和俄罗斯神学"。直到 18 世纪，塞尔维亚人落入哈布斯堡王朝的统治，才"接受了西方文化，得以奠定自己的现代文学基础"，并且"进入一个有组织的欧洲国家，加入到现代民族的圈子，建立自己的教育体系，以及创造出自己的世俗文学"。在此过程中，多西泰伊·奥布拉多维奇扮演着中心角色。在斯凯尔利奇著作的所有内容中，有五分之一是关于奥布拉多维奇的生活和工作的。奥布拉多维奇是理性主义者、启蒙思想家、世俗的朝圣者。他一生的大部分时间都在四处游历和学习，直到临近生命的尽头才第一次来到塞尔维亚。在《青年和他们的文学》（*Omladina i njena književnost*, 1906）中，斯凯尔利奇批评浪漫主义者的民族主义和他们对西方文化的抵制，他在书中如此总结道：

> 多西泰伊是一位开明的"西方派"，他主张塞尔维亚人应该接受先进的西方文化，这种文化是经历过实践检验的。浪漫主义者鄙视"腐朽的西方"，寄望于本土的"塞尔维亚文化"，却从未想过对塞尔维亚文化的内容进行定义。多西泰伊与浪漫主义者的区别在于，他是一个放眼未来的理性的人，而后者则是迷茫于回首过去的人。

从宿命主义的东方民族手中解放出来后，塞尔维亚人将走向何方？这是斯凯尔利奇提出的最重要的问题。19 世纪六七十年代浪漫主义者倡导的民族主义，虽然也是这个问题的一种答案，但是在斯凯尔利奇看来，这个答案大错特错。浪漫主义者不光不把眼光放到西方，还试图从历史过往中寻找精神和道德的复兴之路：

> 我们作为弱势民族的悲剧在于，到了 19 世纪才被人们发现我们一直被奴役，承受着痛苦和贫困。我们的当下是暗淡的，我们缺乏前瞻的勇气，我们被过去的记忆催眠。为了唤醒民族的感觉、意识和自豪感，为了把这群散沙般的人凝聚成一个民族，（浪漫主义者）回顾起历史，从昔日寻找荣光，重新讲述起中世纪统治者的胜利故事。历史学家和思想家最先开始发声：历史记忆被当成了未来的理想；语言上的鸡毛蒜皮的纷争，被当作是创造民族个性的途径。人们走上了历史主义和民族浪漫主义的道路。一场荒谬的闹剧开始了：他们从坟墓里寻找生活的信念，指望通过历史来指明通往当下和未来的道路……他们不在生活中收获活力和信心，而在中世纪的碑文、纹章、骑士精神和尘封的羊皮书里渴求灵感。杜尚（Dušan）、西梅昂（Simeun）和兹沃尼米尔（Zvonimir）[1]复活了，迫切要恢复昔日荣光的危险想法被传播出去。然而，人们依然一无所有，依旧要为自己最基本的人权、政治权利甚至生存权疲于奔命。他们在欢腾的狂热中，在浪漫主义的狂想中，日复一日接受着疯狂的帝国主义和优越感幻想的荼毒。

斯凯尔利奇在自己的论著中，不厌其烦地反复批判浪漫主义者反对"腐朽的西方"的倾向，他发现，浪漫主义者的灵感来

---

[1] 杜尚、西梅昂和兹沃尼米尔分别是塞尔维亚、保加利亚和克罗地亚的中世纪统治者。

源不是俄国或者东方,而恰恰是欧洲。在《青年和他们的文学》中,斯凯尔利奇试图解释塞尔维亚浪漫主义的比较语境,在论述"外来影响"时,他设计了"中欧泛斯拉夫主义""德国浪漫主义"和"匈牙利浪漫主义"三个章节。所有的塞尔维亚浪漫主义者都在奥匈帝国生活,会说德语和匈牙利语,又在德语大学接受教育,自然而然地,他们的文化视野受到了中欧浪漫主义思潮的影响。在他们眼中,中世纪的文化是邪恶的,是对现代世界商业特征的背离,同时,他们还发现了来自东方文化的诱惑——即使"东方"有时候与"邪恶的土耳其"形象发生着微妙的关联。这些特征不仅是以超级保守的"越山主义"[1]、霍夫堡官员弗里德里希·施勒格尔(Friedrich Schlegel)为代表的德国浪漫主义的特征,更是西欧浪漫主义的普遍特征。为了强化对浪漫主义者的"腐朽的西方"的反讽,斯凯尔利奇还经常引用拉扎·科斯蒂奇翻译的《唐璜》的诗句,以此来批判浪漫主义者落后且反现代,保守且反西方的特质:"不要向西方寻求帮助,因为西方被店老板统治。"[2] 这句话的出处是《唐璜》"哀希腊"的第十四节,借翻译,科斯蒂奇向塞尔维亚人转达了拜伦给希腊人的忠告。奇怪的是,这与斯凯尔利奇对"东方问题"时期大国列强政策的理解有一定的相似:

---

[1] 越山主义(Ultramontanism,来自中世纪拉丁语"ultramontanus",意为"在山的那边"),一译教皇绝对权力论。天主教会史上强调教皇权威和教会权力集中的理论。越山派是11世纪居住在阿尔卑斯山以北者对追随教皇格列高利七世而反对神圣罗马帝国皇帝亨利四世者之称谓。也指一切居于阿尔卑斯山北侧对教皇唯命是从的人。他们同主张限制教皇权力的高卢派等派别对立。13世纪时,对来自山北的非意大利人当选教皇者被称为"越山教皇"。1870年第一次梵蒂冈公会议确立"教皇永无谬误论"为天主教信仰,标志越山派的重大胜利。(王觉非主编:《欧洲历史大辞典·上》,上海辞书出版社,2007年12月,第242页)——译者

[2] 原文为塞尔维亚语:ne tražite spasa na zapad, tim svetom vlada grošićar。——译者

> 不要把自由的事业寄希望于法兰克人——
> 他们的国王只知道买和卖；
> 而要把唯一希望寄托于
> 本国的刀剑和本国的士兵；
> 不过啊，土耳其的武力和拉丁人的欺诈，
> 还是会把你们的盾牌击穿，不管它有多么坚硬。

不要指望由店老板所统治的、自私自利的西方提供帮助；就算前景不理想，也要靠自己的双手来解放自己。斯凯尔利奇经常引用科斯蒂奇的译文，但是他从不对这些诗句的原作者指名道姓。不管作者是怨愤（ressentiment）[1]的中欧人，是迷恋自己拜占庭历史的塞尔维亚人，还是俄国的"亚洲人"。但是这次是例外，只因为作者拜伦是一位来自西欧的诗人。其实，塞尔维亚和中欧浪漫主义中那些斯凯尔利奇不喜欢的特质，在西欧浪漫主义中也是刺眼的。这里并不是要对斯凯尔利奇的文化历史认知提出质疑，而是要去理解他认知中"西方"和"欧洲"的含义。如果说德国浪漫主义有强烈的反西方意味，这并不奇怪。因为当"西方"具有政治和经济发达的社会含义时，它指的是法国、荷兰、英国和苏格兰，而不是德国。但是，当斯凯尔利奇引用由科斯蒂奇翻译的拜伦作品时，他想批判的是塞尔维亚浪漫主义者的反西方情绪。不过在这个例子中，西方和反西方的含义出现了重叠或者冲突，让人产生了地域感知上的混乱。他的表达一定别有意图。

---

1 怨愤，或无名怨愤，是尼采著作中的一个关键概念。来自一个法语词汇，指经济上处于低水平的阶层对经济上处于高水平的阶层普遍抱有的一种积怨。或因自卑、压抑而引起的一种愤慨。——译者

斯凯尔利奇意识到，当他像多西泰伊·奥布拉多维奇那样号召塞尔维亚人"接受先进的西方文化"，并且对19世纪六七十年代反对西方的思想进行批判时，他清楚地意识到这里存在一个悖论。斯凯尔利奇认为，塞尔维亚浪漫主义者喜欢谴责"腐朽的西方"，谴责"欧洲是文明的毒药"，坚信存在着一种注定将振兴"哥特－日耳曼世界"的斯拉夫文化和塞尔维亚文化，"而这种思想却恰恰是受到了西方文化，尤其是德语文学的强大影响"。在这里，斯凯尔利奇关于"西方"和"欧洲"概念的理解变得清晰起来了。在德国，耶拿学派创造了大量的反西方作品；在奥地利，弗里德里希·施莱格尔找到了反对西方政治思想的支持者，在斯凯尔利奇看来，这些思潮虽然反对西方，但依然属于欧洲。如果这些反对的声音能够使一个国家失去归属欧洲的资格的话，那么英国绝对不属于欧洲或者西方，没有人知道要去哪里寻找欧洲。按照斯凯尔利奇的话，在奥地利同样能找到西方和欧洲，他甚至把（塞尔维亚和奥匈帝国之间的）萨瓦河上的桥，恰如其分地描述为"监狱的窗户"。对于斯凯尔利奇来说，西方和欧洲不是确切的地方，而是一系列的政治和文化价值。这点也能从他对俄国的描写中看出：

尽管俄国有文明的迹象，但它依然是属于亚洲文化的。上层阶级和政治圈子从国外引进了风俗和时尚，但是没有吸收外国文明的本质。在文明的面具下，依旧是反启蒙主义的灵魂。对俄国人来说，天赋自由是个谎言，政治自由和人民主权是句胡话，思想自由是对教会的背叛，新闻自由是个阴谋，生命自由是种幻想，人人平等是种幻觉，法律面前人人平等则是不公，自由和平等是倾覆社会的巨浪。这些思想，是对西方的无理仇恨的结果。正是"腐朽的西方"的批判精神和自由制度，赋予了西方主宰现代人性的权利。

俄国西方化的上层阶级和国家官员所拒绝的价值观，同样也属于欧洲和西方。这些价值观在地理上的西方同样也会遭到抵制，德国浪漫主义者就是例子。浪漫主义者所倡导和捍卫的才是真正的西方。

在斯凯尔利奇看来，这是塞尔维亚浪漫主义者的主要罪过。他们没有追随奥布拉多维奇倡导的"西方"，一个可以帮助他们理解西方精神价值的"西方"，反而落入了德国反启蒙主义的陷阱，成为民族主义者。除了斯韦托扎尔·马尔科维奇（Svetozar Marković），他虽然是一位社会主义者，但从俄国社会主义者那里学习了欧洲价值观，因此在斯凯尔利奇看来，他成为"西方派"。[1] 塞尔维亚的浪漫主义者没有沿着这条道路走，他们选择了转向过去，他们试图通过追溯塞尔维亚性的根源，来寻找自己。这一做法让斯凯尔利奇大为吃惊，他认为这是一条歧路，严重偏离寻求救赎的唯一方向：

> 我们应该忘记那些古老的荣耀，忘记杜尚的帝国，忘记塞尔维亚古斯勒[2]和口头史诗。人不以言辞为生。这是老一

---

[1] 斯凯尔利奇经常把斯韦托扎尔·马尔科维奇与多西泰伊·奥布拉多维奇做对比，把前者看作是后者的转世："这位年轻人在19世纪塞尔维亚公共生活中的角色与修士还俗的多西泰伊·奥布拉多维奇在18世纪时一样：他们把欧洲的、西方的、理性的思想介绍到我们东欧原始到令人窒息的氛围，以及方方面面都落后的生活当中来。"

[2] 一种流传于巴尔干半岛地区的弓弦乐器，它多半搭配演奏者的歌声来演唱，是东欧地区民间的一种说唱艺术，乐器大多为一根弦，少数地区使用两根弦，弓弦由马尾制作，演奏时放在两腿间。——译者

辈人无所事事，哄自己睡觉而弄出来的东西，也是给我们惹出一堆麻烦，使我们泥足深陷的罪魁祸首。有一份爱国报纸，以难以置信的虚构字眼为刊名——我们的过去！它自以为是一份社会考古报刊，殊不知它的民族已经奄奄一息。在这场残酷的生存斗争中，这个民族不见得能全身而退。

他们的民族主义不仅无法治愈已经患上的疾病，反而还惹出了新的症状。浪漫主义的民族主义从历史出发，追溯起中世纪、东正教、拜占庭的历史，却在塞尔维亚和其他同样说着南部斯拉夫语言、有着不同历史经历的民族之间制造了隔阂和裂痕。斯凯尔利奇是当时最积极推崇南斯拉夫意识的人之一，他认为说塞尔维亚－克罗地亚语的人即是同一个民族："一千一百万人说着相同的语言，拥有相同的灵魂，没有任何语言的差别，没有任何人类学和神学的差异，没有任何政治的分歧能使二者分开。"然而，斯凯尔利奇又意识到，使塞尔维亚人、克罗地亚人和穆斯林分裂的宗教是另一种疾病，一种使他们落后的病：

> 我们可怜的民族，依然遭受着三种宗教分裂的痛苦。每一种宗教都自视是最好的、最理想的。实际上，宗教不仅使个人在智力上陷于瘫痪，还使整个民族的永恒利益，在拜占庭、罗马和阿拉伯的冲击下，蒙受巨大的损害。

斯凯尔利奇认为塞尔维亚和克罗地亚的语言学家、历史学家和政治家的争吵纯属浪费时间和精力。塞尔维亚人和克罗地亚人本来就缺少时间和精力，本应该更集中地用在最迫切的任务上——追赶西方：

他们之间的部群迫害和漫无目的竞争不像是民族或种族冲突，更像是中世纪意大利城邦间的小规模冲突，这些城邦争着成为法国的或者德国的附庸……我们这些弱势民族四面楚歌，永远无法理解这显而易见的道理。同一种特质，在西方催生出一个强大而健康的民族，而在我们这里却催生出三四个自命不凡，心胸狭窄，对自己的核心关切视而不见的羸弱民族。他们之间的斗争是荒诞的、可笑的、可悲的……一个又小又弱的民族，操着同样的语言，经历着同样的压迫、贫穷，同样的无知，却被分成了两个怒发冲冠的阵型！外界对他们虎视眈眈，外国人的膝盖压在了他们的胸口上，人们的生命正被有系统地毒害，得不到任何权利，而他们却在幻想中为兹沃尼米尔和杜尚战斗……人们生活在黑暗中，无知且不识字，却在为塞尔维亚"文化"和克罗地亚"文化"争论不休！政客们只关心体育成绩和个人利益，争抢语言的归属。扎格列（Zagorje）[1]和斯雷姆（Srem）[2]的人民用同一种语言来讨要面包，看来过不了多久这种语言就要消失了！

他们的民族主义是反西方、反欧洲的，并不是因为在西方就没有民族主义，而是因为任何民族主义都是反西方、反欧洲的。法国的民族主义者，就像世界各地的民族主义者那样，"把对外国人和全人类的野蛮仇恨伪装成对祖国的热爱；他们唤醒了人们对抢劫和暴力的冲动，他们号召人们使用武力，进行军事探险，去获得以杀戮和毁灭他人为傲的军事荣光"。民族主义不能为祖

---

[1] 克罗地亚北部地区。——译者
[2] 塞尔维亚西部地区。——译者

国提供任何帮助,因为祖国"不需要我们自大,不需要我们的恶意嫉妒,也不需要我们蓄势待发随时准备向外国人咆哮,更不需要我们去毁灭别人或侮辱别人。沙文主义不符合祖国的利益,它只会让我们的祖国在别人的眼中变得面目可憎"。

那么真正的欧洲和西方又是什么?它们是一套价值观:活力、积极性、工作、教育、民族、社会主义、理性主义、世俗主义和进步。所有与这些价值观背离的,就被划入东方。但是这些价值也常常在亚洲被发现,不过对于斯凯尔利奇来说,就算东方具有这些价值观也不能说明任何问题,俄国也是如此,除非他们是社会主义者,是斯韦托扎尔·马尔科维奇的导师。这些价值观在地理上的西方也可能遭到人们的否定——德国浪漫主义就是这样的情况。不过,在斯凯尔利奇看来,在欧洲大陆的西端,找到这些价值观的可能性依然远比其他地方高。在一篇文章中,他号召塞尔维亚的年轻人到西方的大学去学习,学费并不像人们想的那么昂贵,他这样总结道:

> 被一个宿命主义的野蛮民族奴役的四百年,必然在我们身上留下了痕迹。东方的精神就像毒药一样流进我们的血液。我们缺乏活力和积极性,缺乏持之以恒的毅力,那个萎靡不振、恹恹欲睡、令人作恶的东方依然萦绕在我们周围。许多人们在上演反对"腐朽的西方"的闹剧,对"塞尔维亚文化"或者"斯拉夫文化"高谈阔论,却同时从"腐朽的西方"接受服装,接受他们的习俗、体制和饮食习惯,但却不接受那些让西方变得伟大的特质,那些真正能让我们学有所得的东西:个人尊严、自由、主动性、宁静、积极而稳定的精神——这才是锻造西方文明的真正实质。对于这些人来

说，只有当塞尔维亚需要引进审查制度、军国主义、政治机构和赌博场所的时候，西方才是可取的，才是值得学习的；而当他们在窒息的气氛中觉察到自由思考和理性批判的气息，感受到民主和改革的新风时，他们就说西方是"腐朽"的。文明在这种消极停滞的东方精神中窒息而死。只有一条出路：向西方和西方的思想敞开大门，迎接那一个善于思考的、坐言起行的、破旧立新的、生机勃勃的、热火朝天的西方。只有这样的生活才称得上是人类的生活。

"不西方，毋宁死。"对于斯凯尔利奇来说，不存在别的选择："对于新兴的国家来说，只有两条路：要不就接受西方的文化和生活，像日本人那样；要不就反对它，随后接受它的碾压，像美洲的印第安人和澳大利亚的原住民那样。"在巴尔干的其他地方也能找到与斯凯尔利奇"不西方，毋宁死"类似的思想。如果得知一位同时代的东方人也以同样的方式提出了类似的论断，斯凯尔利奇一定会感到惊讶。土耳其作家和社会学家齐亚·格卡尔普在纲领性的文章《迈向西方文明》（*Towards Western Civilization*）中列出了土耳其落后的原因：穆斯林世界没有受到15世纪和19世纪发生在欧洲的伦理、宗教、科学和美学革命的影响，没有发展起密度较大的先进的大型城市中心，没有形成专业化和个人化的社会分工，也没有出现大规模的工业。在格卡尔普看来，失败不在于历史动因，而在于东方的内在特性。他认为：东方文明固步自封，西方文明蒸蒸日上。斯凯尔利奇把20世纪初塞尔维亚人的状况归咎于土耳其多个世纪以来的征服；而格尔卡普则把土耳其人的境况归咎于奥斯曼帝国的统治。把责任推给外者，是一种普遍的心理，而格卡尔普的主张印证了当时流行的信念：只有建立单一民族的独立国家才是实现现代化和西方化的恰当途径。格卡尔普把土耳其民族主义与以西方化为代表的现代化融合在一起："通往救赎的路只有一条，只有前进才能达到目标——那就是，在科学、工业、军事和司法方面与欧洲看齐。要实现这个目标，只有一种方法：让我们彻底地与西方文明相适应！"西方化对于土耳其人的生存可能是至关重要的，但全盘西方化会带来另一种明显的危机，格卡尔普意识到这一点："在这种情况下，伊斯兰世界应如何生存？我们怎样才能在争取国家独立的同时维持宗教独立？"信仰伊斯兰教的土耳其民族，怎样才能成为欧洲文明？每当现代化以西方化的形式出现时，这个问题就会反复出现。正如马克思所说，现代化的实现过程即"一切坚固的东西都烟消云散了"。这句话点出了欧洲的西方以外的社会体在快速现代化过程中都会遇到的悖论：在被更加强大的、已经实现现代化的社会体征服和吞噬以前，为了生存，要先吞噬自己，按照别人的形象重新发明自己，为了活命先要让自己消失。格卡尔普的结论显示，正在西方化的社会中，这一悖论不仅引起了西方化反对者（所谓的排外主义者）、本土主义者和斯拉夫派的警觉，对西方化最为热衷的人也不得不对其加以注意——斯凯尔利奇也不例外。

　　对于斯凯尔利奇来说，加入西方行列，的确是帮助贫困的民族改善生活条件的一种途径，但这不是目的。他认为这是一场大规模的文化转型，具有广泛的意义，在不同的领域将自然逐渐结出成果。这场转型有伦理和政治的双重意义，更确切地说是社会民主层面的意义，它将改变人们对人生、对工作以及对世界的普遍认知，同时在道德、科学、经济方面也会出现变革。在斯凯尔利奇眼中，物质的进步应从属于文化和道德的发展，毕竟后者才是终极的目标:"文明不仅仅是由科学、工业和艺术进步组成的。一个人会使用电话,但他可能仍然是个野蛮人。文明是一种道德进步,其他一切应服从于这一目标。"斯凯尔利奇希望看到的转变,不是贝尔格莱德的家家接通电话,不是简单地引进西方几个世纪以来文明发展的成果(物质、科学、艺术)。相比于"拥有西方","成为西方"更加重要,因为这关系到如何改变塞尔维亚的文化模式,以及如何摆脱落后。如果塞尔维亚吸收那些令西方进步成为可能的价值观,那它就会实现同样的成果,就会成为西方。因此,斯凯尔利奇认为,除了接受西方价值观,所有的表面模仿都存在着根本性缺陷。

斯凯尔利奇对很多位塞尔维亚文人作家感到不满,包括伊西多拉·赛库利奇。不过,在提到赛库利奇时,他至少对赛库利奇的天赋和文学素养很是认可。但是,对于如西玛·潘杜洛维奇(Sima Pandurović)和弗拉迪斯拉夫·佩特科维奇·迪斯(Vladislav Petković Dis)等"颓废的诗人",他毫不留情地进行了批判。他认为,颓废诗歌是过时的,是被放逐到"巴尔干、埃及和波斯等地方的边缘文化";引进波德莱尔、魏尔伦的诗歌是不合时宜的;贝尔格莱德的文人聚集地斯卡达利亚(Skadarlija)[1]洋溢起巴黎蒙马特高地似的波西米亚风情,也是有伤风化的。他对 20 世纪塞尔维亚颓废诗歌的评价,后来被文学史学家推翻。如今看来,斯凯尔利奇对潘杜洛维奇和佩特科维奇那仇深似海的愤慨和长篇累牍的批评,似乎过分偏颇了。斯凯尔

---

1 斯卡达利亚是塞尔维亚首都贝尔格莱德一条老式的街道,一个城市居民区和前市政当局所在地。它位于贝尔格莱德的旧格拉德(老城区)。斯卡达利亚保留了部分传统城市建筑的氛围,包括其古老的城市组织,并被称为贝尔格莱德主要的波希米亚主义区域,类似于巴黎的蒙马特。——译者

利奇对其他人的批判至少还克制一些。他很少在适当的时候对他人表示赞许和认可,但在表达批评的时候,他很难做到平心静气。总体上,他给人留下的印象是一位"善意的批评家"。潘杜洛维奇和佩特科维奇激怒斯凯尔利奇的原因,并非他们的作品是一种"迟到的模仿"——诚然,获得斯凯尔利奇赞赏的文人作家往往都是对西欧题材和运动的"迟到的模仿者"——而是因为潘杜洛维奇和佩特科维奇在一座吊死过人的房子里谈论绳子。在斯凯尔利奇眼中,一个半死不活的民族如果充斥着斯拉夫人的消极性,还被宿命论的东方民族奴役了几个世纪,就已经够颓废了,为什么还要"把颓废包装成一套哲学体系,并注入到一个充满了迷惑和绝望,从来没有过任何作为的民族体内呢"?为什么还要"遵循着腐朽的、神经质的颓废?为什么不去模仿那些使西方变得强大的东西,不学那些让我们有所收获的东西,偏偏要去学习这种即将灭亡的幻觉"?与多西泰伊·奥布拉多维奇风格类似的那些宁静、振奋、进步的诗歌,能够为工作和创造注入能量的作品,才是塞尔维亚所需要的。如果它必须是悲观的话,至少应该是"经过精挑细选的崇高的悲观主义……它不会腐蚀、破坏或者瓦解人心,而会激发人们工作和创造的灵感,增强人们应对挑战的能力"。并不是所有来自西方的事物都适合塞尔维亚人。

斯凯尔利奇去世后,他的老师和挚友博格丹·波波维奇尝试对他一生的作品进行全面评估。波波维奇对斯凯尔利奇的文学批评总体上持肯定态度,他说:"他的判断准确,品位高雅。"波波维奇还指出了斯凯尔利奇在生命的最后几年做出的错误判断,认为那是政治偏见所致:"在那些年里,斯凯尔利奇以一个政党或者社会阵营的成员身份来阅读文学,失去了独立的判断立场,失去了坚定的正义感,失去了寻求真相的渴望,也失去了不偏不倚的态度。"在之后的一代作家中,斯凯尔利奇的贡献逐渐失去了价值。伊沃·安德里奇用外交辞令般的口吻评价斯凯尔利奇是一位出色的政治家和民族解放思想家,但是没有对他的文学批评进行评价。安德里奇认为,整整一代人把斯凯尔利奇的作品视为一种纲领或者规范,对于他们来说,"斯凯尔利奇过去和现在都是解放的象征"。但是,安德里奇始终没有评价斯凯尔利奇的文学贡献,更没有提及他的欧洲化构想。跟安德里奇同时代的另一位作家,斯坦尼斯拉夫·韦纳维尔专门写了一本关于拉扎·科斯蒂奇的书,为的就是要给这位遭到斯凯尔利奇数落的浪漫主义诗人恢复名声。斯凯尔利奇曾经批评科斯蒂奇的作品是"如福楼拜的药剂师郝麦般清醒的反诗歌"。随着斯凯尔利奇作为一位领袖、一位政客和一位改革者的光环逐渐暗淡下去,关于他作品的评价也逐渐浮出水面。越来越多的批评围绕着他的错误展开,人们对于他作为推动欧洲化的先驱者的记忆也逐渐消失。斯凯尔利奇的命运和伊西多拉·赛库利奇相似,他们穷尽一生把欧洲文学典范的精神价值引入塞尔维亚,而当这些精神价值与塞尔维亚文化开始融合时,他们的努力却开始被人遗忘。在斯凯尔利奇去世后十五年才出生的人,为他在塞尔维亚文化史中找到一席之地,现在看来,这个评价似乎已是盖棺定论:他是一位具有历史意义的作家,但不可以奉为灵感或榜样来追随。米奥德拉戈·帕夫洛维奇写道:

> 作为文学评论家,斯凯尔利奇是文学领域的社会工作者,但却不是社会中的文学代表、阐释者或者保护者。他对于诗歌艺术以及诗人的打击是重大的,这不是偶然的错误,而是他社会纲领、政治纲领和民族纲领的一部分,因此,这

是一种社会学症状。

拉多米尔·康斯坦丁诺维奇（Radomir Konstantinović）在为斯凯尔利奇关于欧洲化的文集作序时，称他是欧洲化的运动领袖，特别强调他是"塞尔维亚文学中最大的悖论之一：在我们的文学全面西方化之际，这位发誓要做欧洲人的人，竟然成为西方化的最大阻碍"。无可置疑，斯凯尔利奇是塞尔维亚欧洲化的先驱。米兰·卡沙宁却对斯凯尔利奇是否能胜任这一角色表示怀疑，他质疑，斯凯尔利奇对于更加广阔的世界的了解还很有限，对当时欧洲文学、哲学和艺术潮流的认知也不够广泛。斯凯尔利奇虽然活跃于20世纪初，但是他的精神却生活在19世纪八九十年代的氛围当中。他阅读雨果和勒南的作品，但不读柏格森或者马拉美。他写过关于阿尔丰斯·都德和阿纳托尔·法朗士的文章，但从没有写过保罗·克洛岱尔[1]或安德烈·纪德。卡沙宁认为，斯凯尔利奇的欧洲是一种意识形态，近似于19世纪末法国的意识形态。当讨论民族文化时，他谈的是政治体系而不是艺术。因为他意识中的"半亚洲化的俄国"就是这么形成的："它对强力集团（Mighty Handful）[2]的音乐充耳不闻，对达基列夫（Diaghilev）的芭蕾舞和莫斯科艺术剧院视若无睹，对《阿波罗》和伊凡·蒲宁茫无所知，对伊戈尔·格拉巴尔的《俄国艺术史》漠不关心——总之，在俄国，斯凯尔利奇只能看到暴君和

---

[1] 保罗·克洛岱尔（Paul Claudel，1868—1955年），法国诗人、剧作家、外交官。法国象征主义诗歌、戏剧的后期代表人物。——译者

[2] 强力集团又被称为五人强力集团、强力五人集团、五人团等。19世纪60年代，由俄国进步的青年作曲家组成的"强力集团"（即新俄罗斯乐派），是俄罗斯民族音乐艺术创作队伍中的一支主力军。——译者

亚洲人。"文学界对他的误解不仅针对他的文人身份，还针对他政治家和思想家的身份：

> 斯凯尔利奇在议会振臂疾呼反对银行专政，但是他没有意识到，在一个所有银行的财产全部加起来都比不上瑞士一家巧克力厂资产的国家，如果没有银行，就没有公民社会，没有公民社会，公民国家更是无从谈起。作为一个农业国家，塞尔维亚的问题不是没有银行，而是不够银行化。

第一次世界大战，全新的一代人登上了舞台，他们对欧洲有自己的认识，与斯凯尔利奇的欧洲不尽相同。对于这一代人来说，斯凯尔利奇的欧洲是有局限的，与真实的欧洲存在明显差距。欧洲不再是实证主义、理性主义和进步的象征，它现在充斥着先锋派运动和柏格森的反理性哲学，还满载着战后人们对"文明"的失望。之后的每一代人都建构起了自己的欧洲，他们的建构动机不仅在于希望塞尔维亚向欧洲看齐，还在于对前人的欧洲建构加以批判甚至推翻。

1912 年，塞尔维亚从奥斯曼帝国的统治下获得解放，斯凯尔利奇把这一历史视为塞尔维亚成功引入西方精神价值的例证。塞尔维亚变得充满活力，不知疲倦，井井有条，并且压制住了无政府的个人主义。塞尔维亚正大步迈向自由，远离东方宿命论。他为 1912 年发表的文章取名《光明的日子》(*Svetli dani*)：人们终于把这个国家带离黑暗。他对欧洲感到失望，因为欧洲没有对弱势民族坚定追求欧洲精神价值的行动提供组织支持，也因为塞尔维亚人在欧洲走向下坡时才懂得追随。并不是来自欧洲的一切对于斯凯尔利奇来说都足够"欧洲"。1913 年，伊西多拉·赛库利奇发表了作品《同行者》,而这个时候正是斯凯尔利奇认为应该把整个民族的力量汇聚在一起成为塞尔维亚的欧洲化冲刺的最佳时机。斯凯尔利奇还没有等到这本书面世便去世了,否则他一定会既欣慰又振奋,因为这本书正是他长久以来一直期盼的信号,它代表塞尔维亚文学的全面欧洲化,是塞尔维亚文学步入文学现代化的标志。斯凯尔利奇如果看到这本书,他一定会将赛库利奇视为自己的文化英雄,对她的敌意也将一笔勾销。很长一段时间以来,赛库利奇一直记着斯凯尔利奇那无端的愤怒,最终——在三十六年之后,在1951年再版的《挪威来信》的前言中——对斯凯尔利奇做出了回应。她记得有一天在公园散步时,碰见斯凯尔利奇陪着妻子和女儿坐在长椅上。小女孩问父亲:"爸爸,为什么天色这么阴暗,天这么黑?"斯凯尔利奇回答:"因为天没亮(Parce qu'il ne fait pas clair)。"赛库利奇发出了绝望的嚎叫:你们看,他跟自己的小孩都讲外语,却批评我是世界主义者!这两个人毕生致力于塞尔维亚文化和社会的欧洲化,却互相指责对方信奉世界主义,缺乏民族情感。不过,不管是斯凯尔利奇1912年的文章《光明的日子》,还是赛库利奇的《挪威来信》,在民族性方面确实是不足的。尽管如此,两份文本似乎都没有逃出被人挪用于19世纪民族主义运动的命运。同时,两者都是世界主义的,如果我们按照两人对"世界主义"这个词的理解,那"世界主义"必然是反对本土主义、孤立主义的;它必然是一种渴望,渴望将欧洲文化的精神价值引入塞尔维亚,让塞尔维亚文化得以与其他文化发生交流,同时又在相互比较中不卑不亢;它是一种依照欧洲现代化的成功经验对塞尔维亚社会进行改革的志向;它还是一种压制"血腥的民族主义"的迫切需要。对于世界主义的实现手段,斯凯尔利奇和赛库利奇所见略同:绝不能简单模仿，而是要从根本上对文化和社会进行改革，在这一过程中，欧洲的价值和塞尔维亚的价值将被同时创造出来。[1] 欧洲的版图，实际上是各个民族国家、各种民族文化围绕着物质资源和声誉声威而展开激烈竞争的拼图，每一种欧洲化的纲领，都有且只有一个目标，那就是将自己建设成强壮、有活力和有弹性的民族国家和民族文化。值得称赞的是，斯凯尔利奇和赛库利奇对于"欧洲化＝民族主义"等式的理解还是具有鲜明的世界主义意味的。那是一种世界主义的民族主义，既需要来自本民族文化的巨大努力——这样才能在全世界的背景下被识别出来——同样也需要对欧洲文化想象有明确的认可和趋同。

斯凯尔利奇和赛库利奇因为误解而陷入冲突，但是他们两人代表着20世纪初塞尔维亚文化对于欧洲的两种态度。欧洲是现代化进程所需要的精神价值的储存库，也是思想成就和美学成就的典范。他们两人都把欧洲理解为塞尔维亚融入现代世界的必要步骤。不过，他们的欧洲同时也具有负面的特征，那就是经济帝国主义和政治帝国主义，还有与权力中心沆瀣一气的腐败媒体，以及虚伪的"文明"话语——所有的这些，都与造就欧洲最优秀的思想和艺术成就的优秀价值品质形成鲜明对比。

---

[1] 模仿不是欧洲化的正确道路。在巴尔干，欧洲化只能通过根本性变革来实现。佩罗·斯利耶普切维奇（Pero Slijepčević）1928年写给米兰·卡沙宁的信中这样说道："今天我们需要的不是别人曾经在巴黎或者伦敦发表过的任何言论，我们需要的是既属于自己的，同时也符合欧洲总体方向的路线。"

第二章
斯拉夫使命的探寻：
本真性和野蛮性

- 约万·茨维伊奇
- 寻找使命
- 丹尼列夫斯基还是柏格森？
- "怨愤"
- 理性的维京人
- 克服它
- 还　乡

第一次世界大战结束后，欧洲的版图被重新排列，这一片大陆变得更加复杂了：战争以前，人们可以简单地说"欧洲"所指的就是德国、法国、奥匈帝国和英国，而现在，欧洲大陆上出现了更多国家。在这些新国家当中，有三个是斯拉夫人的国家：波兰、捷克斯洛伐克以及塞尔维亚人、克罗地亚人和斯洛文尼亚人的王国。后者1929年改名为南斯拉夫。那些曾经认为斯拉夫人必须接受外族统治的人，最后被证明是错误的。[1] 而那些同样经历过外族统治，同样受到过不公对待和屈辱的民族，如今看到斯拉夫人挣脱了"锁链"和"镣铐"，不禁大受鼓舞，替他们感到欣喜。本章所观照的文人作家，全部都有这种感受。但是，与当时欧洲的任何地方一样，他们的喜悦在某种程度上被蒙上了战争的阴影。战争所带来的死亡、暴力、破坏和损失，沉重打击了人们的进取心、文明和人性，但是这种打击很快就转变为一种新的力量，转变为人们对新时代、新人类的乌托邦式和千禧预言式的强烈渴望。政治左派人士对于战争爆发的原因有自己的解读，对于未来也有自己的展望。本章观照的作家文人属于右派或者中间派，相比于政治或者经济的视角，他们普遍更倾向从道德意义

---

[1] "当《奥匈协议》（Ausgleich）使哈布斯堡帝国变成一个二元君主国时，奥地利官员对匈牙利的官员说：'你们看好你们的野蛮人，我们会看好我们的。'他们指的就是斯拉夫人和其他低劣民族。每个国家每当遇到自己的弥赛亚时刻，就会出现一种强烈的使命感，而欧洲作为一个集体，继承了这种使命感。"（Kiernan 1980: 47）

上解读战争。他们坚信,道德的"败坏"使欧洲人一头栽向战争,摧毁了这片大陆,因此,只有道德属性发生转变,欧洲的未来才会出现新的曙光。这些人当中,除了地理学家约万·茨维伊奇(Jovan Cvijić)和思想家弗拉迪米尔·德沃尔尼科维奇以外,其他人或多或少地与表现主义运动有着某种联系。第一次世界大战后的头十年中,他们参与了这场关于这个新国家的文化取向的漫长讨论。这场讨论的主题是如何增强南斯拉夫的文化凝聚力,以将这些信仰不同宗教不同,有着不同的传统和历史经历的南部斯拉夫民族凝聚起来。[1] 当然,它还涉及了许多其他主题:如世界主义和民族主义,如文化的本真性(authenticity),又如人们对全球化的早期恐惧,对欧洲帝国主义和霸权主义的恐惧,再如该如何思考南斯拉夫与其他欧洲文化之间的关系等问题。

约万·茨维伊奇

第一次世界大战以前,约万·茨维伊奇在一些报刊上撰文,对巴尔干地区民族的文化地位,尤其是塞尔维亚人的文化地位进行了评估,无意中为一场旷日持久的文化讨论拉开了帷幕。约

---

[1] 米莉查·巴基奇 – 海顿(Milica Bakić-Hayden)使用"嵌套式东方主义"(Bakić-Hayden 1995)这一术语来概括出现在南斯拉夫成立最初期的现象:亲罗马天主教的知识分子主张,克罗地亚人和塞尔维亚人的文化是互不相容的,因为克罗地亚属于西方,塞尔维亚属于东方。西方基督教徒和东方基督教徒在忏悔方式上的区别,被上升为欧洲和亚洲的区别。伊沃·皮拉尔(Ivo Pilar)坚持认为塞尔维亚人是"拜占庭人"(Südland 1918)。菲利普·卢卡斯(Filip Lukas)说:(接下页)

万·茨维伊奇是一位德高望重的地理学家,他不认同欧洲旅行作者和"业余的人类学家"在新闻报刊上对巴尔干地区欧洲性的解读和评价。[1] 他坚持认为,巴尔干和西欧之间的文化差别,不管是客观存在的真实差别,还是人们片面的主观感知,都是因为巴尔干文化发展历程存在不连续性。人们认为巴尔干是多义的、含糊的、暧昧的、令人不安的,所以他们把巴尔干安放在东方和西方之间的不明确的位置上。茨维伊奇认为,多个不同的文化圈在巴尔干重叠交错,层层嵌套,导致其文化具有多义、含糊、暧昧等特征。首先是地中海文化圈——茨维伊奇明显指的是意大利文化——这一区域主要包括了达尔马提亚和亚得里亚海的东北岸。其次是拜占庭文化圈,在地理上,它指的是塞尔维亚城市尼什(Niš)以南的地区,这一地区也受到土耳其和黎凡特(Levantine)的文化影响。生活在尼什以南地区的基督徒,像巴尔干其他地方的穆斯林一样,受到了伊斯兰文化的影响。再次是中欧文化圈,从18世纪开始,巴尔干北部地区对中欧文化有所感知,中欧文化的影响逐步向南蔓延到希腊的萨洛尼卡(Salonika)。茨维伊奇认为,19世纪起,西欧的文化越来越有影响力,主要是因为,越来越多的巴尔干人有机会在西欧游学,在西欧的大学接受教育,他们把西方的先进思想和知识带回了巴尔

(接上页)"克罗地亚人一直是西方民族,而塞尔维亚人则是东方民族。"(Lukas 1997: 374)即使是南斯拉夫的创始人之一的安德·特鲁姆比奇(Ante Trumbić)也无法抗拒这套话语的诱惑,他说道:"贝尔格莱德尽管在地理上属于欧洲……如果从心理性格上看,塞尔维亚绝不是欧洲的,而是东方的,亚洲的。"斯捷潘·拉迪奇(Stjepan Radić)坚称:"文化上的不同……是塞尔维亚人和克罗地亚人分歧的根源。萨格勒布大学和贝尔格莱德大学都是古老的大学。但是,萨格勒布大学以其纯欧洲根基和欧洲资质为傲,而贝尔格莱德大学则始终保持其东方传统。"(Bakić 2004: 325-26)有关的论述详见(Dimić 1997, vol.1: 396-411)。

1 关于茨维伊奇的评价,详见"Obituary", *The Slavonic Review*, 4.16 (1927), 193-199。

干。塞尔维亚人从中欧带回了物质文化、音乐和戏剧品味，从德国带回了医学知识，从西欧带回了政治理念和社会思想。茨维伊奇写道："帮助塞尔维亚成为一个民主国家的思潮，主要是来自西方，而不是来自奥地利，因为奥地利的社会和政治结构与塞尔维亚截然不同。"茨维伊奇称这些在塞尔维亚引起了社会变化的文化思潮为"父权制"文化。这是一种存在于巴尔干斯拉夫民族中的古老的原生文化。在拜占庭统治期间和中世纪时期这种文化受到压制，因而消失了，但是在土耳其人入主巴尔干以后，它又重新浮出水面。尽管茨维伊奇点到即止，没有进一步说明，但是我们能够从中推测，这种在斯拉夫人接受基督教信仰前便已存在的原生文化，在拜占庭的影响下受到压制或者改造，但是受到土耳其（伊斯兰、亚洲）的文化影响较小：拜占庭的影响一旦减弱或者消失，斯拉夫人原有的"父权制"文化就抬头了，人们选择了这种重新出现的原生文化，而没有选择接受伊斯兰文化。在第拿里性格类型[1]的人所居住的区域（黑山、黑塞哥维那、阿尔巴尼亚北部），"父权制"的文化比较强势，而在南部斯拉夫人的区域、沿海区域和潘诺尼亚平原地区，"父权制"文化相对较弱。到了18和19世纪，中欧文化和西欧文化传入，它们就像曾经强大的拜占庭文化一样，再一次把"父权制"文化压制下去了。在茨维伊奇眼中，东西文化之间是不存在冲突的，存在的只是不同文化（拜占庭文化、伊斯兰文化、中欧文化和西欧文化）所留下的连绵起伏的影响。茨维伊奇这里指的冲突不是政治冲突，而是文化冲突。这里的文化冲突并不是像东方和西方那样的大文化体

---

[1] 茨维伊奇把南部斯拉夫人的性格类型分为四类：第拿里型（the Dinaric）、中部巴尔干型（the Central Balkanic）、东部巴尔干型（the Eastern Balkanic）和潘诺尼亚平原型（the Pannonic）。——译者

之间的冲突，而是巴尔干斯拉夫人的原生文化与周边更强大的文化之间的摩擦。在这个过程中，外来的文化影响被吸收，被转化。茨维伊奇认为，巴尔干文化的一个重要特征是多种影响的交锋和角逐，任何一种单一文化在巴尔干的发展过程都不可能是安宁平静的，也不可能保持自身的连续性。不同文化互相覆盖，互相渗透，互相转换，互相抵消，同时又互相交杂，从而形成新的混合特性。这就是茨维伊奇所认识的巴尔干文化的特殊性：欧洲文化在别的地方可以不受干扰，而在巴尔干，它被反复阻断，反复重写，反复混杂，其程度之深以至于没有一种文化力量能够形成主导或者形成清晰的文化形象。

茨维伊奇把原生文化归结为"父权制"，这不是一种价值判断。他从来没有说过"父权制"文化的本真性优先于其他"引进"的文化。1914年，在一篇关于塞尔维亚地理和文化地位的纲领性文章中，他指出：

> 人们应该欢迎来自历史悠久的欧洲的最完美的文化影响，同时也要欢迎来自东方的深层冲动。因为东方的文化精神往往更加原始且更为深邃。人们也应该支持更广泛的南斯拉夫文化共同体，因为无论一个弱势民族多么有才华，它依然无法凭一己之力为世界带来崭新而不同的文化。

这里的东方并不清晰，是俄国吗？伊斯兰世界？还是整个亚洲？不过清晰的是，从茨维伊奇的第一个倡议可以看出，他脱离了欧洲中心主义立场，并且从原则上主张广泛的文化包容和文化开放。他的第二个倡议是对19世纪南斯拉夫主义立场的总结：南斯拉夫文化共同体将使它的成员得到来自西方文化的营养，同时抑制文化依赖、文化殖民主义和文化模仿的副作用——当一种弱势文化依循强势文化的脉络发展自己时，往往会出现这些不良的副作用。在文化共同体中，弱势民族就可以互相扶持，不断为对方拓宽文化背景，同时不受外界的强势文化的威胁。除此以外，南斯拉夫内部的每一个文化体都将在互动中获益，最终汇聚成一股更大更强的文化，这样的文化必将具有巨大的政治优势。[1]

另一方面，茨维伊奇认为，规模较小、不受重视的文化体的归属问题，存在着严重的弊端。作为一名享有国际声誉的地理学家，茨维伊奇在1919年至1920年，以南斯拉夫代表团顾问的身份参加了巴黎和会。在谈判中，南斯拉夫代表团试图反对1915年的《伦敦条约》。在该条约中，协约国秘密向意大利许诺，如果意大利参战共同抗击同盟国，战争结束后就把奥匈帝国中住满了南部斯拉夫人的那部分领土划给意大利。但是南斯拉夫的代表团失败了，作为谈判失败的结果，南斯拉夫还不得不把伊斯特拉（Istria）半岛和达尔马提亚的部分地区划给了意大利。要从政治角度解释这个问题太复杂了，茨维伊奇尝试从文化角度来解释协约国的态度：协约国不认为南斯拉夫人"在文化上享有平等的权利"。他认为，这种态度可以在我们的西方盟友的行为中感觉出来：假如南斯拉夫人是"拥有高级文化的民族"的话，又或者说，但凡南斯拉夫人在历史中创造过改变了人类命运的某种高级文化，《伦敦条约》似乎就不可能签署了。茨维伊奇说："如果我们是希腊人，拥有过灿烂的希腊文明，或者如果我们是意大利人，拥有

---

[1] 米尔亚娜·米奥奇诺维奇（Mirjana Miočinović）在1996年回应了这个想法。她称1991年至1995年的南斯拉夫继承战争是"南斯拉夫民族的文化自杀"——南斯拉夫的文化在这场灾难中遭到了不可挽回的破坏。她重申了茨维伊奇的观点，认为来自地中海、中欧和东方的文化冲动的相互影响，将创造出一个充满活力的文化共同体。在指出这点的同时，她还补充强调，各个南部斯拉夫民族只有一起存在于一个更加宽广的文化体中，才能享受到更大的政治利益。

过文艺复兴,《伦敦条约》就不会签署。"意大利人凭他们是受人尊敬的文艺复兴画家、建筑家和作家的后代,就拿走了伊斯特拉半岛和达尔马提亚的部分地区。如果他们不是"拥有高级文化的民族",那么就不会得到那些划定欧洲新版图的强人大腕的偏倚。南斯拉夫人的问题不在于要达到某种程度的物质水平,而在于要对世界文化遗产做出贡献,茨维伊奇这样写道:"当别人纵观全世界,发现能从我们的思想、我们的发明、我们的艺术创作中得到益处时,他们才会意识到我们应该跟文明的民族享有同等的权利。"茨维伊奇没有说南斯拉夫人是"野蛮人",他平心静气,但心情沉重地写下了南斯拉夫人不喜欢听的话:由于缺乏文明成就和科学成就,你们没有出现在"文明的民族"的地图之上,不要忘记,这是会带来政治后果的。茨维伊奇希望的是提高南斯拉夫人的声誉。自主文化的发展不仅需要自由,还需要"更广阔的领土和更多的人",建立南部斯拉夫民族的独立国家,这是发展强大的原创文化的基本条件,幸运的是这一条件已经得到满足。茨维伊奇称,这种新的文化应该以这些南部斯拉夫"部族"中最拿得出手的东西为根基。塞尔维亚人将奉献出他们视死如归、不惜牺牲的精神,这种精神早在19世纪初为他们赢得了属于自己的自由国度;克罗地亚人将奉献出强大的文化潜质,在伊利里亚运动(Illyrian Movement)中,他们展现出对科学的追求和出众的文学品味;斯洛文尼亚人将奉献出他们性格中的理性和韧性。茨维伊奇认为,这些南部斯拉夫"部族"本来就是互相依存的,如今他们生活在共同的国家里,生活在一种新的综合文化体中,每一个民族都能够借鉴另外的两个民族取长补短。

对于其他所有的斯拉夫民族,茨维伊奇也抱有同样的希望。他在1922年布拉格查理大学的演讲中指出,新成立的斯拉夫国家（如波兰和捷克斯洛伐克）应该创造自主的文化。斯拉夫人必须要找到文化表达的原创途径，"不要成为现有的欧洲文化形式的复制品，而要让自己的文化在民族精神中有机成长"。只有这样，他们才能对世界文学做出贡献——没有人需要复制品，尤其是那些已经拥有原版真品的人更加不需要。斯拉夫人彼此之间有亲缘关系，只要依循斯拉夫民族的精神，把握民族精神的核心价值，他们就能够创造出新的斯拉夫文明。

我们可以这样概括茨维伊奇的观点：首先，在与发达而古老的欧洲文明进行比较时，他并没有对南斯拉夫文化的缺点视而不见。其次，他把这些文化缺点看作是巴尔干历史的结果，因为在巴尔干，文化力量的流动总是遭到阻断，而弱势民族无法与强势民族在文化成果上进行竞争。再次，他认为文化的混合性影响是具有内在优势的，他同时对欧洲文化和非欧洲文化表示欢迎。除此以外，相比于文化模仿和文化复制，他更倾向于文化的本真性，但他没有明确指出本真性的任何可能来源。最后，他主张建立起更大的文化综合体，即南斯拉夫文化体和斯拉夫文化体，并认为这是南斯拉夫人和斯拉夫人与西欧在文化和政治上相抗衡的方法。

寻找使命

茨维伊奇的许多思想主张，并不完全属于他个人，而是属于他身处的历史年代，这些主张同样也体现在别的文人作家的作品中。米洛什·朱里奇（Miloš Djurić）是当时的一位年轻思想家，后来成为受人尊敬的古典主义者，他所翻译的希腊文学和哲学作品广受塞尔维亚读者欢迎。他曾经在作品《圣维特伦理学》（*Vidovdanska etika*，1914）中，表达了与茨维伊奇相似的观点。他们的观点虽然相似，但不是完全一样。朱里奇认为，一个民族应该在创造新的精神价值过程中创造独创的文化。这些新的精神价值，应该对世界文化整体有所贡献。一种文化力量越强，创造这种文化的民族的"生命权"就越强。这看起来很简单，但只对政治上自由的民族来说是简单的。长久以来，南斯拉夫人被分隔开，没有属于自己的国家，这就是为什么他们的文化只能是一种"潜在的可能性"的原因。这些观点与政治南斯拉夫主义和文化南斯拉夫主义相一致，朱里奇的新认识在于他找到并且确定了这种新文化可以凭借的基础，这就是他超越茨维伊奇的地方。朱里奇认为，原生的、强大的南斯拉夫文化，应该以南斯拉夫人的口头诗歌为根基。茨维伊奇所说的"父权制"文化，虽然是原生而独创的，但是它没有融合外来文化的影响。口头诗歌是民族精神的语言表达，同时还是欧洲人长久以来崇尚和欣赏的文化价值。[1]朱里奇真正主张的是，需要把这一点认识体现在文化政策当中，这样才能产生应有的结果。茨维伊奇曾经尽力避免表达对任何一种巴尔干文化的偏倚，因为在巴尔干多种文化之间存在着非常复杂的相互作用。他不认为"父权制"是巴尔干斯拉夫人唯一的一种原生文化，他认为本土化了的拜占庭文化元素和意大利文化元素，或多或少也是巴尔干民族或者斯拉夫民族的原生文化的体

---

[1] 布兰科·拉扎列维奇总结了三种南斯拉夫文化可以借助的"精神价值基础"，它们分别是口头诗歌、涅戈什的《山地花环》（*Gorski vijenac*）和梅什特洛维奇的艺术创作。拉扎列维奇认同朱里奇的观点，认为南斯拉夫文化光有原生性是不够的，南斯拉夫文化必须与更广阔的背景——欧洲文化相一致，必须得到欧洲文化的认可。（Lazarević 1930）

现。另一方面,朱里奇对于原生文化基础的判断,让我们隐隐察觉到本土文化与外来文化之间的区别。到了20世纪20年代,表现主义者进一步细化和完善了原生文化的概念,这种区别被进一步放大。

朱里奇的第二本书《泛人类主义哲学》(*Filozofija panhumanizma*, 1922)被视为表现主义者的重要成果。需要注意的是,我们不要以为这里所说的"泛人类主义"是伊西多拉·赛库利奇提出的全人类的民族主义,即文化世界主义的另一个版本。朱里奇认为,民族主义发挥了重要的作用,它帮助南部斯拉夫民族建立起了属于自己的自由国家。不过如今,民族主义的作用已经过去了,人们不再需要民族主义或者爱国主义了,这些冲动应该转化为一种泛人类的感受。爱国主义是具有破坏性的,它会引发战争,它使人们认为自己的祖国比别人的家园更加重要,它在抬高本国人民精神价值的同时贬低其他民族的精神价值。一个人不应只热爱自己的祖国,同时也应该热爱全人类的家园,每一个国家就像乐团中的乐手,应该各司其职,共同奏起交响乐曲。国家都会从地图上慢慢消失,取而代之的将是一个"全世界人民组成的共同体"。通过学习聆听这个"全球乐团"的乐曲,地球人就会变成"泛人类"。民族身份认同将成为过去的事物,未来属于"完美的世界人",属于所有文化、宗教的大融合。在朱里奇心目中,这就是南斯拉夫主义使命的核心:尽管塞尔维亚、克罗地亚和斯洛文尼亚人曾经分开生活在不同的文化圈里,但是在新的国家他们将学着去创造文化综合体。除此之外,"他们生活在欧洲和亚洲的十字路口",综合体必将是"东西南北四方文化的汇聚"。他们将首先创造出泛人类的模式,创造出全球文化综合体模式,这种模式"高于"任何一种特定文化。

朱里奇的"南斯拉夫使命",可以说是迈向更加广阔的"斯拉夫使命"的重要一步。他的著作《斯拉夫人的视野》(*Pred slovenskim vidicima*, 1928)开篇第一章写的就是"斯拉夫人的文化使命"。朱里奇把东方和西方、亚洲和欧洲设想为两个庞大的文化宝藏:前者蕴藏着"灵性",后者蕴藏着"理性"。欧洲擅长逻辑推理和抽象推演,亚洲则追求完整而有意义的生命体验。亚洲的优势在于它"讲道德",欧洲则对自己的"技术"引以为傲。西方人认为,生活是一场挣扎;东方人说,生活是安宁太平。西方人崇尚的价值观是以齐格弗里德[1]为代表的勇气、力量、英雄主义;而东方人秉持的是以佛陀为代表的轮回、温和与宁静。西方精神的特点是理性主义、实证主义和唯物主义,而东方精神的特点是非理性主义、直觉主义和唯心主义。东西方彼此需要,西方向东方探求精神和意义,东方向西方寻找物质财富和科学成就。但是,它们会彼此相遇吗?屠龙者齐格弗里德可以成为灵性的、温柔的、安宁的灵魂,并生活在和平中吗?佛陀可以获得理性、力量和英雄气概,过上一种以技术成就为奋斗目标的生活吗?不,朱里奇认为它们不会相遇。它们需要一位中间人,它们需要斯拉夫人来联系彼此。斯拉夫人不是东方人,也不是西方人;不是亚洲人,也不是欧洲人,他们身上兼具东西方的某些特质,融合东西两种文化并创造出一种层次更高的综合文化——这就是斯拉夫人的使命。这种综合文化,将创造出泛人类,并且解放人性。

朱里奇在书中所指的东方和亚洲,主要是印度,而不是伊斯

---

[1] 齐格弗里德(德语:Siegfried),中世纪中古高地德语史诗《尼伯龙根之歌》中的英雄,理查德·瓦格纳著名歌剧《尼伯龙根的指环》的主角,以屠龙闻名。——译者

兰世界，不是中国，也不是俄国。印度被想象为是精神、宗教和直觉的圣地，在那里，万物融合的思想是生活意义的灵感。在朱里奇看来，印度是现代的、破碎的、理性的、无情的和无神论的西方的解毒剂。需要注意的是，朱里奇不是唯一一个以这种方式建构印度的作家。与他同时代的另一位表现主义作家尼古拉耶·韦利米罗维奇在著作《论泛人类》（*Reči o svečoveku*, 1920）中，对印度展开了充分的想象。在他的想象中的印度，现代西方所有的冲突和矛盾都在灵性的光辉下消融。这本书被认为是尼采的《查拉图斯特拉如是说》的基督教对应版本，它刻意模仿《查拉图斯特拉如是说》的结构和风格，但是它得出了完全不同的结论，传递出完全不一样的信息：超人不是这个时代的文化危机的解药，泛人类才是。在书的最后，韦利米罗维奇的主人公登上了一艘船，前往充满信仰的救赎之地——亚洲。

作为一位作家，韦利米罗维奇对于斯拉夫民族的未来寄予厚望。早在1915年，他就宣布斯拉夫人的时代即将到来：

> 所有民族的正义都会得到伸张……尼采的欧洲无法解决经济问题，这个问题将由斯拉夫东正教来解决，解决这些问题不能靠虚荣或科学手段……除了正义和自由以外，信仰也是斯拉夫人的新时代标志。

同一年，另一位右派的表现主义者斯韦迪斯拉夫·斯特凡诺维奇（Svetislav Stefanović）写道：

> 斯拉夫人是反对西方的。不管是个人和民族整体，斯拉夫人在灵魂深处，都是与西方对立的。斯拉夫人认为西方没

有灵魂，斯拉夫人的灵魂承受着西方技术的威胁和压迫。但是因为西方就是基督教，是基督的礼仪和教会，而不是基督的信仰和爱心，斯拉夫人反对西方就相当于反对基督教。（Stefanović 1919: 49）

对于斯特凡诺维奇来说，"基督教"指的是罗马天主教，这与斯拉夫人信奉的宗教——基督质朴而纯洁的"信仰和爱心"是背道而驰的。他认为，斯拉夫人的首要任务是"以一种更高、更人道的宗教名义战胜基督教"，而之后的任务是：

> 把继承了罗马诅咒的帝国主义推翻。帝国主义是"对弱势民族进行掠夺和压迫的制度"，它最终导致的结果就是我们眼前这场可怕的世界大战。斯拉夫人对自由、独立和平等有着深刻的向往。他们在为自己争取自由的同时，也在为全人类的自由而奋斗，他们必须为全人类赢取自由与平等。

对于另一位作家弗拉迪米尔·武伊奇来说，"斯拉夫思想"和"泛斯拉夫主义"之间有着重要的区别。1931年，武伊奇写道，斯拉夫思想不是一种为了达到目标的手段，它的目标也不是基于物质基础构成任何形式的统一。它表达的是一种乌托邦，一种精神复兴的努力。人们将陀思妥耶夫斯基尊为斯拉夫思想之父。未来人类将融为一体，没有斯拉夫主义者，也没有西方人，只有按照基督的形象来塑造的兄弟般的人。斯拉夫思想是一种对无所不包的兄弟关系的论述，是关于人类兄弟情谊的真正的基督教预言，因此，它不同于追求普遍统治的欧洲思想。表现主义者认为，斯拉夫民族的胜利就是普世主义的胜利，斯拉夫民族的崛起是一项新的文明使命，将为全世界的人消除不公和苦难，带来平等、正义和自由。

朱里奇和韦利米罗维奇关于泛人类的思想还借用了多种截然不同的立场，它在借鉴中发展。陀思妥耶夫斯基关于俄罗斯身份认同的乌托邦式设想可以说是泛人类思想的核心。陀思妥耶夫斯基那段著名的文字是这样说的：

> 俄国人的使命无疑具有泛欧洲意义和普遍意义。要成为真正的俄国人，彻底地成为俄国人……就意味着要成为所有人的兄弟，成为泛人类……对于真正的俄国人来说，欧洲和伟大的雅利安民族就像俄罗斯民族一样珍贵……因为我们的命运就是普世性，普世性不是靠刀剑，而是靠大团结的兄弟愿望实现的……成为真正的俄国人意味着要努力为欧洲的矛盾冲突找到最终的和解方法，为欧洲的痛苦找到解药。这种解药就在泛人类的身上，就是统一一切的俄罗斯民族灵魂，就是把所有兄弟都包括在内的情谊，就是受到基督福音感召的、兄弟般的终极和谐共融！

陀思妥耶夫斯基的观点被表现主义者接受，与他们关于新人类的乌托邦式的、和平主义的和世界主义的愿望融为一体，从一种"俄罗斯的灵魂"转变为"斯拉夫的灵魂"。但是，它的意图没有发生改变：创造一种文化普世主义，这种普世主义不以欧洲中心主义或者西方中心主义为核心，而将涵盖其他非欧洲的文化传统。

受 20 世纪前十年欧洲现代主义话语的影响，塞尔维亚表现主义者也将"东方"用作文化批判的话语。J.J. 克拉克（J.J. Clarke）称，现代主义者建构东方，旨在表达深刻的文化危机感，同时抒发对科学理性主义进步的失望：现代西方生活是不平衡的、不和谐的，沉迷于对即时满足感和经济目标的狂热追求。人们的生活过度活跃，过于理性，与大自然脱节，因此急需重新恢复活动和休息之间的平衡。泛人类主义的思想可以依靠具有广泛性和自发性的反帝国主义运动的支持，也可以借力于早期的非欧洲的帝国主义批判理论，这些批判在塞尔维亚已有较好的传播基础和接受基础。自从欧洲列强在柏林会议上把从奥斯曼帝国手中拿来的波斯尼亚和黑塞哥维那的管辖权交给了奥匈帝国后，塞尔维亚就把他们的北方邻国奥匈帝国视为帝国主义势力，因为它为了扩张不惜牺牲斯拉夫人的土地。1908年奥匈帝国吞并波黑之后，这种感觉更加明显。第一次世界大战后，奥匈帝国灭亡，但公共话语中的帝国主义批判依旧存在，并且笼统地与欧洲话语关联起来。这种批判，不仅是为了声援其他受到帝国主义欺凌的非欧洲受害者，还为了表达塞尔维亚人自己的焦虑和关切。拉宾德拉纳特·泰戈尔的著作《民族主义》(*Nationalism*, 1917)于1922年被翻译成塞尔维亚-克罗地亚语，并且在萨格勒布出版。四年后，泰戈尔在其欧洲之旅中还到访了南斯拉夫。泰戈尔在书中所表达的观点，与20世纪初期塞尔维亚文化批评的诸多论断有着惊人的相似之处。泰戈尔在对日本读者的寄语中，对现代化和欧洲化做出了明确区分，他认为现代化是排斥欧洲化的。现代化既是必要的也是有益的，而欧洲化则只是一种拙劣模仿，是软弱的根源，这就是塞尔维亚人坚决反对模仿或者照搬欧洲的原因。同样，泰戈尔也运用了东方和西方两套体系，认为西方的物质主义、机械组织和贪婪值得批评，而东方的灵性和对人类生活观念的保护值得宣扬。在他看来，亚洲"必须为现代文明的心脏注入新鲜的人性血液"[1]。泰戈尔关于欧洲的思想分为两个方面:"当欧洲面向全人类的时候,它是至善至美的",它鼓励亚洲的现代化力量继承它最优秀的品质——自由、人权和人的尊严。然而,"当欧洲把脸转向它的掠夺对象时,它面目狰狞"。当欧洲把侵略和掠夺的魔爪伸向亚洲,当它不断歪曲其他民族及其文化时,便把"不好的情绪"发泄在他们身上。泰戈尔把至善至美的欧洲视为亚洲人民抵抗面目狰狞的欧洲的"暴力侵害"时的盟友:"它从没有达到过自己标准中的完美……因此我们可以把它领到它自己的法庭前羞辱它。"塞尔维亚表现主义文化批评与泰戈尔思想的相似之处,或许可以用埃莱克·博默（Elleke Boehmer）的跨界话语性概念——"反殖民空间当中不同政治词汇和文化话语的转型传播"来说明,但是,这可能与作者本人的经历也有关系。对模仿或照搬的拒绝和抵制,对丧失身份认同的潜在可能性的恐惧,对西方科技、经济、军事和科学优越性的清晰认识,对西方缺少精神追求的鄙夷,最后,还有对西方言行不一双重标准的不满——这一切的原因,使得相隔万里的印度文化和塞尔维亚文化在接受伴随着欧洲化"副作用"的现代化进程中做出了非常相似的反应。然而,我们很难预测这种相互作用（接受现代化,抵制欧洲化）的结果:有时候,人们同时对两者加以

---

[1] 关于亚洲作为相对于欧洲工具理性的灵性空间的话语建构以及泰戈尔在此话语建构中的作用的研究,详见 Bonnett 2004: 80-98。伯内特指出,《中国人的来信》（Letters from John Chinaman）一书对泰戈尔形成了很大的影响。人们以为这本书是一位匿名的中国官员于 1901 年用英语写成并出版。但是实际上,它的作者是英国剑桥大学国王学院的研究员狄金森（G. Lowes Dickinson, Bonnett 2004: 97-98）。J.J. 克拉克指出,保罗·布伦顿（Paul Brunton）的《寻找秘密印度》（A Search in Secret India, 1934）被翻译成多种语言,在世界各国发行了 25 万册。该书认为,寻找西方的科学和东方的神秘主义之间的某些和谐点,是西方文明精神堕落的唯一出路（Clarke 1997: 110）。所以,把亚洲作为"精神故乡"的话语建构,并不是东方人或西方人的单方面努力,而是双方共同努力的结果。

拒绝；有时候，人们又把它们当成了追求更广泛的世界主义的文化综合体的途径。

丹尼列夫斯基还是柏格森？

西方是不信神的，是物质主义和理性主义的，与追求精神和整体主义的东方对立。如果哪个斯拉夫作家提出或者支持这个观点，人们就会立即认为他是受到俄国 19 世纪宗教思想的影响。斯拉夫派思想旨在阐释斯拉夫精神，辨明俄罗斯文化和欧洲文化之间的差别。朱里奇把斯拉夫派思想带给了南斯拉夫人，而他所掌握的关于斯拉夫派的认识，主要来自陀思妥耶夫斯基。朱里奇偶然也会提及其他的俄国作家，比如基列耶夫斯基（Kireevsky）和丹尼列夫斯基（Danilevsky），不过朱里奇对他们的思想和作品并不是十分熟悉。朱里奇所引用的俄国作家和作品，其实全部来自于一本题为《俄国思想家与欧洲》（*Ruski mislioci i Evropa*）的小书。书的编者是 V.V. 赞可夫斯基（V.V. Zen'kovskii）。他是基辅大学的一位教授，1919 年至 1923 年来到贝尔格莱德大学讲授神学，之后又去了布拉格，最终到了巴黎，接管谢尔盖·布尔加科夫（Sergei Bulgakov）在谢尔盖·拉多涅日斯基俄罗斯神学院的职位。赞可夫斯基在贝尔格莱德任教期间，曾受伊西多拉·赛库利奇所托，撰写了一系列关于俄国思想家的欧洲文化批评文章。赛库利奇把这些文章翻译成塞语，1922 年春天发表在《新欧洲》（*Nova Evropa*）期刊上。此外，她还把赞可夫斯基的文章编成了一本书，同年秋天出版。赞可夫斯基在这本书的俄语扩展版的前言上这样写道："这些文字是为塞尔维亚的读者而写的，他们对俄罗斯的思想成就并不是很熟悉。"[1] 诚然，塞尔维亚的读者只了解果戈理、托尔斯泰和陀思妥耶夫斯基等作家，19 世纪的社会主义者可能还读到过赫尔岑、车尔尼雪夫斯基和杜勃罗留波夫的书，但是对丹尼列夫斯基、霍姆雅科夫、基列耶夫斯基和列昂季耶夫知之甚少。贝尔格莱德和诺维萨德的图书馆均没有收录这些作家的书，在写作过程中，赞可夫斯基只能单靠自己的记忆力，借助自己手边的图书资料，勉强为塞尔维亚和克罗地亚的读者撰写关于俄罗斯思想的综述。后来，他去到巴黎之后，在巴黎图书馆找到了充足的俄语藏书，于是重新对书的内容进行了扩充。[2] 朱里奇虽然精通法语和德语，但是关于俄国人对欧洲的文化批评，他的认识非常有限。他一字一句引用赞可夫斯基的话，

---

1 赞可夫斯基这部著作的俄语版篇幅比塞尔维亚－克罗地亚语版长三倍，其中涉及的作者和话题也丰富很多。

2 尼古拉·别尔嘉耶夫的著作《文艺复兴的终结》（*The End of the Renaissance*, 1922）于 1932 年被译介到塞尔维亚。但是直到第二次世界大战结束后，塞尔维亚国家图书馆、贝尔格莱德大学图书馆和诺维萨德的塞尔维亚玛蒂察图书馆（Matica srpska Library in Novi Sad）才收录了该书的原文版本和译文版本，将其归入在"俄罗斯思想"系列。这一系列收录的作家大多数是马克思主义作家，其中赫尔岑更是被塞尔维亚人认为是马克思主义先驱。有一些俄国人关于陀思妥耶夫斯基的宗教思想研究在 20 世纪 80 年代被翻译成塞尔维亚－克罗地亚语，而其他俄国十月革命前的思想家的著作，直到 90 年代在苏联再版后，才开始集中出现在塞尔维亚的图书馆和书店中。例如，丹尼列夫斯基的《俄罗斯和欧洲》（*Russia and Europe*）直到 1994 年才翻译出版。相比而言，西欧国家的书籍的传入要早很多。正如德拉甘·斯托扬诺维奇（Dragan Stojanović）所指出的那样，密尔的《论自由》和《论代议政府》（*Considerations on Representative Government*, 1861）分别于 1868 年和 1876 年就被译介到塞尔维亚，托克维尔的《民主与美国》（*Democracy in America*, 1835）在 1872 年到 1874 年被译介。（Stojanović 2008: 112）在两次世界大战之间，除了赞可夫斯基的书以外，托马什·马萨里克（Tomáš Masaryk）的《俄罗斯与欧洲：俄罗斯思潮研究》（*Rusija i Evropa: studije o duhovnim strujama u Rusiji*, 1923）是唯一关于俄国思想家的知识来源了。

却没有标明引用来源。朱里奇的《斯拉夫人的视野》第一章题目是"俄罗斯哲学的精神",朱里奇结合诺泽尔(Nötzel)和冯·鲁道夫(von Rudolf)的理论,对赞可夫斯基的阐释加以发挥。[1]严格来说,朱里奇的知识背景和灵感来源不是丹尼列夫斯基,而是亨利·柏格森(Henri Bergson):柏格森思想的回音飘荡在朱里奇早期著作的每一个角落。为了表明自己泛人类主义的思想受柏格森的启发,朱里奇把著作《泛人类主义哲学》的第一章取名为"生活是创新的革命"[2]。的确,朱里奇从柏格森那里吸收到了理性主义批判和柏格森主义者所谓的"知性主义"批判的灵感,深受启发。对于朱里奇来说,这些思想资源的优势首先在于是以他熟悉的语言写成的。

弗拉迪米尔·武伊奇和普尔沃什·斯兰卡门纳茨(Prvoš Slankamenac)与朱里奇志同道合,两人合写的著作《新人类主义》(*Novi humanizam*, 1923)更为清晰地阐述了同样的思想,对西方理性主义进行了比朱里奇更加深刻的文化批判。在这里,他们所指的"人类主义",是当时作为欧洲文化主要特征的知性主义和理性主义的解毒剂。武伊奇和斯兰卡门纳茨以柏格森的直觉主义为基础,对工具理性展开批判。他们认为,仅仅依靠理性的力量是无法理解生活的,因为生活极具生命力和创造力,充斥着自发行为,它总能从理性的解剖刀下逃跑。两位作者认为,只有直觉和同理心可以回答关于存在性的终极问题。"生活的充实"只能通过直觉来把握,从内部进行理解,从外部是无法做到的。

---

1 K. Nötzel: *Die Grundlagen des geistigen Russlands*, Jena, 1917; E. v. Rudolf: Russische Philosophie, Breslau 1925.

2 朱里奇曾撰写过一篇关于柏格森的文章《亨利·柏格森或创造哲学》,载于 *Misao*, 31/32 (1921)。

武伊奇和斯兰卡门纳茨称，我们生活在一个科学和理性占上风的时代，但我们的文化是衰弱的，原因在于文化总受到工具理性主导。现代人生活在不同的"隔间"里，他们的生活是零散的，是"碎片化的"，缺乏统一性、连续性，缺乏充实的体验感受。我们必须要用一种新的、统一的、非理性的文化来取代理性文化，这样我们才能摆脱齐美尔说的"文化悲剧"的负担，为生活和生活的创造力提供营养。能对这种新文化起主导作用的不是科学，而是艺术和宗教，因为艺术和宗教比科学更好地阐释和反映出我们对于整体性体验的需求，并且为我们的思想提供它所需的自由。

19世纪俄国对西欧理性主义文化的宗教批判，可能也在很多地方挪用了柏格森直觉主义。它批评西欧文化缺乏统一性和完整性，认为只有宗教可以弥补这一缺陷。柏格森直觉主义很快就在法国天主教复兴时期发挥作用，被许多活跃于20世纪上半叶的超理性的西欧神秘学派和心理学团体加以运用。在塞尔维亚，受到新人类主义影响的，主要是涉足表现主义运动的宗教思想家，以及从事政治写作的文人作家。他们有许多共同的特征：对大都市、城市摩洛克（Moloch）和现代生活的灾难感到痴迷；他们是文化悲观主义者，不认同人类必将进步的观念，同时有着诚实的反资本主义浪漫主义倾向；他们把战争视为一种末日启示，认为第一次世界大战是对欧洲文化的摧毁；他们是感性的、人文主义的、和平主义的反战者，宣称要迎接重获新生的世界，做新世界的主人；他们相信人类的神秘主义救赎；他们主张非理性主义，赞同克拉格斯把灵魂与思想、感性与理性视为对立概念的思想。拉多万·武茨科维奇（Radovan Vučković）称，韦利米罗维奇、朱里奇的早期思想，以及武伊奇和斯兰卡门纳茨提出的新人类主义,是塞尔维亚表现主义最重要的哲学成果。他们的思想结合了神秘主义视野、泛人类主义乌托邦和斯拉夫派修辞,共同构成了"东正教表现主义"思想核心,与西欧天主教的表现主义形成对应。武茨科维奇对表现主义运动中最重要的特征进行了归纳,在进行了仔细比对后,对这场运动进行概括:这套思想只有在修辞的外壳上显示出斯拉夫派的痕迹,但其实质内容是柏格森直觉主义的综合,是对20世纪西欧文化精神核心失落的哀叹,同时也是一种模糊的期望——希望将东方(印度)的灵性注入现代文化,从而使其重新焕发活力。

"怨愤"

要满足表现主义者的"印度渴望"并不难。拉斯特科·佩特罗维奇在1930年发表于《时代》(*Vreme*)的文章中对表现主义者的论点进行了认真的分析,坦诚地解释道:选择西方中心主义倾向,意味着将错过东方的文化价值,融合两种文化,才是南斯拉夫人的文化使命。但是,他同时发现这个结论的缺陷:东西两种思想奇迹般地把人类分成了非常整齐的两个阵型。他承认,文化或许可以分为东西两种,但是人类只有一种。南斯拉夫人没有机会与"真正的东方"发生直接接触,在历史上,他们只跟黎凡特有过接触,然而黎凡特已经是一种混合的文明了。不过,即使在那个(短暂的)接触阶段,南斯拉夫人总是试图抵制那些被认为是东方的、非欧洲的文化。佩特罗维奇称:"这既没有必要,也没有意义。"

> 我们没有必要以为，推崇一个被错误想象的东方，我们的思想就会发挥出我们民族的极致水平。这样想没有意义。顺带一提，东方也在努力追求物质进步，而不是只有精神追求。我们与《梨俱吠陀》没有任何共同之处，我们不懈追求、望眼欲穿的应该是由拥有物质文化的民族所创造出来的高级文明生活。

佩特罗维奇总结道，观赏性的东方神秘主义，好比维也纳的华尔兹里面的东方主义，是一种"思想中的药瘾，只会带来噩梦"。

不过就算没有印度因素，没有关于斯拉夫时代即将来临的预言，在两次世界大战之间，主流话语依然是追求文化本真性、害怕丧失身份认同、反对欧洲中心主义、"怨愤"和批判欧洲帝国主义。弗拉迪米尔·德沃尔尼科维奇是一位生活在贝尔格莱德的克罗地亚思想家，他不属于表现主义者的行列，因此没有过度热衷于他们的乌托邦建构。德沃尔尼科维奇主张南斯拉夫主义，他在塞尔维亚文化界中颇具影响力。他既不信奉斯拉夫文明，也不信奉文化使命："斯拉夫民族不是一个存在于历史上、文化上、民族上、道德上的实体。历史事实深刻地驳倒了所谓的'斯拉夫团结'以及'斯拉夫意识'……也不存在作为文化实体的斯拉夫民族，因此每一个关于'斯拉夫使命'的想法都只是幻想，是复杂的蜃景。"此外，斯拉夫民族对西方文化非常熟悉，却对彼此毫不了解，也不愿去增进认识。"每个人都只把邻近的斯拉夫文化看作是外来文化的储存器，他们更愿意顺藤摸瓜去探索知识的源头，探索真正的西方文化。"[1] 作为一名哲学家，德沃尔尼科维奇对艺术和心理学颇有兴趣，他撰写的《南斯拉夫人性格研究》(*Karakterologija Jugoslovena*, 1939) 被视为是对茨维伊奇的人类地理学研究的继承。他的大部分工作都是对茨维伊奇学术思想非严格意义上的延伸，在论证过程中，他也延续了茨维伊奇的风格——这很可能是民族心理学研究方法的特征，明显区别于朱里奇、韦利米罗维奇、斯特凡诺维奇等人对斯拉夫使命的诗意化视野。不过，德沃尔尼科维奇也相信，如果能为斯拉夫文化找到一定根据的话，那将是一件好事。对于他来说，承认斯拉夫民族是"现实而必要的前提"，因为"主观心理基础，亲缘关系和相似性，是斯拉夫民族的直接内容"。根据德沃尔尼科维奇的说法，这种"（斯拉夫民族）不存在的现实"及其心理基础其实是欧洲造成的：欧洲孤立并且排斥斯拉夫人，所以斯拉夫人的唯一指望就是互相依靠。抛开种族亲缘不谈，作为受害者，斯拉夫人应该通过更强大、更明确的团结和文化融合来回应欧洲的孤立和迫害。这种反应是理所当然的，而不应该被视为多愁善感或浪漫主义的结果。虽然斯拉夫人也生活在欧洲大陆，但是他们得不到欧洲的承认。德沃尔尼科维奇抱怨道："只有西方是文化的欧洲。如果说欧洲人是希腊人，那我们就算不是野蛮人，顶多只能算是马其顿人。"德沃尔尼科维奇在 1928 年题为"欧洲斯拉夫人的文化孤立"的文章中这样写道："斯拉夫人充其量只能来到欧洲的前厅或者边缘。欧洲的沙文主义者说'过了维也纳便无欧洲'。

---

1 不得不提，罗马天主教徒和斯拉夫东正教徒的教会划分肯定也起着不小的作用。安东尼奥·里亚科斯（Antonis Liakos）指出：当东欧人试图为自己下定义的时候，"他们对自己属于欧洲的假定，是基于他们对天主教会和罗马遗产的宗教和文化依从。这两者是欧洲归属感的核心要素。把俄罗斯和巴尔干视为东正教的土地，视为农奴制和专制统治的土地，相当于把它们推到欧洲的边缘"。

所有的斯拉夫国家和民族都来自于恶臭的亚洲，来自于东方，意味着文化的落后……只有日耳曼－罗马化的欧洲才是真正的欧洲。"可以想象，可以通过几种方式来反对欧洲沙文主义者的观点。其中最有效的，是证明斯拉夫文化跟"日耳曼－罗马化的欧洲"有着同样的文化基础和文化特征；或者证明欧洲把斯拉夫人排除在外的想法是狭隘的、沙文主义的，正如德沃尔尼科维奇指出的那样；又或者，接受"恶臭的亚洲"，对那些把鼻子凑过来（闻臭味）的人提出质疑，质疑"把南斯拉夫当作是东方"的欧洲中心主义思想[1]。但是，德沃尔尼科维奇没有跟随以上的言论，他的反击是：

> 斯拉夫人的精神从来没有完全融入欧洲，但是幸运的是，它也没有把欧洲的那些特质不加甄别地纳入自身。比如，欧洲嗜血而残酷成性的宗教审判，就算在最古老的东方也未曾有过。又比如，时代新近一点，隐藏在文明外表下丑恶的帝国主义贪欲和残酷的技术至上主义。我们斯拉夫人为没有归属于这样一个族群而自豪。

德沃尔尼科维奇的言论是特立独行的，他得出的结论是，不想成为这个"俱乐部"的成员，而是想等待欧洲找上门来，他认为："精神无能的西方，仍然必须靠斯拉夫人的文化源泉来重获

---

[1] 这种夸张并不是德沃尔尼科维奇的片面之词，在以下的例子中也可见一斑。1918年，乔治·贝尔（George Bell）在坎特伯雷大主教（Archbishop of Canterbury）的建议下，写信给塞尔维亚教会学生援助委员会的主席卡侬·卡内基（Canon Carnegie），请求他协助联系牛津大学，向塞尔维亚东正教会主教尼古拉耶·韦里米罗维奇授予荣誉学位。卡侬·卡内基在回信中提到："跟这些东方人打交道时一定要小心。"（Heppell 2001: 14）Heppell, Muriel. 2001. *George Bell and Nikolai Velimirović. The Story of a Friendship*. Birmingham: Lazarica.

活力。"这句话让两套刻板印象完整地对立起来了：古老的、贪婪的、物质主义的、自大的、精神肤浅的欧洲，与年富力强的、文化充实的、精神饱满的斯拉夫人。或者从反面看：斯拉夫人被认为实质上属于亚洲，在文化上处于劣势，却承担着西方文化的使命。德沃尔尼科维奇写下这些话的原因显而易见。

德沃尔尼科维奇更像是一位学者，而不是简单地宣泄"怨愤"。他的著作《我们在当前欧洲的文化目标》（*Naša kulturna orijentacija u današnjoj Evropi*, 1930）对南斯拉夫文化的未来发展做出了最详细的、最成体系的、最有见地的讨论。书中的一些部分与今天的反全球主义立场不谋而合。德沃尔尼科维奇这样写道："一种全新而统一的欧洲文明和世界文明正在形成，它粗暴地横扫和吞噬眼前的一切。"所有的民族，在恐惧中急迫地接受这种文明，同时也努力让自己被这种文明所接纳，因为只有被接纳，才是他们在这场斗争中生存下去的唯一选择。这是无法避免的，不存在别的出路——南斯拉夫人也要接受这一命运。德沃尔尼科维奇的言论给出了一个明显的信号：欧洲文化已经具有全球化的特征，"它从文明的头顶上倾泻下来"，"它如海浪般，自西向东推进，覆盖并淹没一切"，面对着无法抗拒的东西，唯一可能的解决方法是向它投降。倾泻的洪流已经将"史诗般的人"的特征冲刷干净，这种特征即茨维伊奇提出的"父权制"文化。南斯拉夫人在这个过程当中得到了什么？德沃尔尼科维奇给出了可能的答案：南斯拉夫人只会得到两种极端感受，一种是爱戴，一种是恐惧。他们要么成为对西欧文化不加批判的崇拜者，要么成为偏执的反对者。前一种态度，将使南斯拉夫人变成外国文化的分支和拷贝；后一种态度，将阻碍南斯拉夫人从有益的文化中吸收健康的影响。

德沃尔尼科维奇的建议是，南斯拉夫人虽然无法抵抗外界文化的洪流，但是在拥抱它时，至少可以谨慎甄别。借这样的机会，他对欧洲民族的特点进行了研究——一项基于民族心理学的研究——并且得出了有关的结论：南斯拉夫人应该从德国人那里学习责任和纪律，学习尊重知识的工作，并且学习他们有系统地开展工作的能力。接受德国教育的德沃尔尼科维奇认为，南斯拉夫人已经受到了法国文化很深的影响，如果再要从法国人身上学习点什么，那应该学习他们的品味，他们的谈吐，以及他们的机智和分寸感。他认为英国人和意大利人跟南斯拉夫人有着很大的差别，前者与南斯拉夫人的差别太大，以至于无法从他们那里学习；而后者从自己的祖先那里继承了丰厚的遗产，如今的任务是好好守护，对南斯拉夫人来说参考意义不大。相对而言，北欧民族更有学习价值：南斯拉夫人如果能过上与他们类似的安静的生活，享受到高级文化，发展出先进的物质文明，那将是一件好事。除此以外，德沃尔尼科维奇没有提到其他民族，也就是说他认为西班牙人、罗马尼亚人、阿尔巴尼亚人、匈牙利人、希腊人身上没有值得学习的东西，更别说俄国人或者其他的斯拉夫民族了。德沃尔尼科维奇把他们看作是学生，而不是老师。日耳曼－罗马化的欧洲以外的任何东西都不值一提。似乎无意中赞同了他试图反驳的论点：日耳曼－罗马化的欧洲才是真正的欧洲。

不加控制地让西欧文化进入南斯拉夫的文化空间是危险的，因为这样还会带来有害且不可避免的累赘——"欧洲文化问题"。从20世纪20年代初起，德沃尔尼科维奇就对"欧洲病"感到担忧，并且定期向南斯拉夫的人民传达这一信息。在他的书单里，我们找不到惊喜。他经常阅读萧伯纳、斯宾格勒、基瑟林、弗罗贝纽斯、别尔嘉耶夫、克拉格斯、莱辛、费德凯勒、费雷罗和乌纳穆诺等人的作品，他试图从这些作品的思想中总结出对"欧洲病"的统一定义。[1] 然而，他的结论并不新鲜，不是我们想要的结果。他的结论仅仅重复了理性主义的破坏作用，批评科学和技术对世界的征服，认为人们"失去了自我，变成了机器"。他小心翼翼，没有提东西文化的融合——就像他阅读的大多数作家那样。他颇有保留地给出了常规的说教，指出人们迫切需要一场精神伦理的复兴，但是因为他所说的一切都缺乏实质内容，很快就被人遗忘了。

理性的维京人

德沃尔尼科维奇超越了他所承袭的欧洲思想，对于欧洲的文化问题有自己的见解。他认为欧洲文化问题的根源既不是理性主义，也不是科学，而是虚伪。欧洲达不到自己设定的标准。一般的偷盗行为，如果包装和组织得当，可以变身为爱国主义和文化使命：

---

[1] 德沃尔尼科维奇概述的意外影响之一是提醒人们，在塞尔维亚关于文化取向的辩论中，许多被提倡并且经过检验的言论，其实正是受到了"日耳曼-罗马化"思想家的启发。比如，赫尔曼·基瑟林伯爵（Count Hermann Keyserling）最早在他最畅销的《哲学家旅行日记》（*The Travel Diary of a Philosopher*）中倡导东西方思想的融合，倡导通过东方的智慧来引导欧洲的"灵魂"发生转变。基瑟林在《欧洲》（*Europe*）一书中还把巴尔干设想为东西方的"文化中间人"。但是基瑟林经常受到塞尔维亚作家的轻蔑，原因或许是他在书中称塞尔维亚人、阿尔巴尼亚人和保加利亚人是"原始的战士和强盗"，这当然不能帮助他获得塞尔维亚读者的欢迎。

> 这是不得当的：一个人一方面是优越的、正常的、文明的、道德的和具有审美品位的人，制定了所有的标准；另一方面，他灵魂深处依然是帝国主义的利己主义者——他是一个文明化了的、变形了的维京人。这维京人的灵魂，正是如今中国人和印度人管欧洲人叫作"白皮肤的野蛮人"的原因。

德沃尔尼科维奇说，欧洲人"希望给弱势民族带来一点文明，一些幸福和自由"，之后又：

> 把大炮推出来了，紧接着进行战争动员、入侵、占领和提供"保护"，不管他们怎么称呼这些行为。但是如果你仔细听他们在台上冠冕堂皇的讲话，你就会发现其中的石油、矿山和战略要塞。碰巧的是，所有这些资源恰好都落在了弱势民族居住的地方，而弱势民族为了得到幸福和文明，不惜放弃他们的资源。

对于德沃尔尼科维奇来说，欧洲文化危机的主要问题是"以文明和文化作为武器的贪婪的维京人灵魂是否能够改变"。对此他表示怀疑，他认为还需要别的东西，或许需要"一种新的人类"。他补充说，就算斯拉夫人的声音能在欧洲被更多人听到，斯拉夫文化的弥赛亚主义也没有用。

德沃尔尼科维奇的"文明化了的维京人"呼应了另一种著名的形象，那就是柏格森提出的"科学野蛮人"形象。它生动地概括了 20 世纪初人们的恐惧，即"机械化"——科学和技术的惊人进步快速地改变着所有的社会关系、自然环境，以及人类本身，而这些改变都不是受到"精神"的控制和指导的，这一过程最终导致"精神的机械化，而不是物质的精神化"。之后又会发生什么呢？

> 既然科学所带来的机械力量已经做好准备为人类服务，那么它们是否将占有人类，把人类的本性占为己有？如果机械主义占领了整个人类世界，而世界上的各个民族却不努力让自己的民族变得更加富足、更加和谐和更加多元，放任世界上的一切变成同一个样子，那么这个世界到底会变成怎样一种光景？

第一次世界大战开始之初，在泛欧主义和神秘主义的氛围中，柏格森把今天我们在大部分科幻小说里面看到的非人性化的黑暗景象集中在法国人的敌人——德国人身上。在德国，一切都要依循机械程序：这个国家是由普鲁士人"机械地"、人为地制造出来的，它的管理是机械的，其军队更是如此；数百年来，它的人民一直被迫机械地服从命令。在对抗德国的过程中，法国面对的不是人类敌人，而是一头机械的、非人性化的怪物。不过，这头怪物正"期待着统治世界"，它的野心跟法国相比毫不逊色。相反，它的军国主义和工业主义，让科学和技术的惊人进步显得无比耀眼，以至于我们可以说，德国已经"夺取"了文明，将其劫为人质，篡夺了本应属于全人类的东西。德国"败坏的道德物质主义"，已经成为世界最大的威胁：这个理性而"科学"的敌人，为扩张和统治，武装到牙齿，向人们表明一旦科学知识落入邪恶的人手中会有什么结果。尽管有了科学，这个敌人依然是没有"精神"的野蛮人，它跟人类和文明都是对立的——这个敌人是"科学野蛮人"，在技术和军事上很有优势，但是在精神和文明上却很逊色。无论战争的结果如何，道德胜利都属于"精神"且文明的法国，它奋起对抗"科学"而"文明"的野蛮人。

在上一章中，我们在讨论科索沃传奇的时候，了解到一种把自卑感转变为道德优越感的表述思维。柏格森的演绎揭示了这种表述思维的另一种重要特征——对正面因素的归因。柏格森在法兰西人文学院以"战争中的生命与物质"为题发表演讲。如果德国的科学、技术和军事优越性对于柏格森来说是如此确凿的话，那么是否能够为法国的精神和文化优越性找到证据？在二元逻辑中，承认对手在某一竞争领域的优势，自己就会自动被授予在另一个领域获得优势的权利。朱里奇和韦利米罗维奇用这套逻辑为斯拉夫人争到了灵性和灵魂：如果承认日耳曼-罗马化的欧洲拥有一个理性的、技术先进的、工业化和现代化的文明，斯拉夫人在这方面的落后反而证明了他们拥有灵性和灵魂。在这套二元逻辑中，"理性的灵性"是一个矛盾概念，显然不可能存在。

在战争期间以及之后，欧洲的文明变得疯狂和凶残。德沃尔尼科维奇无视柏格森区分德国和法国的努力，坚决把科学野蛮人的形象从德国推至整个欧洲，他把法国作家戈宾诺[1]说成是德国意识形态。在欧洲语境中，柏格森是有道理的。大部分在第一次世界大战中经历过德国"机械化"的塞尔维亚文人大概都会同意伯格森所做的法国和德国的区分。但是在全球范围，法国和德国同时代表着欧洲，它们之间的区别逐渐消失。它们作为文明的主角，同样醉心于维京式的抢夺，以追求幸福和自由的理想为旗号，掩饰自己对战略要地的侵略和对石油的贪婪。

---

[1] 约瑟夫·阿瑟·戈宾诺（Joseph Arthur Comte de Gobineau，1816—1882年），法国外交官、作家、人种学者和社会思想家，所倡导的种族决定论之说曾对后来在西欧发展起来的种族主义理论及其实践活动产生巨大影响。——译者

作为"年轻的民族",南斯拉夫人是否能够帮助欧洲,向它展示正确的道路?德沃尔尼科维奇认为显然是不能的,因为南斯拉夫人的处境更糟。虽然南斯拉夫人身上没有帝国主义的虚伪,但是他们比其他欧洲民族承受着更多的物质主义压力。南斯拉夫人应该优先为自己考虑,尽量躲避文明发展道路上的陷阱。他们应该总结自己的潜力,以勤奋的工作、教育,良好的心态和持续的创造力,来为自己的能力提供支持。他们要对欧洲化和东方化的不利影响加以警惕。他们还希望跟"斯拉夫文化大家庭"建立更紧密的联系。"史诗时代"是他们共有的良好基础,即他们"父权制"时代的原生文化表达。德沃尔尼科维奇并不是主张返回到史诗时代,而是希望看到这一传统被"超越"。他指的不是简单的拒绝,而是依靠它,直到它可以被新的事物所取代:"我们要从自己的文化出发,这样我们才能走出它并且超越它。"

克服它

新人类主义者弗拉迪米尔·武伊奇的文章《关于"西方民族"和我们》(1929)为这场讨论提供了很有意义的见解。武伊奇是一名忠实的斯宾格勒主义者,因此我们要遵循斯宾格勒的模式来对武伊奇加以理解。其他参与讨论的人似乎没有对"文化"和"文明"两者加以区分,混淆使用这两个概念,而武伊奇的假设基于"文明阶段"。他认为欧洲正处于一个衰退的阶段,其文化活力不断衰弱。与之相反,南斯拉夫人则还处于"文化阶段",

还没有丧失增长和发展的活力和能量。问题只是在于，南斯拉夫人应该跟随欧洲走向没落，还是与欧洲脱离，走自己的路？

斯宾格勒的《西方的没落》慢慢成为大家耳熟能详的书籍，不过实际上没有多少人真正去读，人们只是"顾名思义"地按照书的题目对书的真正内容展开错误的猜想。人们普遍以为斯宾格勒所说的没落指的是西欧经济、金融、科学和技术的衰败。武伊奇认为，认真的讨论不能基于错误的前提，因此他着手澄清东方和西方之间的选择问题。他解释道：一种选择是进步和现代性，另一种选择是倒退和传统主义。如果西方意味着科学和技术的进步，那么每个人都会选择它。从这层意义上说，西方没有任何没落。同样，文化被人以浅薄的方式区分开了，在它们之间做选择会有什么得失？这样的讨论似乎没有什么意义。亚洲文化有很多种，它们大相径庭，仅有的共同点在于昔日的辉煌已经过去很久了。人们把这些亚洲文化混为一谈，对它们进行统一的建构，称它们是"沉静的""神秘的"和"直觉的"，赋予它们"灵性"，又骂它们"消极"，把它们看作"积极"而"理性"的欧洲文化和美洲文化的对立面。武伊奇认为，这场"东西之争"与选择无关，更与抽象的地理区分无关，而是对南斯拉夫文化未来发展方向的判断。南斯拉夫文化应该属于西方浮士德文明的一部分，还是属于"被损害的""稳定的"和完整的东方文化？或者，它不属于两者，它可以是一种特立独行、我行我素的文化吗？这个问题的答案预示了南斯拉夫文化的未来：如果它是西方文明的一部分，那么斯宾格勒的预测就适用于它；如果它属于东方文化，那就不用指望它将来有所发展。武伊奇认为，这不是一个无聊的学术问题，它关系到南斯拉夫人"精神的生存"。

武伊奇首先对"西化派"提出质疑：那些声称除了西方以外

别无选择的人是错误的。南斯拉夫是一种年轻的文化，而欧洲是逐渐式微的文明。一种新的文化，相当于一种尚未实现的可能性，它不会因为接受一种正在走下坡路的、疲惫的文化而获得进步。这种日薄西山的文化，会给南斯拉夫人带来以下这些副作用：

> 缺乏信仰、宗教缺失、东方神学和神灵学泛滥、道德模糊、颓风蔓延，以性作为生活以及理解生活的基础，谎言、残酷和虚伪——这一切清楚地告诉我们，当代西方生活不可能成为我们精神的内容。

那些主张南斯拉夫文化应全面接受西方文明的"西化派"主要分三种。第一种仿佛仍然生活在18世纪的理性主义精神中，认为从那时起当代西方就没有发生变化。第二种是马克思主义者，深深着迷于西方的技术、工业和资本成就。第三种——武伊奇自认为属于这一行列——对西方非常熟悉，却不盲目地相信人类将沿着直线不受任何阻碍地发展进步。只有这一种"西化派"不会被指责为欧洲中心主义者，即把欧洲想象为上帝的应许之地，并把欧洲视为世界上唯一可能发生进步的地方。欧洲中心主义是荒谬的，缺乏任何真实的历史依据，同时也是"一种把自己置于世界中心的、贪得无厌的欧洲理性精神，是一种无视世界的傲慢态度，以证明它的侵略和剥削是合理的"。欧洲文化的整体难道是以这种傲慢态度为标志的吗？武伊奇认为答案是肯定的，他还认为欧洲中心主义的目的是让帝国主义合法化：

> 侵略和剥削不能让人类幸福。侵略和剥削不是人类对自然的征服，而是人对人的征服，强者对弱者的征服。征服的

欲望没有限制,最终将使人陷入野蛮状态。如果任由这样的文化一意孤行地发展,那世界上剩下的只有狼群的斗争……帝国主义力量征服整个世界的意图,恰恰就是欧洲精神没落的标志。

武伊奇的观点是复杂的,他认为西方的科学和技术成就值得欢迎,而文化方面则不然,因为西方的精神和文化都没落了,而没落的原因在于欧洲中心主义的傲慢和征服的欲望。"试问一个在历史上一直走在另一条路上的民族,为什么今天需要这样的欧洲?不,我们不需要,我们真正需要的是不要走上这条错误的道路。"然而,这并不意味着南斯拉夫人是斯凯尔利奇所说的"东方人",是"懒惰、宿命论、肮脏、碌碌无为和不思进取"的。南斯拉夫不仅有三种"西化派",还有两种"东化派"。第一种把东方形象建构得诗情画意,有大麻和鸦片,有和平与安宁,有咖啡的香气和节日般的气氛,与欧美那忙忙碌碌、永不停息的机械噪声形成强烈对比。正如武伊奇所说,习惯安静地过着乡村生活的南斯拉夫人,可能会抱怨西方高速的工作节奏和嘈杂的工业噪声。第二种"东化派"将东方建构为一种有益的精神世界观,可以治愈无神论的西方。这一类人实际上是潜在的"西化派",是对东方有着宗教需求的西方模仿者,在没有出现类似宗教危机的南斯拉夫,道德教化显然没有用武之地。东方是什么意思?是一幅由中国、印度、波斯等不同文化融合而成的色彩鲜艳、奇妙无比的图画?还是一种以此为模板的"东方生活方式"?武伊奇认为都不是,这样的东方不能为南斯拉夫人和其他不属于西方的民族提供解决方案。

最后,武伊奇认为,那些主张南斯拉夫人因介于东方和西方之间，就注定要将融合东西二者作为使命的观点，也是错误的。因为世界上任何一处，都是介于东方和西方之间。就算东西文化之间真的有明确的分界，就算这一条分界线正好落在南斯拉夫，这种人为的文化融合依然是不可能实现的。文化不是可以任意组合的特征集合，而是一种有机合成，不能靠人为的概念和死板的理论拼接出来。

如果南斯拉夫人不是欧洲人或者西方人，如果道德教化者所想象的东方不存在，且南斯拉夫不需要，如果东西之间的融合不可能实现，那么南斯拉夫人还有什么出路？在武伊奇看来，关于东西方的争辩完全是徒劳的。所有被提出的问题都是错误的，它从外国人的角度来审视自身的文化，得到的自然是不可能实现的答案。南斯拉夫人的文化未来并不取决于是否愿意模仿西方，是否在想象的东方里发挥作用，也不取决于是否能够融合两者。正如斯宾格勒所指出的那样，它的未来取决于他们找到自己风格的能力，不要在乎外人将其归入西方还是东方。只有对其自身的过去加以观照，对自己世界观的特定表达加以了解，对自己的生活形象以及人在其中的位置加以认识，才能找到自己的风格。"我们既没有被东西方的分界线分隔开，南斯拉夫的土地上找不到这条虚构的抽象分界线，它把一部分人划到西方去而把另一部分人划到东方。"武伊奇还指出，从文化上说，南斯拉夫是一个实体，"它的基础可以从遍布南斯拉夫各处的口头诗歌中找到，那是我们对世界和生命的史诗表现"，它既不属于西方，也不属于东方。真正的问题是：人们可以从中看到这个生活在阿尔卑斯山到萨洛尼卡之间的民族的思想吗？可以发现他们的原生世界观和对生活的理解吗？武伊奇认为，南斯拉夫文化未来的唯一希望在于是否能为这个问题找到积极的回答。

武伊奇让范畴得到传播，让理论实现了不同文化间的旅行——他把归属东方和模仿西方的问题与南斯拉夫文化的本真性问题联系在一起。他提出的解决方案既不是归属东方，也不是模仿西方，而是以南部斯拉夫民族的民俗传统为基础发展出来的一种独特的原生文化风格。矛盾的是，尽管武伊奇坚信斯宾格勒提出的文化和文明的二元对立，但他还是成功克服了十多年来在东西方争辩中一直占主导地位的身份认同和他者性的二元逻辑，并且提出了对欧洲中心主义和历史主义的质疑。不过，要等到20世纪40年代伊沃·安德里奇的小说出版，才算是塞尔维亚文化对欧洲中心主义和历史主义的批判火力全开。不过，在20世纪20年代初期，许多路标已经立起来了：茨维伊奇主张东西方文化都要吸收；表现主义者主张广泛的文化融合，不但可以看作是抵抗欧洲化的标志（它抵抗的是让一切地方文化黯然失色，让欧洲文化实现统治的现代文明），也可以看作是对欧洲中心主义和历史主义的抗争。但是，要进一步对表现主义者的话语起源进行更广泛的考察：斯宾格勒的文化哲学，柏格森对科学理性主义的批判，泰戈尔对现代性精神的批判，陀思妥耶夫斯基对人类乌托邦的设想，都属于泛欧洲现象。朱里奇和韦利米罗维奇等人对欧洲进行猛烈批判的同时，泰戈尔在欧洲受到了热烈的欢迎，证明在欧洲的大城市里，"去欧洲化"进程已经如箭在弦。在这时候，塞尔维亚表现主义者寻找欧洲中心主义以外的发展出路，很容易被理解为随大流。在这场全欧洲范围内关于文化的讨论中，塞尔维亚文人的贡献不是他们拿出了新的东西，而是他们让知识和理论在不同的文化之间传播。他们对讨论的对象进行了调整和重新定向，旨在更好地适应本地语境，其他文化体中出现的议题，在塞尔维亚也得到重现：陀思妥耶夫斯基提出的"俄罗斯性"，是一种普世主义和世界主义建构，在精神上与"非西方"的东西融合在一起，最开始先传播到斯拉夫人，之后传播到了南斯拉夫人当中。同样，德沃尔尼科维奇对柏格森提出的"没有灵魂的机械主义"进行发挥，用于批判帝国主义。还有，对"理性的野性"的批判，也从德国传播到整个欧洲。

对欧洲中心主义的质疑，对非欧洲文化体验的欢迎，对于塞尔维亚的艺术和文化来说都产生了有益的影响。博格丹·波波维奇认为人们对非洲艺术的兴趣是"回归野蛮"的征兆，但是他的学生却推崇毕加索和高更的非洲艺术，认为这些异域的文化元素开拓了欧洲视野，从而让传统艺术形式重获活力。如果非欧洲社会的传统可以成为当代艺术合法的生产资源，那么地方的文化传统更能起到这样的作用。尽管这些地方文化传统在19世纪文化欧洲化的浪潮中被历史学家和语言学家所忽视，被认为不够欧洲。拉斯特科·佩特罗维奇对古斯拉夫民歌和神话的兴趣是一种富有成效的尝试，旨在重新审视当地的文化传统，同时躲避了本土主义、文化孤立主义和民族主义的陷阱。斯凯尔利奇可能不会赞成拉斯特科的观点，在他看来，古斯拉夫民歌中没有任何西方性的元素，它不能构成具有合法性的主体。但是斯凯尔利奇已经去世很久了，现在是毕加索的年代。佩特罗维奇的诗句"我曾是狂野的斯拉夫人的孩子，但现在是旅行者"表明了他对古斯拉夫民歌的理解：我是斯拉夫人的后代，他们曾经是野蛮人；但是，我不是野蛮的斯拉夫人，而是世界主义的旅行者，对我所继承的史前文明的艺术和文化形式感兴趣。这既不是可耻的事情，也不是我所希望建构的斯拉夫文化群像，它只是一种单纯的文化志趣，因此，它极具欧洲特色。

还 乡

米洛什·茨尔年斯基的游记作品《爱在托斯卡纳》反映的是"还乡"的话语背景。茨尔年斯基是一位超越了欧洲界限的作家，早在20世纪20年代，他就把法语版的中国和日本诗歌选集转译为塞尔维亚语。他游览了意大利的比萨、锡耶纳、佛罗伦萨、阿西西、佩鲁贾和圣吉米尼亚诺，参观了中世纪晚期和文艺复兴时期的教堂和修道院。这位学识渊博的旅行者，把路途中看到的事物写进了他的游记，写下了艺术家与王子，盗贼与冒险家，圣人与通奸者的故事，并插入或长或短的评论。托斯卡纳被赋予了生命，它不仅作为一个旅行目的地，还成为富有戏剧性的生活舞台。茨尔年斯基笔下的托斯卡纳充满了生活的激情，恰恰印证了19世纪末欧洲史学和艺术史对文艺复兴时期意大利的想象，体现了文艺复兴的生活品味，这种品味是以宗教、色情和创作激情为基础的，不受清教徒资产阶级的道德规范限制。茨尔年斯基的叙事风格是什么样的？或者说他把什么样的故事写进了这本书里面？在回答这个问题的过程中，不难看出茨尔年斯基思考的是：现代欧洲人还有激情吗？面对诱惑还会有反应吗？都有什么诱惑？这些诱惑让他得到什么样的体验？茨尔年斯基的叙事与现代人缺乏激情的无聊生活形成了对照：他描绘出了文艺复兴时期充满激情的圣人、通奸者和艺术家，他们共同的特征是夸张、过分和无度。无论是虔诚、色情、活力，还是艺术才华，他们都能转化为一场冒险，转化成生存的体验。这恰是指引着身在托斯卡纳的茨尔年斯基的东西，他顺着艺术作品和纪念碑上的痕迹，找到了已经消失的生命形式，那就是文艺复兴时期的激情。"在疯狂的年代里，在经历过这么多年痛苦的迁徙和战争之后，我是多么的疲惫而朽迈，我的生活不剩半点意义……我备受折磨，对一切都漠不关心，在春天来临时，我动身前往意大利，去洗涤我的灵魂和身体。"疲惫和冷漠——是这位从第一次世界大战的战壕里爬出来的塞尔维亚"迷茫的一代"的代表作家所承受的折磨和苦难，他想去托斯卡纳疗伤，因为那里是青春的源泉。茨尔年斯基正在为自己寻找重生的机会，希望为自己的生活找到全新的开端，同时，他也在为遭遇战争的欧洲寻找新的开始。除了从一切开始的地方——文艺复兴时期的托斯卡纳，还有别的地方更值得去看吗？现在的意大利肯定是没有了，意大利的一切已经跟欧洲其他地方一样了，窗外晾满了乱七八糟的衣服，街道上挤满了乞丐，到处是震耳欲聋的声音，摩托车穿来穿去，房屋散发着潮湿的霉味，花花公子在路边等着猎艳——总之，"是一个跟别处一样的地方"。这不是茨尔年斯基的意大利，"真正的意大利，古老而芬芳，在意大利的女服务员向外国游客大献殷勤的时候，它被掩盖在地平线下面"。真正的意大利是从大量关于欧洲的想象的书里提炼出来的：它必须由这位旅行者重建起来，而现在的意大利——"服务员"的形象，不值得理会。

这个疲惫、倦怠、垂死的欧洲需要被注入活力和热情，需要获得新生，茨尔年斯基在天空中寻找："我脑海中的这些裸体在夜里飞向了天空，我在宇宙摇晃着他们——恋人、通奸者、罪人、僧侣和斯拉夫人。文艺复兴只是一个借口。"他在书的开头就把活力主义、文艺复兴和斯拉夫人结合在一起，在第一句话做了标记："我为了意大利的天空离开巴黎，它可以抚慰野蛮人的内心，让他们翩翩起舞。"在托斯卡纳的天空下，来自北方的野蛮人遇到了疲倦而没有生气的希腊和罗马文化，两者的相遇促成了文艺复兴，催生了一场复活，成为现代欧洲文化的真正开端。野蛮人从意大利走过，却被意大利"驯化"了，野蛮人把自己的活力和力量献给了意大利，意大利回赠他们以希腊和罗马的风格与形式，就这样，现代欧洲诞生了。跟在茨尔年斯基身后走过意大利的，是他想象中的"果戈理笔下的卑鄙的人和斯拉夫人"。正是因为他们，茨尔年斯基才踏上前往托斯卡纳的朝圣："我满身尘土，踏上旅途，为的正是这两万万赤身裸体的野蛮人，他们拖着沉重的步履，像野兽一样跟在我的身后。""我想，我做的所有旅行，都是为了正在受苦的俄国，为了我的家乡斯雷姆。"托斯卡纳之旅是茨尔年斯基的"斯拉夫使命"："我来这里，是因为忽然有一天我清晰地感受到自己的斯拉夫命运，它广阔的未来，以俄罗斯人和波兰人、保加利亚人和斯洛伐克人的名义向我迎面扑来。"不过，这里的"果戈理笔下的卑鄙的人"并不指贫穷和落后。恰恰相反，它只是一种形象的风格，意指一种夸张、过分和无度的形象。这种形象以"角神"狄俄尼索斯为首。狄俄尼索斯是野蛮的神，它来到希腊和亚洲，带来了美酒和性欲，同时还带来了享乐、疯狂、混乱和不受限制的自由。"角神走到我的面前，我低着头跟着，果戈理笔下的卑鄙的人跟在我的身后。我们穿越托斯卡纳的旅行只是一种巧合，这一片风景也可能出现在维斯瓦河的两岸。"尼采在《悲剧的诞生》（*The Birth of Tragedy*）中为狄俄尼索斯安排了角色，激发了现代人的联想：狄俄尼索斯与阿波罗的相遇酿成了一场悲剧，但也创造了终极的艺术形式。在托斯卡纳，走在狄俄尼索斯和茨尔年斯基身后的野蛮人不是破坏者，他们带来的东西与托斯卡纳文艺复兴融合起来，结出了新的果实，形成了新的艺术形式，缔造了一种新的文化。"啊，斯拉夫民族，"茨尔年斯基说，"用你的双手挤压地球吧，成熟葡萄的汁液将从你的指缝流出来，所有的山羊会跳起来。"斯拉夫人给托斯卡纳注入了新的活力，不管是真实的还是想象的。

第一次世界大战结束后，斯拉夫人作为欧洲边缘的野蛮人的暧昧形象得到了越来越多人的支持，其中最突出的是亚历山大·布洛克。在他的诗歌《斯基泰人》(*The Scythians*)中，俄国人既是欧洲认识下的野蛮人，同时又是阻挡蒙古人入侵欧洲的屏障。[1] 这首诗歌描述了俄国人对欧洲的爱恨交加之情，它既渴求欧洲的爱，同时又向欧洲表达着严厉的威胁：如果俄国人对欧洲的爱得不到回报，那么，当蒙古人下一次向欧洲发起进攻的时候，俄国人将敞开大门，让他们一马平川。布洛克的诗只是欧洲先锋派对"野蛮人"进行语义重构的一个例子。马里内蒂的未来主义则是另一个例子，它以"野蛮性"标榜自己。对于马里内蒂来说，"野蛮"是一种新鲜的、充满生机的和强大的文化，与古老的、疲惫的、倦怠的博物馆文化和图书馆文化形成鲜明对比。[2] 对现代艺术颇有心得的伊西多拉·赛库利奇正是从这种角度来理解茨尔年斯基的作品《爱在托斯卡纳》中的野蛮性，把它理解为一种"可以震慑一切过时的和过度文化的事物"的力量。茨尔年斯基把斯拉夫人表述为野蛮人，并且在南斯拉夫文化身份认同的辩论中，赋予其"斯拉夫使命"——他们是野蛮的、文化程度较低的民族，却会给疲惫而倦怠的欧洲带来新生和复兴。古老的欧洲与斯拉夫人的相遇，与尼采笔下阿波罗与狄俄尼索斯的

---

1 俄语原稿重印在柳博米尔·米契奇（Liubomir Micić）的杂志《泽尼特》(*Zenit*, 1921. 3)中。《泽尼特》是南斯拉夫最重要的先锋杂志。米契奇也主张通过"野蛮化"复兴欧洲文化。野蛮人最初是斯拉夫人，然后是巴尔干人，最终扩展为所有的欧洲人。见 Golubović and Subotić 2008 和 Levinger 2002。

2 关于"野蛮人"的重新定义可以在塞尔维亚和斯洛文尼亚的先锋文化中看到，见 Kralj 1988。

相遇有几分相似，又和北欧野蛮人与希腊文化在托斯卡纳土壤上的相遇有几分相像，后者的相遇给欧洲带来了一场文艺复兴。在茨尔年斯基看来，这场相遇已经开始了，人们只要竖起耳朵就能听到它的声音："在波兰，已经有事情在酝酿了，它正轻轻地踏过无边无际的俄国，但我错误地以为，在托斯卡纳也能找到它的踪迹。"融合已经开始了。在茨尔年斯基眼中，托斯卡纳的艺术和建筑物，正是土生土长的意大利文化传统与外国文化互相融合的证据。茨尔年斯基把文艺复兴以前的托斯卡纳看作是被空间分割开的多种文化的交汇之处，是现代欧洲的摇篮："这完全是分布在地中海周围的罗马帝国，其中有来自波斯的影响，有印度的洞穴，有伊朗的祆教，有科普特人的纺织设计，也有希腊人精美的银币。"地中海地区是一切文化交汇的空间。茨尔年斯基把意大利的精神特征归纳为"美丽的希腊中世纪"，如同尼西亚（Nicaea）帝国[1]的一扇窗户，又像是基辅和拉什卡[2]教堂的墙壁，还有着拜占庭的艺术传统：

> 意大利的美学家们试图抹去拜占庭的痕迹，并缀入伦巴底的特征，然而这是徒劳的：缠绕在督主教府柱子上的叶子，是在比萨找不到的。在这边，我们见到一头加里东野猪在黑暗中被猎杀；在那边，是一副希腊面具上苦涩而僵硬的鬼脸。

---

1 尼西亚帝国，是原拜占庭帝国人口最密集、农业最发达的地区之一，其有利的地理位置（扼守黑海海峡）和资源使尼西亚帝国比其他拜占庭的继承国更富有，并逐渐成长为原拜占庭帝国疆域内最强大的国家，最终尼西亚军队于1261年收复君士坦丁堡，光复了拜占庭帝国。——译者
2 塞尔维亚西南部城镇，被认为是塞尔维亚东正教文化的摇篮。——译者

在意大利的中心，茨尔年斯基发现了拜占庭的痕迹，同时也发现了斯拉夫人的文化痕迹。这是一种"几个世纪以来流传在多瑙河与第聂伯河之间"的文化，它在斯拉夫人的土地上留下了痕迹："在这块石头上，我看到了扎达尔和斯普利特的教堂，以及维索基·德查尼修道院修长的影子，也发现了与比萨的鹰完全一样的工艺。"茨尔年斯基发现，特雷维索的圣母和天使的脸上，有着与"基辅和梅托希亚圣母像的闪闪目光下"同样既悲伤又锐利的笑容。艺术史的发展历程是连续不断的。20 世纪在托斯卡纳发芽的东西，在乌克兰和巴尔干同样已经开花。欧洲文化是一个单一过程，它是一个不可分割的整体，并且它在一个不可分割的空间里发展："这是一个由土地、山脉与艺术构成的统一体，简单而永恒。"人们在托斯卡纳观察到的欧洲文化是一种已然实现的文化融合。因此"让我们把世界联系起来吧，而不是使它分裂。我们应该把世界当作是一座整体的、密不可分的山"。茨尔年斯基重复着他的观点："让我们把世界联系起来吧，而不是使它分裂：所有的形式都是联系在一起的……"欧洲不存在间隔或边界，在别人发现差异的地方，茨尔年斯基看见的是相同和统一："长久以来，我都知道，只要我展开臂弯，只要我伸展的动作足够温柔，我就能抚摸到乌拉尔山。"在最重要的部分里面，茨尔年斯基的游记书写诉诸诗意，将第一次世界大战中的斯拉夫民族和人类的爱以圣母的形象融合在一起。这场战争是欧洲的，也是茨尔年斯基的，它发生在最近的过去，让人遭受痛苦和苦难。而欧洲的未来属于斯拉夫人，他们来到托斯卡纳寻找爱，同时又给托斯卡纳带来爱的斯拉夫人，以茨尔年斯基本人为代表：

　　我为了爱而旅行，为了让新兴的民族也感受到爱。我兴奋地轻轻念着萨瓦河畔的葡萄庄园的名字，念着梅托希亚山坡的名字，念着维斯图拉（Vistula）的河岸的名字，念着乌拉尔山谷的名字，我不是在发疯……我为了爱而旅行……斯拉夫民族啊，爱在等着我们，我们应该把爱洒向……之前发生的一切。

爱可以拯救欧洲，可以让欧洲复活，让欧洲精神重新振奋——这与帕塞里尼在对两次世界大战之间英国文化的研究中发现的结论相一致：欧洲会记住自己的开端，这个开端同时也体现在拜占庭、俄国、塞尔维亚、希腊和托斯卡纳的圣母像上，"文艺复兴就是对孕育儿女的妇女的爱"。第一次世界大战后，欧洲的重生只能通过人类的爱来实现。通过孕育圣婴的圣母，欧洲将融为一体：

> 不过，只有在锡耶纳，我才看得到值得被庆祝的事情：生育……锡耶纳的圣母们有着她们的轮廓，被刷上金漆，就像基辅的古老圣像那样，也和我们塞尔维亚老修道院的壁画很相似。于是我想：难道光没有照耀到我们这些弯腰屈辱的人身上吗？难道我们的民族没有太多改变？光没有照耀到那不计其数的俄国人的尸体上吗？没有照耀到悲伤而温柔的、满是舞者的波兰吗？斯洛伐克也没有吗？

从维也纳到慕尼黑，再从巴黎到托斯卡纳，茨尔年斯基的欧洲之旅转变为人们熟悉的《奥德赛》模式，可以用他第一部诗集《伊萨卡抒情诗集》（*Lirika Itake*）的题目做总结——还乡。这场旅行的目的是身体和灵魂的涅槃。旅行让他意识到，托斯卡纳的圣母像与塞尔维亚修道院墙上的圣母像是相似的，托斯卡纳的质朴和欢乐与他的家乡斯雷姆是相似的，也让他认识到还乡并不是什么危险和羞耻，离乡背井才是。茨尔年斯基去托斯卡纳寻找"晨星"，而在那里的壁画、拱门和穹顶上，他却看到了斯拉夫民族，"如同晨星一样在颤抖"。在"克服"托斯卡纳之后，他喃喃自语道："斯雷姆。"茨尔年斯基把斯拉夫人以两种互相矛盾的方式带回了欧洲：一种具有狄俄尼索斯的野蛮属性，它将给这片疲惫的欧洲带来活力和复兴；另一种则是泰然自若的态度，不在乎别人怎么想。后者之所以成为可能，是因为这种思维模式通过他者来对自我进行了确认，同时也对自我当中的他者加以肯定。这种立场坚持认为欧洲文化是统一的，从而消除了日耳曼-罗马化文化与斯拉夫欧洲之间的隔阂。真正的家园，应许之地，伊萨卡，变成了斯雷姆的一座小村庄。这就是人们应该回去的地方。这样，实现了一个反转：托斯卡纳的旅行成为一次还乡之旅。斯拉夫人"对欧洲的向往"源自自卑感和羞耻感，源于一种被放逐的状态，而从这些感受当中解放出来，承认自己的家园是值得被珍视的地方，就是流放结束之后的还乡。

第三章

绅　士

- "永远不要失掉分寸！"
- 痴迷法国
- "先生"

第一次世界大战爆发以前,《塞尔维亚文学先驱报》[1]的创办人和编辑博格丹·波波维奇教授被塞尔维亚政府派驻伦敦,战争结束后,他没有第一时间返回贝尔格莱德。他一直留在伦敦,最终在1920年回到了塞尔维亚,回到了他的讲台,奔走于各种学术会议。驻伦敦期间,他在塞尔维亚使馆工作,他的任务是监督和管理在英国大学里上学的塞尔维亚学生。他有大量的空闲时间流连于图书馆、剧院、博物馆和音乐厅。偶尔也会有学生有事来找他,但是不会占用他太多的时间。有一次,有人请他到牛津大学去跟他的学生谈话,让他们"安静下来,多少注意一下自己的行为举止"。[2] 波波维奇没有说起过他被请去牛津大学这件事的原因,我们不知道这个学生说了或做了什么。不过,波波维奇借这次机会跟学生们谈一个更大的问题,一个已经思考了很久的问题:心态与文化。

---

1 关于《塞尔维亚文学先驱报》在西方化过程中的政治作用和文化作用,详见 Ković 2008: 56-8。
2 波波维奇的文章《塞尔维亚人应该从英国人身上学习什么》(Šta Srbi imaju da nauče od Engleza) 正是这次在牛津大学对塞尔维亚学生的讲话内容,文章最初发表于总部设在伦敦的塞尔维亚刊物《思想》(Misao), 1(1918-19), 10-18; 2(1918-19)46-53; 3(1918-19), 78-85。

"永远不要失掉分寸！"

在跟牛津大学的塞尔维亚学生谈话时，波波维奇没有端着大学教授的架子，没有向学生说教让他们多学习或多去图书馆和博物馆，尽管他们正身处"紧跟现代文明进程"的国度。他对学生们说："在英国，一个人应该尝试拥有一种更加重要的能力，那就是掌握自己的生活和思想的能力。"这正是学生们最需要的东西，学生们就是因为缺少这种素质，才会在学校里惹出麻烦。波波维奇根据茨维伊奇的心理分析提醒学生们，塞尔维亚人最主要的民族特质是"极强的敏感性"，这为塞尔维亚人带来很多优点：聪明、富有想象力、富有同情心和理性主义。但是，也带来了很多缺点，比如过于兴奋的脾性，过于容易被外部感觉影响和左右，不善于控制自己的情感，易怒、冲动、欲望旺盛，当这些欲望得不到满足的时候，塞尔维亚人会表现出极度愤怒，容易做出危险的举动。波波维奇认为，这些正是只有一百多年历史的"年轻的民族"身上常见的缺点。在19世纪社会科学中引起了非凡热闹的"民族"概念，在这里实际上指的是文化："四百多年以来，塞尔维亚没有知性生活，没有社会生活，没有国家，没有宫廷贵族，没有自由职业者，也没有富裕的人。"波波维奇把塞尔维亚文化生活和社会生活的贫乏和停滞归因于奥斯曼帝国的统治，但是如果我们把这个历史条件撇开不谈，那么就只能怪"民族"了。塞尔维亚之所以长期受到这些缺陷的困扰，正是因为没有发展出一种可以消除缺陷的心理机制和文化机制："我们没有能力处理自己的感受。"这是波波维奇谈话的主题，从这里我们可以推断，学生们所犯的不是什么特别严重的过错，只是一种误解的积累，导致这种误解的是"强烈的愤怒表现，不加克制的尖刻语言，这是经常出现在缺乏教养的人身上的缺点"。这就是波波维奇希望塞尔维亚人从英国人身上学习的东西。因为，在所有民族中，英国人在控制自我感受方面做得最为出色，他们克己慎行，在社会生活中表现得"善解人意，懂得为他人着想"，同时还很有礼貌。波波维奇赞扬了英国人"作为公民的美德"，他们"对自由的爱，他们的责任感，他们的爱国主义和军事精神，他们的勇气，以及面对危险时的冷静"。在1912年至1918年的战争中，塞尔维亚人的表现恰恰显示出自己身上缺乏这些特质。茨维伊奇把南部斯拉夫人的"心理类型"概括为勇敢、爱国主义和热爱自由。但是，茨维伊奇忽略了那些柔软的特质，那些英雄气概不强的特点。在与列强的斗争中，这些特点或许起不了大的作用，但是在和平时代的日常生活中，如果缺少它们，人们可能会很痛苦。在牛津大学的谈话中，波波维奇试图告诉学生们："如果人们认为英国人天性善良，那必然是意识到善良和礼貌的重要性。"他们的善良和礼貌是"长期经验和逐渐发展的结果"，最终变成了他们的心理特征，成为他们的第二天性。

这场谈话的二十年后，另一位在英国避难的人，同样发现了控制自身感受并且在日常生活中保持礼貌的能力和性格，与社会生活形式、国家组织形式、宫廷贵族、自由职业者和富裕的城镇居民都有着密切的关系。在《文明的进程》(*The Civilizing Process*, 1939) 一书中，诺贝特·埃利亚斯超越了那个时代民族精神学的主流理论和方法，不认同民族精神是天生的，他对人们行为模式的社会表现和历史发展进行考察，研究人们的心理性格。埃利亚斯把文明的进程描述为自我控制逐渐强化的过程，其原因在于现代社会模式和国家生活方式的日益复杂化。早期现代国家的中心集权越来越强，社会分工逐渐细化，所有个体之间的联系和依存关系的强化带来了新的要求：一个人的成功或者他的生存，取决于他是否有能力对自身感受及其表现进行严格的处理。埃利亚斯称："一个人在繁杂喧嚣的环境中失去自制能力，就会给他人带来巨大危险。"德国人、法国人、英国人和意大利人在情感结构的理性方面存在着某些差别，埃利亚斯认为，这些差别只体现了他们所处社会的联系程度的差异，而不是民族性格之间的差异，无论在哪里，文明进程的总方向都是一致的："它总是或多或少地朝着自我控制的方向发展，朝着以长远思虑克制短期冲动的方向发展，朝着形成一个更加复杂而安全的'超我'精神因子的方向发展。"这一过程在更深的心理层面发生，通过教导人们控制自我感受，理性化个体行为来改变着每一位社会成员的心理结构。从表面上看，表现为礼貌、礼节和一套用于日常交流的语言表达方式。此外，不管在什么地方，不管是什么民族和宗教，长期的目标总是优先于眼前的要求："在任何地方，小规模的领先团体率先受到影响，随后才是更加广泛的阶层。"礼貌，从社会阶梯的顶端开始，向下方和侧方，朝着它的"殖民地"蔓延：

> 通过这样的方式，随着各类资产阶级成为上层阶级，他们的行为模式与宫廷贵族的举止结合在一起，他们的"礼貌"也被合并和被固定下来……成为我们今天所说的"文明"，或者更确切地说——"文明化的行为"。因此，从19世纪起，文明化的行为模式蔓延到西方社会中较低的阶层以及殖民地的各个阶层，与当地人的行为模式融合起来。

现代化进程所决定的社会生活的复杂性和相互依存关系，是"礼貌"的发展基础。埃利亚斯称，整个过程的真正源头是早期的现代中央宫廷，在那里，"礼貌"被传递到贵族圈子、资产阶级和自由职业者当中，随后又在手工艺人、工人和农民间传播开来。埃利亚斯强调，外围空间相对安全的繁荣，是这种传播现象的形成前提：

> 身处险境，常常挨饿，随时可能被敌人杀害的阶级，很难发展出或维持住那些较为文明的、稳定的、克制的性格特质。要发展出和维持住一种更加稳定的超我精神因子，一种相对较高的生活标准和较高的安全感是必不可少的。

但是，如果没有安全而繁荣的环境，没有宫廷或者贵族，没有自由职业者，也没有富裕的城镇居民，如果社会生活和国家生活非常简单，没有任何复杂性可言——就像四个多世纪里的塞尔维亚那样，正如波波维奇所说，"礼貌"怎么可能传播并扎根呢？在这种情况下，自我控制和自我约束的习惯必然是缺失的，像波波维奇这样的人，喜欢在不同的行为模式和现代生活方式中间寻找和谐，必然希望找到一种更加快捷的方式，让"礼貌"得到传播。由于缺乏时间，不能形成"长期经验和逐渐发展的结果"，这位被紧急召到牛津大学的教授，必须把这一群塞尔维亚工匠和农民的孩子的目光引向英国人，一个完全不同的民族（因为塞尔维亚没有可供学习的上层阶级榜样）。英国人已经学会了因应现代生活的复杂性来调整和处理自己的感受。如果看到这一幕，埃利亚斯并不会感到惊奇，因为他早已指出："西方社会整体，不管是上层阶级和底层阶级，最后终将成为相互依存的社会关系网络的上层和核心。这个网络正不断向外蔓延，覆盖越来越多地区，最终覆盖整个世界……西方'文明化'的行为模式，从作为上层阶级的西方社会，向西方以外的广大区域传播，这种传播或以西方人在外定居而实现，或以西方文化与其他国家的上层阶级文化的融合来实现。"所以，"西方民族整体就是一个上层阶级"。在这个问题上，埃利亚斯和波波维奇的意见似乎是一致的，但是两者之间仍然存在着重要的区别。埃利亚斯不认为可以通过对个人和群体的引导来合理地改变行为，抑制情感的技巧只能经过漫长的文明过程习得。相反，波波维奇认为可以通过告诉人们应该"抑制情感"来快速而有效地改变行为。在文章《克制你们的情感！》(*Obuzdavajte osećanja!*) 中，他重申了这一观点。这篇文章于1925年在萨拉热窝发表，萨拉热窝被认为是"第拿里心理类型"人口所在的集中区域。这篇文章的中心思想与他在牛津大学的讲话是相同的，但是波波维奇在这篇文章中，相比于心理因素，他更为强调文化和历史方面的因素，他指出："我们塞尔维亚人不善于控制自己的情感，因为我们是一个年轻的民族，我们没有足够的时间去学习如何处理情感……我们对事物的反应往往是极端化的；每当遇到内在冲动或者外在冲动，我们只知道心急如焚。"这样激烈的反应不仅反映出心理结构的问题，还反映出文明发展方面的缺陷："人一旦被仇恨的情感支配，文明开化的过程就停止了。他回到了原始荒蛮的状态。情感是原始的。当一个人感到激动，他就退回较初级的人类历史阶段，那通常是一个早期的、原始的阶段。"茨维伊奇早前提出的"第拿里心理类型"是存在缺陷的，现在被补充完整了："第拿里心理类型"不是南方民族狂热脾性的结果，而是文化缺失的结果。

"暴力的人"只有在他认为是安全的情况下，才会表现出暴力的行为；当他遇到抵抗，或者受到惩罚的威胁时，他便不敢暴力，变得和善，变得更加温柔。这就证明了，暴力的人也知道如何克制自己，他之所以暴力并不是因为他没有学会控制自己，而是因为他没有文化。他的生活、他的经验、他的社会，没有对他起到自上而下的约束作用，没有教会他在不同场合下该如何控制自己，该如何表现出受过教养的样子。他和他的祖先都被"暴力的人"和不讲道德修养的人包围着，他无法从那里学到任何东西。"暴力的人"就是没有文化的人。

茨维伊奇总结出的心理特质，在波波维奇看来其实是一种文化缺陷。因此，问题并不是出在心理上，而是出在文化上。波波维奇认为，只有更伟大的文化才能让人更好地克制情感，才能让人发生改变。这点改变是必要的，不仅因为文明化的生活品质更高，更加快乐，还因为全人类的未来都取决于它。正在崛起的社会阶层中的一员——如生活在一个所有人都相互依存的复杂的当代世界中的富裕商人——他要从宫廷贵族那里学会言行举止，那好比是他进入这个世界的入场券。同样道理，一个"年轻的民族"也必须学会这个复杂而相互依存的国际舞台上的行为准则。波波维奇说："在第一次世界大战期间，我经常被问到，该如何理解其他民族对我们的同情。那些都是很好的民族。他们从我们身上感受到一股桀骜不驯、不能自已的气息。这种气息往往跟最鸡毛蒜皮的不满情感一起出现，不论这些不满是否有道理，也不管这些不满在特定的场合下是否恰当。我们民族在历史中持续遭遇'暴力的人'，是我们得不到进步的主要原因。"波波维奇把暴力的、没有文化的人的对立面称为"绅士",是"所有优秀的人类品质的最高表现",但是他没有展开说明绅士风度都包括哪些特质。如果暴力的、第拿里心理类型的特质是指无法控制情感,那反方的特质应该是最大程度的自制力。斯洛博丹·约万诺维奇是波波维奇的密友,他是一名历史学家和宪法教授,同时也是《塞尔维亚文学先驱报》的编辑,对于波波维奇没有阐释清楚的观点,他做了这样的补充:"博格丹所指的绅士,实际上是维多利亚女王时代的绅士,主要特质是自律。"对于波波维奇提出的缺乏文化的笼统概念,约万诺维奇给出了更简单,但更为准确的描述。他指出,塞尔维亚人缺乏的不是文化和礼貌,而是自律意识。尽管斯坦尼斯拉夫·韦纳维尔指出,有很多种形式的礼貌。约万诺维奇关于波波维奇的评论文章,被编入了题为《文化模式》(*The Cultural Pattern*, 2005)的著作。这本书还收录了另一篇题为《对塞尔维亚民族性格的贡献》(*A Contribution to the Serbian National Character*)的著名文章。这两篇文章,都是约万诺维奇在第二次世界大战期间和第二次世界大战之后流亡伦敦时所写的。那时候,南斯拉夫共产党取得政权,约万诺维奇因作为南斯拉夫流亡政府的领导人而构成叛国罪,被判处二十年有期徒刑和剥夺公民权利。从文章的名称可以发现,在19世纪至20世纪之交接受教育的约万诺维奇,居然找不到合适的词语来表达自己想说的话。"民族性格"指向了民族精神学,或至少指向茨维伊奇的人类心理学研究,但约万诺维奇不是那个意思,他指的是我们今天所说的身份认同。在他的词典里,民族性格是"一个民族关于它的性格、历史和未来目标的思考"。约万诺维奇感兴趣的不是民族的性格,而是塞尔维亚人该如何认识自身。他认为,解决这个问题最好的方法是研究作家们如何认识自己的塞尔维亚民族身份，如何建立起"民族意识形态"。他的文章是关于一位年迈的教授的晚年，具有重要的启示意义：任何一位思想家，任何一位民族理论家，都身处东西文化之间，他们必然会被卷入一种循环的运动，约万诺维奇反复回到自律和情感处理的问题上。

他最重要的主张之一，是塞尔维亚的政治和文化历史，不能像俄罗斯历史中西方派和斯拉夫派那样，以本土文化与外国文化相互对立的模式来建构。正如19世纪初，塞尔维亚建国时，明显不存在任何本国政治机构。所以，任何政治模式，不管是西方自由主义模式，还是其他的形式，对于塞尔维亚来说都是舶来物。约万诺维奇表示，自由主义的敌人，是威权政府和君主专制，但它们对于塞尔维亚来说也是外国的政治模式。在他看来，西方的政治影响和文化影响自19世纪初以来一直占主导地位。多西泰伊·奥布拉多维奇是一名理性主义者，是反对教会的启蒙思想家，他同样把民族问题看作是文化问题，他提倡人们应该接受启蒙教育。他主撰的塞尔维亚政治纲领和文化纲领在1858年被塞尔维亚第一个政党——自由党采用。武科·卡拉季奇（Vuk Karadžić）是德国浪漫主义的追随者，同时也是民族主义者，他没有奥布拉多维奇那么西化，但是他对塞尔维亚文学进行了改革，改革的思想核心是自由民主，标志着文化生活的民主化。人们可以从卡拉季奇编著的史诗选集第二卷总结出一种特殊的塞尔维亚身份：追求正义的英雄民族。黑山王子——佩塔尔·佩特罗维奇·涅戈什（Petar Petrović Njegoš）主教将这种身份与关于善恶冲突的神学观相结合，将其提升到历史学的高度。被斯凯尔利奇视为反西方的塞尔维亚青年联盟（Ujedinjena omladina srpska），在约万诺维奇眼中则不一样。约万诺维奇视塞尔维亚青年联盟为对奥布拉多维奇西方化纲领的延续。这一个组织的政治纲领与马志尼的自由主义和民族主义有深刻联系,称只有自由生活的民族才能帮助其他仍处于外国统治下的民族争取解放。斯韦托扎尔·马尔科维奇等社会主义者和西方化倡导者,同样追随奥布拉多维奇的思想,将政治进程的焦点从民族解放转移到阶级斗争的层面,因此引发了民族主义危机。约万诺维奇把上面提到的这些人视为同道中人,认为他们的奋斗目标是一致的:他们追求的是自由的理想,不仅是个人自由,还包括民族自由和阶级自由。他真正反对的,是在历史上缺席的"非事件",即历史上没有发生过的事情。这些思想家在向西方学习和向塞尔维亚介绍西方现代思想的同时,却忽略了对本土文化模式进行改革,忽略了自由理想中不可或缺的一块内容。

在约万诺维奇看来,茨维伊奇提出的人类心理学,虽然既不是政治纲领,也不是文化纲领,但是跟上面提到的其他思想家的作品一样,为塞尔维亚人的自我形象建构做出了重要的贡献,帮助人们理解自身的性格、历史和目标。我们可以把茨维伊奇的研究理解为民族思想的素材集合。茨维伊奇提出"第拿里性格类型"的概念,认为这是人种学事实,但他的读者们却把他的描述简单地解读为一种民族理想。约万诺维奇恰当地把这一个简单化和理想化的误读批评为"第拿里精神病"。这种误解过度强调人的活力、冲动和英雄气概,认为人可以依靠不加克制的勇气来克服一切障碍。约万诺维奇称,在巴尔干战争爆发前几年,人们从这种错误的认识出发,生产了一套完整的伦理,并且以尼采"危险地生活"作为其思想核心,让早已被遗忘的民族英雄信念重新燃起。如果自律是绅士风度的本质,那么这种被简化和理想化的"第拿里特质"完全是它的对立面。在艺术创作或日常生活中,绅士从不需要过分丰富的想象力。绅士不会轻易被任何激情或者愤怒冲昏脑袋，更何况，绅士根本不会屈服于这些情绪。正如"第拿里人"一样，绅士也可以有强烈的正义感，但是他将始终控制着这种情绪，否则他就会与整个世界冲突起来了。约万诺维奇说，绅士把一切掌握在手中：包括他的想象力、激情、愤怒和正义感，以及他的其他感受。

约万诺维奇对 19 世纪至 20 世纪初塞尔维亚政治和文化历史中的主要问题进行了概括：这一时期的塞尔维亚知识分子未能建立起一种本土的文化模式。有时候，他们能够建立起民族模式，正如塞尔维亚青年联盟时期提出的"善良的塞尔维亚人"那样；有时候，他们能够建立起政治模式，如斯韦托扎尔·马尔科维奇时期倡导的社会主义道德观。不过，这些都不属于文化模式。政治和民族模式对我们人格的某些方面有所规定，使我们成为不同群体的成员，不管是政治群体还是民族群体。但是，我们并不总是作为群体成员而存在的。当我们作为政治群体或者民族群体的成员时，我们人格中由文化模式所规限的方面得不到明确的体现："只要人们略高于民族利己主义，就会意识到一个民族并不是哲学家所说的'价值'概念。只有服务普遍的文化理想，民族的归属才有价值。"作为一个民族的成员，只有当这个民族以服务全人类的普遍文化理想为己任的时候，这种民族身份才有意义；或者，当我们人格当中的政治和民族方面是一致而没有差别的，这个时候民族身份才有价值。不过，一个人所属的民族如果没有这样的理想，那他的民族身份就无关紧要，轻如鸿毛，他所有的得失都不值一提，连一个体育俱乐部的胜负都比不上。不管阿尔萨斯‒洛林地区属于法国还是德国，不管北爱尔兰属于爱尔兰还是英国，不管科索沃属于塞尔维亚还是阿尔巴尼亚，不管这些角逐的结果如何，人们的文化理想和与文化理想相关的人格面都不会受到影响。能对这一种人格面构成影响的,只有由文化模式所主导的普遍文化理想,任何政治理想和民族理想在这个问题上都显得苍白而无力。

塞尔维亚知识分子不仅没能建立起本土文化模式,也没能将任何一种已有的欧洲文化模式移植到塞尔维亚的土壤中。法国的"诚实的人"、德国的"饱学之士"以及英国的"绅士",都是从古老的人文主义文化模式发展而来的变体,它们基于希腊哲学的某些方面,如自我控制、自我观察、不受激情支配、控制自我情感等。约万诺维奇指出,这些特质与"第拿里人"恰恰相反。在古老的人文主义文化模式及其后来的欧洲变体——体面的举止和礼貌当中,人们可以发现它的实质其实正是自律能力。没有一种民族模式或者政治模式能够教人自律,唯有文化模式可以。

约万诺维奇认为"第拿里人"的勇气和活力在现代世界中是不合时宜的:

> 第拿里的意识形态,它对死亡的叛逆和轻蔑性在危机时期是有用的。但是在困难时期人们更需要现实主义和自我批评。塞尔维亚人需要有更强的民族纪律,才能与其他民族展开竞争。目前看来,"第拿里人"的英雄气概很难与任何类型的纪律结合在一起。"第拿里人"缺乏的不是勇气,也不是自我超越和自我提升的能力,他是僵硬而顽固的……他为了爱国主义可以牺牲自己,但同时他又很容易被嫉妒和狭隘的情绪控制。"第拿里人"勇大于谋。个人英雄主义的例子我们见到了很多,但是他们取得的成就却无法与他们的牺牲和付出的精力相匹配。

正如上文所说，埃利亚斯认为一个人的成功，甚至是他的生存，取决于他处理情感和控制表达的能力。如果这一观点代表的是一个历史时期，那约万诺维奇的观点就相当于一个历史转折点——环境因素发生变化后，英雄气概从一种积极的方法沦为一种消极的阻碍。埃利亚斯从个人层面研究文明进程，约万诺维奇则从民族层面入手。他的结论与波波维奇的结论类似，但是更加进步：他认为他的同胞要有更强的自我控制能力、理性和组织能力。这一切的基础就是自律。自律是文化问题。文化模式会将自律融入民族生活当中，不建立适当的文化模式，这个民族就不能达到适当的文化水平。约万诺维奇的结论与波波维奇的结论是一致的。波波维奇点出塞尔维亚人是一个"年轻的民族"，就没有进一步往下说，而约万诺维奇展开阐述了"年轻"的含义。两人的学习对象是一致的，约万诺维奇写道："英国人是自己情感的真正主人。可以认为，他们总是在理性看待感受的对象及其强度。"英国人可以应付矛盾的情绪，他们懂得如何将公事和私事分开，他们不像塞尔维亚人和爱尔兰人那样意气用事，热衷于生活在过去和记忆里。"波波维奇在英国人身上看到的优点，确切地说是一种开化，一种驯服性。世界大战以前，英国人过着和平、自由和富裕的生活。这在很大程度上驯服了英国人灵魂深处的那头野兽。"正如埃利亚斯所说，相对较高的生活水平和安全感是文明有礼的先决条件。尽管和平、自由和富足对塞尔维亚人来说是未曾有过的奢侈，但塞尔维亚人仍必须掌握自律的技巧。为了进步，或者为了在复杂的竞争中生存下来，他们必须要成为绅士——就像英国人一样。博格丹·波波维奇可以算是一位绅士。他去世很多年后，艺术历史学家米兰·卡沙宁写道："波波维奇是一位绅士，这种品质在我们这里非常罕见，比天赋更加稀缺。"卡沙宁肯定也会同意波波维奇和约万诺维奇的观点，认为绅士必然知道如何控制自己的情感，但是他还会加深一些内容，以说明塞尔维亚人缺乏绅士风度的历史原因。波波维奇认为原因在于这个民族过于年轻，约万诺维奇则认为是缺乏民族文化，而卡沙宁试图以更为单纯的方式来解释这个问题：

> 在过去的两个世纪里，我们当中走出了很多位科学家、军人、政治家、作家和艺术家，但是我们却没有天然而纯正的绅士。我们当中几乎没有人可以掩饰自己来自乡下或者小城镇的身世，没有人教育我们，我们在街头长大，曾经都是贫穷肮脏的孩子。

是否能得到教育家的教诲非常重要，教育家必须知道如何传承古老的人文主义理念，教人全面发展。而在一个只有乡村和小城镇的国家，能找到这样的教育家吗？就算能找到这样的教育家，人们也要付出很高的价钱才能把他们请来。虽然富足不是绅士风度的主要组成部分，但是贫穷更加不是。就算生活中没有财富，但是最低限度的舒适条件还是必须要有的，否则不可能有绅士风度的存在。卡沙宁在写到他的同时代人时，没有忘记指出这一点：

> 伊西多拉·赛库利奇有一套宽敞而舒适的公寓……她不仅是一位作家，还是一位淑女……她有几所公寓，每所公寓至少有三间卧室，在公寓最显眼的角落，只放钢琴和书架……她像是一位失去了财产和家人的夫人，但她实在太有才华了，才情不自禁地成了一名作家。

有钢琴，有藏书，还有安置这些东西的至少有三间卧室的公寓，赛库利奇"不仅是一位作家"，她还是一名资产阶级，有着相应的生活方式。她在家庭音乐会的气氛中成长，靠阅读"父亲的书架"[1]上的书来打发时间。她拥有一切——健康的童年，舒适的环境。在第二次世界大战结束后，很多人为了买食物不得不卖掉自己的家庭藏书，即使在这种情况下，她也没有落魄到那样的地步。她得以充分展现自己的才华。相反，作曲家佩塔尔·康约维奇（Petar Konjović）没有她那么幸运，如果有健康的成长环境的话，想必他能有更大的成就。在他的成长过程中，缺的不是资产阶级生活方式，而是适当的教育："他在市中心有一所雅致的五居室公寓……有精心挑选的家具、油画、版画和摄影作品，这说明他属于生活条件优越的资产阶级，但不是无忧无虑的艺术家。"他最终成为伟大的南斯拉夫作曲家，但如果他更早得到培养，应该能成为世界闻名的音乐家：

> 我们经常高估了天赋的重要性。当然，没有天赋的话就不会有伟大的作品，但是如果没有早期培养的适当环境，如果人的成长环境没有创作氛围，没有智性的陪伴，没有超越时代的决心，就算有天赋也是不足够的……勇气、努力和毅力，都无法弥补他入门太晚这个遗憾。同样，他成长的城市没有音乐厅和室内乐团，没有歌剧和歌唱家，也没有作曲家和演奏者之间的交流，这些因素制约了他的发展。他最终没能将

---

[1] "父亲的书架"是一个比喻，用来指代教育机构。可见于在阿莱达·阿斯曼（Aleida Assmann）《国家记忆的研究》（Arbeit am nationalen Gedächtnis）一书的塞尔维亚–克罗地亚语译本的附录。详见于Assmann 2002。

外围的小地方（塞尔维亚）的音乐氛围带进欧洲音乐的中心。

康约维奇有雅致的公寓，也无法掩饰他的资产阶级生活方式来迟了的事实。在那种生活方式中，小孩可以在餐桌上听到长辈们充满趣味和智慧的谈话，在人格全面发展的道路上能得到一切可能的支持。不过话说回来，康约维奇在艺术创作和物质财富方面可以说都是成功的，毕竟在卡沙宁那一代人中，大部分的艺术家都得不到施展才华的机会：

> 20世纪前二十年，民族革命家一代的名誉，与浪漫主义一代的命运极为相似。人才济济，却缺乏自律意识和培养成才的环境。他们无法抵抗自己的悲剧命运，也无法克服他们的民族悲剧——这里说的悲剧，指的是有限的机遇和巨大的挣扎。当国外的同龄人开始有所作为的时候，他们却陷入了种种悲惨的结局。

缺乏自律意识和培养成才的环境，使他们不能成为绅士中的绅士，不能控制自己，身边也没有志同道合的伙伴，他们的才华就这样白白浪费了。他们当中只有少数人的命运没有被这种外围小地方的氛围影响。那些得以逃脱，得以保护自己天赋的人，通常出身于资产阶级家庭。画家萨瓦·舒曼诺维奇（Sava Šumanović）就是一个例子，"从他的穿着、谈吐和举止可以看出他是一名资产阶级，同时他还是一位知识分子。这在艺术家中很少见"。

卡沙宁认为，当一个人的命运将天赋、运气、健康舒适的成长环境结合在一起时，才可被称为"欧洲式"。在他眼中，著名的塞尔维亚出版人阿纳托利耶·伊万诺维奇（Anatolije Ivanović）是一位真正的"欧洲绅士"。伊万诺维奇在贝尔格莱德"开办了第一家既有欧洲特色，又具欧洲规格的出版社"。"他不仅是一位出色的商人，还是一位具有欧洲风度的先生。"每天，穿着制服的司机开着帕卡德牌汽车把他送到坐落在市中心的办公室。诗人约万·杜契奇是卡沙宁眼中的另一位欧洲人。杜契奇是一位绅士和外交官，他很幸运，全部天赋都能得以施展，同时也避开了"没有文化的"同胞，生活在欧洲的大都市里，思考、观察、阅读好书，跟有智慧的人交谈。他是"一位摆脱了粗俗行为举止的欧洲公民，是世界旅行者，他的诗歌里面没有半点民俗的土气"。那时，记录民族灾难和悲怆、歌颂自由斗争的史诗被当作南斯拉夫本土文化的基础，杜契奇却不以为然：

> 在杜契奇的诗歌里面，没有"绿林好汉"[1]或者"土耳其匕首"的踪影。他对于我们的历史的认识，显然跟"古斯勒"吟游诗人不一样，他也没有试图模仿口头诗歌的词汇和节奏。他从一个"城市人"的立场看待历史，以现代诗的韵律来吟唱诗歌。在农民形象被偶像化的时期，杜契奇却把城市崇拜和城市文化介绍到我们的文学作品中。

拉多米尔·康斯坦丁诺维奇称杜契奇是一位城市艺术家，一位绅士诗人，他没有落入古斯塔夫·冯·阿申巴赫[2]的陷阱。我

---

[1] 在巴尔干的传统民间传说中，哈伊杜克（Hajduk）是一个被英雄化了的法外之徒，专门偷窃奥斯曼统治者的东西，并带领群众进行起义，以反对高压统治，像罗宾汉及其同伴一样，劫富济贫，对不公义政府发动游击战。

[2] 德国作家托马斯·曼1912年的中篇小说名作《魂断威尼斯》里的主角。——译者

们可能会认为，对于卡沙宁这样的人来说，理想的地方应该是汉堡、慕尼黑这些文化市民阶级的大城市，但事实并非如此。在担任保罗王子博物馆馆长时期，卡沙宁因为要参加艺术品拍卖而经常去到那些大城市，但是他最感兴趣的是品质很高，但规模更小的国家——荷兰。1931年，他陪同雕塑家伊万·梅什特洛维奇（Ivan Meštrović）到访荷兰，在荷兰他们还遇到了杜契奇。梅什特洛维奇是著名的艺术家，他来自"小文化体"，用卡沙宁的话说，他成长的环境里也没有钢琴和书架。卡沙宁这样写道："乍一看，荷兰这个国家的艺术和人民，精神和生活，对我来说非常熟悉。"熟悉得就像是童年的回忆，尽管在后期的生活中已被淡忘，但仍作为一种理想被人珍视。这里有的不是都市生活的浮华，不是大贵族的气派，而是一个有序小世界的甜蜜："我在这个国家（塞尔维亚）长大，身边都是小资产阶级，他们的理想如今还在我的心头荡漾。这一个早晨，我动身前往荷兰，我就是想去看看那个曾经的欧洲，找回我的童年，找回以前的我。"这个小世界懂得遵守自己的规矩，人们"用刷子和香皂来清洁他们色彩斑斓的房子和红色的人行道"。

> 人们骑着自行车快乐地漫游，当交通指挥员举起手时，所有人都立即停下，他们全部都把左脚从脚踏上放下来，没有一个人放下右脚。在等待时，每个人都直视前方，他们彼此间不说话，也不争吵，似乎没有人赶时间，在这里等待似乎是他们人生唯一的目标。当他们收到了可以出发的信号时，全部人同时跳上车，立刻向前冲去，仿佛有人在身后追赶他们。

卡沙宁对这一场面的描述似乎带有一些讽刺意味，把荷兰人刻画得像机器人，不过，这并不能掩盖他对荷兰人讲规矩、有自制力、遵守秩序和规则的欣赏，同时，荷兰绅士普遍没有"第拿里人"的"极端个性"，这点值得赞许。博格丹·波波维奇似乎认可荷兰人接受文化的方式。他们极力控制自己的情感，其程度之深，让卡沙宁怀疑他们是否有感觉："当他们人山人海地走过，像一条河一样淹没了整条街道，没有人争吵，没有人发笑，也没有人东张西望。几乎可以说，他们唯一的任务，他们神圣的使命，就是快速而安静地穿过这座小镇。"他们公私分明，体现出一种"文化的城市人"的特质。公、私两方面可以分开存在：

> 晚餐后去哪里？哪里都不去！一个体面的城市人是不会晚上在街上闲逛的……真正的一家之主，下班回到家，吃完晚饭，休息一下，之后就要读读报纸或者《圣经》，听听收音机或者留声机，跟妻子讨论一下哪些支出可以节省，辅导孩子们做作业，点上一根雪茄……窗帘永远都不会拉上……所有人都可以看见这一家之主在家里，高高兴兴地跟家人待在一起……当他对家庭幸福感到厌倦时，如果他必须出门，他一定开着车，或者坐火车，从海牙去到巴黎或者布鲁塞尔，从阿姆斯特丹去到杜塞多夫或者不来梅——去到没有人认识他的地方，在那里连他自己都不认识自己，他坐着喝酒，微笑着看脱衣舞者表演。在那里，他可以这样做，只有在那里他才敢这样做！因为没有人认识他。对他来说，最重要的是，千万不能在自己的小镇里做出丢人的事，因为在自己的地方，他的妻子、邻居和其他得体的人能够看到他。

上面这个例子说明了荷兰人的自制力和自律性——就算不能学会整套绅士风度，至少也要朝正确的方向努力，虚伪地捍卫公共道德秩序，总比完全没有要好。在这个问题上，卡沙宁不批判任何人。他去荷兰只是为了观察。"自从我开始记事以来，我最渴望做的事就是：尽可能多地了解人，了解城市和国家，了解过去和现在。我出生在农村，身边都是贫苦的人，我作为一个塞尔维亚人来到这个世界，我对生活、知识和变革有着强烈的渴望。"

痴迷法国

卡沙宁走过了整个欧洲，怀着对自己祖国的忧郁心情珍视荷兰，他的心情非常复杂：他认为只要掌握某种方法，塞尔维亚其实也可以进步成这样。相反，法国则是"他那个年代塞尔维亚学生心中不可或缺、不可替代的精神家园"，卡沙宁对法国痴迷的样子，就像是一位被拒绝的追求者。如果说荷兰是卡沙宁所成长的小地方的更好的版本，那法国就是永远无法企及的文化世界。在这个世界里，人们只能待一小段时间，对其表达自己的欣赏和尊重之情，却不可能把法国的一切带回自己家中。当我们阅读卡沙宁的巴黎生活回忆录时，我们看见他在城市里漫步，在沙特尔大教堂、凡尔赛宫和博物馆里流连忘返，在塞尚、雷诺阿、马蒂斯、布拉克的作品里沉醉，在德彪西、斯特拉文斯基的乐曲中入迷，他欣赏安娜·帕弗洛娃（Ana Pavlova）的舞蹈，欣赏谢尔盖·库塞维奇（Sergey Kusevicky）的指挥，到索邦大学旁听关于埃及宗教和意大利文艺复兴的讲座，又在奥黛翁（Odéon）附近的小书店里翻阅《新法国》（*La Nouvelle Revue française*）和《新精神》（*L'Esprit nouveau*）杂志，回到家中，他津津有味地读起普鲁斯特和保罗·克洛岱尔的书。"没有任何一个虚构的世界，能比我的现实生活带给我更多快乐。"19世纪70年代到第二次世界大战前的这一代受教育的塞尔维亚人，比别的任何一代人都更加依恋法国。[1] 只要留意，就能在他们身上发现巴黎生活对他们的深远影响，他们对巴黎的回忆总是相同的。博格丹·波波维奇在他写给教育部的报告中这样写道："虽然我们不能说一切都在这里，在巴黎，但是，这里的确拥有一切。"他总是在申请续期奖学金，尽管他的学业早已完成，他还希望继续在巴黎待着。如果去问他的学生斯凯尔利奇，哪里可以找到西方价值观最原始的形式，什么是活力和进步的精神之源，他一定会毫不犹豫地告诉你：法国。在斯凯尔利奇眼中，法国以外的西方价值观，要么总是受到威胁，要么在跟教权主义、军国主义和利益至上主义等反西方势力进行着斗争：

> 今天，整个欧洲都处于动荡和民主转型时期——包括"半亚洲"的俄国，封建教权的奥地利，利益至上的英格兰，军国主义的德国。只有法国值得称赞，那里的土地是高贵的，闪耀着人性思想。人性的光辉会为全世界所有的民族照亮前路。

---

[1] 关于19世纪至20世纪上半叶法国对塞尔维亚政治和文化的影响，详见 Batakovič 1997, and Dimič 1997: 186–204。关于19世纪后期塞尔维亚政治和文化的重新定位从中欧转向法国的研究，详见 Kovič 2008。

法国之于现代欧洲的意义，就好比古希腊之于欧洲文化整体的意义："在所有的现代国家中，法国，就如以前的希腊，必须向造就它的名声的艺术天才心怀感激。今天的法国民主，正如以前的希腊民主，它的自由之火，为东西方所有的国家送去了温暖和光明。"在这点上，伊西多拉·赛库利奇会同意斯凯尔利奇："我们不是跟法国同呼吸、共命运吗？我们手里拿着的不就是法国的烹饪书吗？多少人拿着法国的烹饪书走进棺材？这不仅说明了法国的力量完全凌驾于我们之上，还说明我们跟法国人在精神上是如此相似。"在德国接受教育的弗拉迪米尔·德沃尔尼科维奇想象着法国人和南斯拉夫人手牵着手抵抗共同的敌人——德国人。米洛什·茨尔年斯基有着很骄傲的个性，他从来只向他自己或别人不会到达的地方表示青睐，不过就连他也无法抵抗法国的吸引："在法国的香气中，我感受到的最好的东西，是无尽的爱和无愁无忧。"我们不能期望伊沃·安德里奇写下任何敬佩或欣赏法国的话，但是在他的小说《特拉夫尼克纪事》中，其中一位人物如此解释外国人爱上法国的原因：

> 人们之所以爱上法国，是因为二元对立的法则在起作用。他们欣赏自己的国家没有的一切，他们的精神对此有着不可遏制的渴望。他们倾慕法国，将法国视为一种普遍美丽、和谐、理性的生活理想，片刻的朦胧不能将其扭曲或者变形，而在每一次的洪水泛滥或者日蚀过后，它又重新以一股坚不可摧的力量和一种永不枯竭的快乐的形式出现。哪怕他们对法国只是一知半解，甚至对法国一无所知，他们依然仰慕法国。很多人痴情于法国是出于最矛盾的理由和动机，因为他们从不停止寻找更好的生活，渴望得到比命运赋予他

们的更多的东西。法国不是这些人的故乡,他们对法国不像对自己的故乡那样了如指掌,他们眼中的法国,是千里之外的美好地方,是身处荒蛮之境的人梦寐以求的和谐和完美之地。只要欧洲存在,法国就不会消失,除非在某种意义上(一种光明、和谐、完美的意义),整个欧洲变成了法国。

斯韦托扎尔·马蒂奇(Svetozar Matić)是卡沙宁的挚友和通讯员,他把人们对法国的痴迷解释为一种历史现象:就如波波维奇把法国等同于欧洲那样:

> 当人们说起"欧洲"的时候,他们常常想到的是法国。19世纪末,我们与西方的那场相遇,实际上是与法国的相遇,而当我们谈起法国,脑海里往往想的是巴黎。那时候,塞尔维亚人没有力量去与整个欧洲发生联系,尽管我们很希望那样做。人们在法语学校读书,学习劳动和纪律,更多地接触到了法国文化。人们对法国的热爱,持续到第一次世界大战,那时对法国的热爱不仅是一种常态,还是一种必需品……去法语学校上学成为不言而喻的事,这点直到今天还没有变。在战争当中,塞尔维亚不得不承受悲剧,而法国成为年轻人和他们老师的避难所,于是法国文化的影响力与日俱增……塞尔维亚把法国影响当作是一场文艺复兴来接受,尤其是在《塞尔维亚文学公报》刊行期间。塞尔维亚文学从法国文学和语言中发现的价值,与文艺复兴时期西方文学从古典文学和语言中吸收精华是极为相似的。

"先生"

没有人比约万·杜契奇更有"先生"风度。弗拉迪米尔·德沃尔尼科维奇曾这样嘲笑杜契奇:"这个出生在特雷比涅(Trebinje)的人,要学法国人的做派,是多么自负啊。"崇拜杜契奇的卡沙宁,则以一种不那么幽默的眼光来看待杜契奇身上的法国味:

> 他属于把法语当作是自己第二母语的那一代塞尔维亚知识分子。杜契奇甚至还按照法语的发音来拼写希腊神话和历史名称。他也阅读德国和俄国作家的作品,年轻时甚至还翻译过他们的一些作品,但是他从来不喜欢他们,他的写作也没有受到过他们的影响。他的诗歌和散文洋溢着浓浓的法国风情:他似乎把自己的文字翻译成了法语,来检查自己是否写得足够地道。

卡沙宁的印象是正确的,杜契奇的确是这样做的。斯坦尼斯拉夫·韦纳维尔称,杜契奇亲口说他会"把自己的诗歌翻译成法语,只有当看到自己的作品跟法语诗歌的模式相符合时,他才感到满足,达到了他希望的效果"。这种情况在文学界并不罕见。大约在同一时期,鲁本·达里奥(Ruben Darío)以类似的方式,将法语引入卡斯蒂利亚语(Castilian),同时还将法国文学的文学资源带入了西班牙语,他自称这种态度为"精神上的法式表达"。反观塞尔维亚,杜契奇也不是唯一这样做的作家。散文写作中的"贝尔格莱德风格"(通常指博格丹·波波维奇和斯洛博丹·约万诺维奇的写作），实际上也是塞尔维亚语对法语表达方式的一种模仿。

杜契奇于1900年开始发表自己的游记，最早在《黎明》（*Zora*）杂志上发表，后来在《政治报》（*Politika*）和《塞尔维亚文学公报》上发表，最后他把游记汇编成书，以《城市和幻想》（*Gradovi i himere*, 1940）为题目出版。除了他在瑞士留学期间所写的第一篇游记以外，其他的作品都是关于地中海国家：法国、希腊、意大利、巴勒斯坦和埃及。《城市和幻想》实际上也是一本关于地中海国家的书，一定程度上，这与他作为外交官的驻外地点相关。他同样在布达佩斯和布加勒斯特生活和工作过，却没有发表过半句关于这些城市的文字。原因是显而易见的，《城市和幻想》在严格意义上不是一本世界各地的游记，而是关于建立在共识基础上干预塞尔维亚文化的书，它的目的是为了更好地保证塞尔维亚文化界保持同一路线。来自法国的一切，无论是文化还是政治方面，都不可超越。杜契奇这本书不仅有法国风格，也是"贝尔格莱德写作风格"的杰出代表。从诗意的角度看，这本书的法国味道同样十分浓厚。杜契奇认为，对话是法语魅力最突出的方面，没有别的文化能在表达上达到法语的奢华。杜契奇解释道，法语的智慧主要来自它的敏捷性，而不是深度，它不在乎是否发现真理，只在乎能否带给你微笑。人需要有"天生的善良，才能拥有真正的智慧。而真正的智慧就是生活中的幸福和快乐。这唯独法国人懂得"。杜契奇的这本书形式上是游记的合集，却更像是一场富有诗意的对话。它是以对话写成的，像是两位游历甚广、见过世面的先生在餐桌上充满睿智的闲聊，形式丰富，语气既轻浮又含蓄。他不是以控制自己感情来标榜自律的维多利亚式绅士，而是轻松地享受着美酒和美食的拉丁鉴赏家，他以智慧、不拘小节和夸夸其谈来吸引着他的听众，他不需要被信任，只希望被喜爱，在描写旅行的过程中，他尽可能袒露自己的心情：

> 英国人没有法国人谈话的腔调，没有华丽的闲话，也没有法国人的机智和谐趣。英国皇室、英国社会和英国文学都不能带来这些东西。英国人所推崇的东西正好与英吉利海峡对岸的一切是相反的。他们认为不应该说太多的话，更不应该谈论自己，尤其是自己的性格、品味、习惯和印象，因为这不谨慎也不礼貌。不应该谈论别人，因为这显得不友好、不高贵。也不应该谈论思想，因为这显得造作又虚无。一个人不应该表现得过于得意，因为这会招致嫉妒，破坏大家的好心情……因此，在火车的卧铺车厢，英国人会是很好的邻铺，但是在餐桌上，法国人会是更好的陪伴。

杜契奇的《巴黎来信》是《城市和幻想》一书中最核心的一章，弗拉迪米尔·格沃兹登（Vladimir Gvozden）把它解读为一种"内在观点"和"外部观点"的有趣结合，也就是说，他认为杜契奇完全以法国的他者身份来认同自己，并把这种法国形象转化为一位法国人的自我形象。我们只要看看杜契奇的文字，就会彻底同意这一个结论："我把所有的人分为两类：热爱法国的人和不爱法国的人……一个人对法国的态度，可以作为判断他人生意义的唯一标准。那些讨厌法国的人，不仅没有智慧也没有文化，他们的内心往往也是邪恶的，是不讲公正的卑鄙恶人。"这个问题不容讨论，如果你反对，那你一定是思想腐朽的、愚蠢的，无法理解人生的意义。在杜契奇看来，在当下不会说法语，就像古时候不会说希腊语一样,这不仅证明一个人被文明和文化拒之门外,也证明他就是野蛮人。杜契奇还认为,欧洲其他民族的文化发展程度,可以用与法国文化的亲疏程度来衡量,他的确经常以这样的方法来做比较。不过,他从来不拿塞尔维亚文化或者其他小的欧洲文化体来与法国文化做比较,他拿德国和英国与法国比。小文化体不值一提,在这场关于文化领先性的比赛中,它们只起到辅助的作用,只有在模仿法国文化或者为法国文化锦上添花的时候才能获得认可。毋庸置疑,在杜契奇看来,相比于德国和英国,法国总是更有优势:法国的殖民征服对于被殖民者来说是有益的,因为法国人传播的是自由主义思想以及法国革命的成就。尽管英国的殖民地遍布全球,但是英国人对世界的普遍性一无所知。德国终有一天会成为世界上最强、最让人闻风丧胆的国家,但是它永远无法孕育出伟大的思想,无法成为人类集体的归属。如果法国是人类文明的皇冠,那么皇冠上的宝石,非巴黎莫属:"只有在巴黎,人们才会有处于人类文化中心的感觉。在卢森堡花园和蒙马特之间待一天,听到的睿智高谈比在德国学院或者英国议院待一整年听到的都多。"只要你在巴黎短时间生活过,那么欧洲的一切对你来说都不再新鲜。格沃兹登也指出,杜契奇对法国的态度实际上是自相矛盾的,因为他既认同法国普遍主义,又认同法国沙文主义;他既认同资产阶级社会的创造,又认同封建礼教;他既主张平等主义,又主张精英主义;既主张世界主义,又主张法国主义在他的区分和认同中,唯一前后保持一致的是,他始终认为只要是法国的那就一定是好的。

  对于地中海国家,杜契奇关注的是它们对法国文明的贡献。他认同的是"古希腊—罗马—文艺复兴—法国"这样一条文明发展脉络。杜契奇的作品《希腊来信》只提到了古希腊,对现代希腊一点没提。他去希腊的目的不是为了看看那个国家，而是为了追寻法国文化的过往。《希腊第二封来信》很可能是写于卢浮宫或大英博物馆，或者是其他拥有古典藏书的地方。同样，杜契奇的意大利指的是文艺复兴时期的意大利，别无他指。

对于地中海的东端，杜契奇怀有很深的东方主义偏见。如果说一切都只有在契合法国思想时才具有价值，那么中东究竟有什么有用而美好的事物可言？巴勒斯坦，只不过是法国文化抵御非欧洲的野蛮性的战场，在那里，"欧洲十字军两次东征，与亚洲的野蛮文化进行战争"。埃及，几乎找不到任何法国的痕迹。杜契奇在埃及住了一年多，却始终找不到值得一写的东西，于是他只能描写虚无："在埃及，人会感觉到一种不可名状的整齐划一和空虚。关于埃及，人们知道的很多，但埃及并不存在……没有任何吸引你眼球或耳朵的东西……这个国家没有任何事情发生。"既不存在，又无实体，埃及怎么可能是美丽的呢？"的确，不能说埃及漂亮……你无法说明埃及是什么，无法说明它的边界在哪里。它没有在我们灵魂中留下任何真实而具体的东西，无法吸引我们的思想，也无法在我们的记忆中留下印象。"总之，有很多事物本来其实是欧洲的，却被错误地赋予了埃及：

> 除了阳光以外，我不能在非洲和亚洲的海岸上发现任何漂亮或闪亮的东西……如果你足够好运，或许能在东方世界的街头遇见欧洲妇女。在东方，人们只知道阿凡提的故事，只了解《古兰经》的一些内容，但是他们并不理解其中的意义。道德的唯心主义、虔诚的宗教信仰、家庭的爱——这些只有在基督教的土地上才会有深远的意义……阿拉伯人的学问从来都缩在自己的世界，没能成为人类的需求和财富。这

里找不到任何思想或理想的痕迹……这里的妇女既肥胖又懒惰，她们很听话，但大多数人很丑陋，往往怀着孕……在穆斯林的东方，没有一座城市可以打动欧洲人的心灵。一千多年来，这里没有发生过任何重要的事情，没有留下文字，没有雕塑，没有绘画，也没有留下任何话语。

但是，埃及还是值得花费笔墨来书写一番的，任何开明的欧洲人都应该意识到这一点，就算的确没有东西值得写，也可以描写这种空虚。然而，关于巴尔干，杜契奇只有几句话匆匆带过："巴尔干的东方——神秘极了，在所有的史册里都找不到记录！那里没有文明，没有道德，连属于自己的性格都没有。"如果说，巴尔干有什么东西值得记录，那这种东西一定也来自其他人："科夫岛上的漂亮堡垒，要么来自拜占庭时代，要么来自威尼斯时代；房子是在英国占领时期建起来的。码头上的穷人则来自希腊王国时期。"而那些没有被外国侵略者占领的巴尔干地区，完全没有值得看的东西，比如阿尔巴尼亚："从海上看，阿尔巴尼亚仿佛是一片用来囚禁人的土地，绝望至极……来自荷兰的旅行同伴看着这片贫瘠的阿尔巴尼亚海岸说：'我宁愿在荷兰被吊死，也不愿在阿尔巴尼亚活着。'"在科夫岛上的一座东正教修道院，杜契奇对僧侣进行了描写。在他眼中，罗马天主教的僧侣"学富五车，他们是伟大书本的作者，是道德和礼仪的先生，是修辞学的老师，甚至可以教人跳舞"，而希腊东正教的僧侣"远离生活，留着食人族的大胡子，无法自拔地浸淫在愚蠢当中"。可以说，在欧洲东方主义和巴尔干主义悠久的历史建构中，约万·杜契奇占据着相当有分量的位置。

那么，在以法国为中心的西方和"不存在"的东方之间，塞尔维亚人处于什么位置呢？应该如何估量他们与绝对的文化中心之间的亲疏程度？他们是无可救药的野蛮人吗？或者，他们可以剃掉食人族的大胡子，学着跳几支舞，做一些有利于提高他们文化水平的事？

杜契奇偶然也提到奈马尼亚王朝时期建起的两千座塞尔维亚东正教堂，也提到萨瓦·奈马尼奇（Sava Nemanjić）是 12 世纪欧洲的主要人物之一，但是这并不足以将中世纪的塞尔维亚人安放于"希腊—罗马—文艺复兴—法国"的发展脉络中。现代的塞尔维亚就更不堪了。杜契奇说，在巴黎生活的塞尔维亚人总是在圣米歇尔大道上的一家咖啡厅见面。最早到达的，是一名年长的学者：

> 他的思想很平庸，平庸得就像是在大街上游荡的流浪狗；他的主张也非常浅显，浅显得就像是人传人的哈欠。只能说他是一名爱国人士，相比于罗马纳沃纳广场狂放的巴洛克风格，他更喜欢贝尔格莱德特拉西亚广场上简单朴素的喷泉。

这个学者的智力低得让人无法容忍，而更糟糕的是他无法欣赏欧洲文化的最高水平。在巴黎生活几年后，他将回到自己的家乡，把他学到的一丁点学问带回去：

> 一名塞尔维亚人，他从巴黎回来，却建构了一种长期流亡的形象。巴黎下雨的时候，他在贝尔格莱德卷起了裤脚。他带回了 19 世纪 30 年代的时髦衣服和领带。他在和平街上购买的鞋子陷进了巴尔干农村街道的泥泞里。他躲着他的

老朋友，怕他们带他去吃肉馅饼（burek）和酸奶早餐。他坐在特拉西亚广场的咖啡馆，加入了那群从公告栏看报纸的退休人员的行列。每天早晨，他打开自己的《巴黎日报》读着关于音乐会、戏剧、芭蕾舞、马戏团的消息，以及学院和议会论坛上出现的振聋发聩的真知灼见。在他心中，政治事件与歌舞表演的新闻联系在一起，关于贵族午餐和时尚晚会的报道又与交通事故的新闻交错在一起。慢慢地，他失去了区分能力，无法区分大千世界的奢侈和求职时在政府办公室里等待的空虚与苦闷。几个月过去后，贝尔格莱德和巴黎之间的这场阴郁的内心斗争将会结束。同时，他的巴黎式时髦服装变得破旧，与背景的土色融为一体。他的领带也变旧和变形。他在法国大街上学会的音乐旋律，也从他的记忆中消失。他重新喜欢上家乡的菜式，在听到吉卜赛街头音乐时，也会轻轻跟着唱。最后，你会在郊区的某个地方看到他：他赶回家吃饭，手里捧着一个大西瓜。他娶了一位乡下的寡妇，上一个秋天，这位妇女还忙着把食物送到已故丈夫的坟前。他带着他的岳母在公园散步。他的岳母是典型的本地人，穿着民族服装，身材健硕，心烦意闷，脸颊上还长着疣。他所有的虚荣心逐一被掩埋，最后顶多也就成为一个小镇的名人，热切地等待着在下一次选举获胜。他年轻时度过的巴黎时光最终被遗忘的薄雾吞噬，就像是底比斯和巴尔米拉一样。

这个故事有两重寓意：第一，大都市的生活方式只有在大都市才能存在；第二，故事的主人公是在巴黎的塞尔维亚留学生的典型，他们从一开始就不适应大都市的这种生活方式。他无法适应那里的环境，怎么能够指望他把巴黎的气氛、成就、智慧和品味带回家乡呢？杜契奇的故事呼应了很多19世纪城市小说的情节。在这些小说中，常常是一位年轻人从乡下来到了耀眼的城市中心，感受着现代化的强大魔力，只有放任自己道德堕落，他才能在那里获得生存和发展。在这样的情况下，人要么保持道德清醒，失望地离开大城市回到家乡；要么留在大城市，接受现代化、城市生活和道德堕落等邪恶力量的无情摧残。然而，杜契奇选择了不同的情节：他的故事的真正主角是大都市，而反派是这位来自乡下的乡巴佬，他不够聪明，品德也不够高尚，他不应该离开家乡。他没有成功地成为巴黎绅士，即欧洲绅士，一切的错都在他。

来自小地方特雷比涅的杜契奇从来不需要回到自己的故乡，他征服了大都市，成为一位巴黎人，他"因自己身上的欧洲风情而洋洋得意"，之后继续在不同的大城市辗转居住，过着都市生活。像他这样的人，是如何成为一位绅士并学会欧洲人的做派的？唯一的办法，是彻底接受已然固定建构的欧洲身份认同（或者说法国身份认同），对关于这一身份的一切争议，哪怕是明摆着的缺点，也一概照单全收。同时，蔑视一切非法国的、一切不够法国的、一切曾经属于法国的事物，也是这种身份的需要。这些偏见不是杜契奇新身份当中的偶然方面，而恰是这种身份的核心。因为正是这些偏见，成为他居高临下的舞台，宣告他绅士转型成功。他通过蔑视以前的自己，来为自己内在的深刻改变提供确凿的证据。

但是，如果这些所谓的偏见压根儿不是偏见呢？如果关于巴尔干的刻板印象，实质上是一种准确的判断，只是杜契奇用了不同的方式表达出来而已呢？叶普·列尔森（Joep Leerssen）坚持认为:"对可验证的事实的实证检验……不属于刻板印象。"根据这样的定义,刻板印象是无法验证的价值判断。活在荷兰要比活在阿尔巴尼亚轻松,这不是什么刻板印象,而是可验证的事实。然而,如果一个人宁可死在荷兰都不愿意活在阿尔巴尼亚,这就是一种价值判断,因为没有任何定性或定量的分析方法可以对此加以验证。在这个例子中,杜契奇和他的旅伴(一位迷人的荷兰女士)在从远处眺望阿尔巴尼亚的海岸时就做出如此强烈的判断——可以理解为一种对自身优越感的大肆宣扬。杜契奇称埃及妇女"既肥胖又懒惰,她们很听话,但大多数人很丑陋,往往怀着孕",这又是一种复杂的刻板印象,这种印象由可证和不可证的两种因素组成。埃及妇女的肥胖率,以及埃及相对于其他国家的出生率或许可以调研得出,但是,另外两个因素(懒惰和丑陋)不可能得到准确的证明。至于埃及妇女是不是真的很听话,也许只有借助人类学对 20 世纪初期埃及文化当中的妇女地位加以研究后,才能得到初步验证。我们假设这些必要的调研结果证明杜契奇是对的,我们尝试用一种不带刻板印象的方式,用一种可以被接受的方式来重写这一假设性的判断:"在埃及,体重偏重的女性比例较大,她们倾向于生育更多的孩子,她们的文化背景决定了她们与别国的女性相比不够独立。"看到这样的话,没有人会觉得好笑。暂且先不考虑刻板印象可能起到的政治作用,人们可以轻易指出,杜契奇的刻板印象表达与事实表达之间的区别在于,前者是一种有趣的优越感,后者是一种严肃的认知。不过,严肃的认知并不是构成"机智"的成分,"机智"需要的是敏捷和浅薄,它对事实不感兴趣,只在乎是否可以引人发笑。如果我们只能以严肃认知的方式来谈论我们的印象,只能通过充分的调研来确保印象的可信度,那么日常聊天和旅行写作就不可能发生了，也不可能表达我们优于他人、优于以前的自己的优越感。这就是杜契奇在这本书中表达刻板印象的目的，不管是正面的刻板印象（如法国和法国人的形象，这种刻板印象没有冒犯性，很难让别人激动），还是负面的刻板印象（其他人的形象，包括德国人、意大利人、英国人和俄国人），都不在于向读者描绘这个世界，而在于向读者证明，作者已经完全掌握了他所选择的身份认同下所涵盖的价值观、态度和言谈举止的方式。

杜契奇关于埃及妇女的评论是为了表达讽刺和挖苦吗？可能不见得。在他看来，讽刺是打击和侮辱别人的武器，这不是绅士应该使用的。他在文章《论文明》（*O učtivosti*）中指出，只有讲礼貌懂礼节才能成为绅士，讽刺和挖苦不是文明的所为，而文明是仅次于诚实的美德。因此，如此热衷于讽刺艺术的古希腊和现代法国，是无法教人变得文明的。正如博格丹·波波维奇和斯洛博丹·约万诺维奇相信的那样，文明和绅士风度不仅意味着控制自身感受和情感：

> 文明是一种内在和谐的表现。一个不和谐的人不可能是文明的，因为文明代表着良好行为举止的总和，这些行为相辅相成，使人真正善于交际。一个善于交际的人，不仅要博学而机智，还要讲文明懂礼貌。

整个世界都在古希腊寻找文明的根，而最终在法国找到它的最高表现形式，然而古希腊和法国都有深刻的讽刺文化，它们的内在和谐与文明从何而来？杜契奇认为，第二重要的美德（文明）不是发源于欧洲：欧洲教会人很多东西，但没有教人讲文明。文明程度最高的是中国，"中国是所有国家中最讲究修养的"。波斯人从中国人那里学会了文明，之后把文明传给了拜占庭人。由此可见，人类最重要的一种美德实际上"来自东方"，如果说，塞尔维亚人因为曾经参与了拜占庭帝国，便继承了文明的成分，这是一个很有诱惑力的假设。但是杜契奇不以为然，他坚持认为，来自14世纪拜占庭的史料已经否定了这种可能性。不过，有一部分地区的塞尔维亚人"天生"就是文明的：比如说黑塞哥维那的本地人，如杜契奇，以及黑山地区的塞尔维亚人，他们文明程度非常高，善于以最有礼貌的方式表达自己，非常善良。他们不仅有礼貌，还很热情，和蔼可亲。他们的性格是完全和谐的：谨慎而机智，同时又骄傲而坚定。黑塞哥维那和黑山的农民就像绅士一样，在欧洲别处找不到这样的人了。但是，如果按照茨维伊奇的心理分析，黑塞哥维那和黑山是"第拿里心理类型"人口最集中的核心区域，波波维奇和约万诺维奇都认为那里的人最缺乏自律能力和绅士风度。根据14世纪拜占庭帝国史料记载，那里既粗俗又不文明，怎么可能从英国人身上学会礼貌的言行举止呢？

第四章

关于欧洲衰落和复兴的预言

- 不再稳固的中心
- 欧洲的精神复兴

不再稳固的中心

尼古拉耶·韦利米罗维奇是塞尔维亚东正教会主教,同时也是一位神学教授。他一生的著作,都围绕着同一个思想主题,这一主题在他过万页的著作中反复出现,在不同的语境下变化为不同的形式和不同的论点。随着时间推移,这一主题积累起了思想力量,也获得了更为强大、更为丰富的修辞形式,人们对他的论述从不质疑,也未曾对其重新检验。从韦利米罗维奇于1920年在伦敦国王学院的一次演讲中,我们可以找到关于这一思想主题最为清晰和确切的表达:

> 我的观点十分清晰明了。我认为:第一点,欧洲抛弃了自己的文明中心,那就是长达十二个世纪的基督教信仰。在欧洲,到18世纪为止,宗教信仰不再是文明的支柱。欧洲现在走在危险的边缘,它时而急切地想捉住一样东西,时而又冲动地想捉住另一样东西,总想把人类生活的片面因素,作为它的中心光芒和总体纲领。第二点,如果历史的规律不曾欺骗文明,那么欧洲已经时日无多了,除非它回归到中心,从那里向外辐射自己全部的文明成就。

这个想法本身并不是什么新鲜事物,从诺瓦利斯到当下,它一直受人追捧。从活跃于20世纪20年代的希拉尔·贝洛克到道格拉斯·杰罗德,再到活跃于20世纪30年代的T.S.艾略特,都主张这一观点。因此,韦利米罗维奇的英国听众想必不会对他的言论感到陌生。[1]

这场演讲后的二十五年,也就是第二次世界大战的最后一年,韦利米罗维奇一定会认为历史证明他是对的:末日已经到来,就算想重回正轨,欧洲已经没有回头的余地。韦利米罗维奇被关进了达豪集中营,在那里待了两个月,之后在盖世太保的看守下又在奥地利和斯洛文尼亚度过了几个月,最后才被美国士兵解救。在这段时间,他写道:

> 整个欧洲都散发着死亡的气息。欧洲的大学宣扬死亡。欧洲的作家描写死亡。欧洲的科学家使死亡得到永生。欧洲的政治家为了死亡而工作。欧洲的教育家在年轻人的灵魂中播下死亡的种子。欧洲的帝国主义者在向整个世界散播死亡。欧洲的革命者举着死亡的旗帜。现代欧洲,简直就是死亡的代名词。

韦利米罗维奇把他在战争的最后几个月所看到的情景,理解为现代欧洲历史的必然后果,理解为始于18世纪初的那一个漫长的衰败过程最后的、符合逻辑的终结。这并不是他一个人的观

---

1 贝洛克认为:"我们的欧洲结构是建立在古典文化的移动根基上的,天主教是其形成、存在的唯一形式。欧洲必须回归信仰,否则必将灭亡!"(Belloc 1920: 330-31)"我们未来的唯一的希望在于重新确立天主教的立场。"杰罗德称:"要拯救西欧文明,文明就必须回归基督教的生活标准和生活习惯。"

点，同时也是与他相似的知识分子的共同认识。欧洲背叛了基督；在永生和死亡之间，它选择了后者。这正是韦利米罗维奇背弃欧洲而选择基督的原因。

R. 克里索斯托姆斯·格里尔（R. Chrysostomus Grill）对韦利米罗维奇一生的著作进行了极为全面的研究，他指出，韦利米罗维奇并不是投机的神学家，而是一位"传道人，演说家，一位为广大读者写作的作家"。他早期写作的文章，包括在德国和瑞士学习期间发表的文章，以及他在伯尔尼攻读博士期间撰写的两篇博士论文，都是以规范的研究方法和学术方法写成的。1915年至1919年，在英国和美国逗留期间，他的著作和文章开始表现出过渡性特征：由于大部分作品都与他在英国的大学和美国的大学里面所做的布道和讲座有关，为了适应这些场合，他逐渐发展出一种新的预言式写作风格。1920年之后，他几乎不再以一位社会分析者的立场来陈述观点，而是作为一位先知，对众人进行宣讲、警告、谴责和教诲，呼吁人们洗心革面，痛改前非。在这方面，韦利米罗维奇很有技巧，充满灵感，他从他读到并且认可的人（如卡莱尔）那里汲取智慧，也从他所摒弃的人（如尼采）那里吸取教训。韦利米罗维奇的模仿能力非常之强，他的作品《论善恶》（*Misli o dobru i zlu*）是对尼采《善恶的彼岸》（*Beyond Good and Evil*）的回应，非常准确地借鉴了后者的风格和构思；他另一部作品《湖边的祷告》（*Molitve na jezeru*）更像是《查拉图斯特拉如是说》（*Thus Spoke Zarathustra*）的基督版本。韦利米罗维奇的《印度信札》（*Indijska pisma*）借鉴的是孟德斯鸠的《波斯人信札》（*Persian Letters*）。1945年，他在维也纳被看守的时期，在随身携带的《圣经》的空白页上写下了感人至深的《在德国刺刀影子下的祷告》（*Molitve u senci nemačkih bajoneta*），这一作品充分展现了他的文学才华。除此以外，他还极具个人魅力。丽贝卡·韦斯特称他为"她见过的最出色的人"，"有着至高无上的魔力"。韦利米罗维奇博览群书，受过良好教育，他在作品中常常援引古代哲人和现代思想家的话，但是他本身不是哲学家，而是一个有信仰的人。穆里尔·赫佩尔（Muriel Heppell）引用过韦利米罗维奇 1972 年在坎伯韦尔的布道，韦利米罗维奇在其中讲述了自己在伯尔尼攻读博士时所经历的思想危机。他说，哲学家们给他带来了巨大的困惑，导致他来到了"自杀的边缘"。后来，他来到巴勒斯坦的诱惑修道院，向一位"年长的智者"坦白了自己的烦恼，对方问他："你为什么要追随哲学家的平凡见解呢？为什么不去了解一下别人的精神体验，从而形成自己的亲身经验？"这一刻，标志着韦利米罗维奇从哲学世界向精神世界的转向："我们的宗教建立在精神经验的基础上，就像世界上其他的现实存在一样，被看到，被听见。这不是理论，不是哲学，也不是人类的情感，而是经验……我们的灵魂，是这个世界和另一个看不见的世界之间的生命桥梁。"他的思想不以理性分析或哲学推演为基础，而以信仰的体验和经历为基础，这归功于他强大的自信心和高超的修辞功力。他不是社会生活或文化生活的研究者，也不是分析者或观察者，而是基督教的道德主义者，相比于哲学家和神学家，他更关注的是像卡莱尔和托尔斯泰这样的圣人。

在这里，卡莱尔的名字并不是作为一个简单的例子被提出来的。早在 1915 年来到伦敦以前，韦利米罗维奇已经读过卡莱尔的作品，也写过相关的文章，因此我们可以推断韦利米罗维奇之后继续阅读卡莱尔等人的书。第一次世界大战以后，韦利米罗维奇的预言式写作风格，灵感可能来自战争期间他阅读过的维多利亚时代的作家和作品，但也可能来自别的源头，因为我们也能找到比较清晰的痕迹。马修·阿诺德（Matthew Arnold）在《文化和无政府主义》（*Culture and Anarchy*）中提出，文化是摆脱信仰包袱和精神负担的出路，毫无疑问，韦利米罗维奇对此不能赞同。在韦利米罗维奇第一次世界大战后的写作中，能够找到卡莱尔后期那种对于现代自由主义价值的仇恨，他的预言风格和反犹太主义也受到了卡莱尔的影响。相对于 20 世纪初期的同时代人，如莫拉斯、巴雷斯（Barrès）、邓南遮（D'Annunzio）、恩里科·柯拉迪尼（Enrico Corradini）和卡尔·吕格（Karl Lueger）等[1]，韦利米罗维奇似乎与卡莱尔这些 19 世纪保守主义和反现代作家更加接近。阅读他们的书，对于一位年轻的神学学生来说一定是很有吸引力的，因为这些书与《圣经》中的预言有着强烈的呼应，正如兰道（Landow）所指出的那样："卡莱尔和其他维多利亚时期作家身上都有着类似希伯来先知的力量。他们站在社会之上，批判人们抛弃上帝、抛弃真理的行为，以此履行自己作为《旧约》中先知角色的职责。"圣人的任务不是提供新的知识，而是告诫那些抛弃了传统的人，如果他们不回到真理的道路上来，就将接受惩罚。这种对当前人们精神状况的判断，以及对将来惩罚的警诫，正是《圣经》的主要题材之一，也是《旧约》预言之基础。

　　维多利亚的圣人们不仅采用了《旧约》预言式的语调，还采用了先知们在传递消息时常常用到的"四步模式"……《旧约》中的先知，首先以痛苦的状况和个别的苦难例子来

---

[1] 关于卡莱尔后期的反现代主义思想，详见 Taylor 2007: 378-80。

引起人们的注意。其次，指出这种痛苦是人们忽视和违背上帝意旨的直接后果。再次，提醒人们如果一意孤行，不知悔改，苦难必将进一步加深。最后，先知给人们建立起愿景：如果他们回归正道，就能获得幸福。这就是预言的叙述模式。

随着时间推移，韦利米罗维奇进一步对这一模式进行发挥，并且对现实和历史的基督进行形象化阐释，以此取代自己早期的论证风格。这种阐释模式其实早在公元4世纪就出现了，并且还由此发展出基督教阐释学。正如埃里希·奥尔巴赫（Erich Auerbach）指出，形象化阐释的目的在于"说明《旧约》中的人物和事件，是《新约》的预兆和救赎的历史依据"。形象化阐释能够把被时间分割开的、分别置身于历史和现实当中的人物和事件联系起来，把历史中的那一方解释为后来应验的形象或比喻。这样，摩西可以被理解为基督的比喻，而基督则是现实或真理的比喻。"形象化阐释在两个人物或两件事之间建立起了联系，前者都不再单纯表达自身，它预示着后者，而后者则反映或应验了前者。"许多个世纪以来，这是唯一的历史观，也是对世界神意秩序的唯一理解方式，它基于形象化阐释而建立，为形象化预言铺平了道路：

> 形象化预言，意味着通过一个世界性事件来解释另一个事件；前一个事件预示着后一个事件，而后一个事件应验了前一个事件。这样看，虽然两者都是历史事件，然而，两者都有暂时性和不完整性。它们互相指向对方，但又同时指向未来，指向未来即将发生的事件，那将是真实的、实在的和确定的事件。《旧约》既预示了福音的化身和降临，又预示

了之后的这些事件，这些事件还不是最终的，这一切共同指向的是天国来临的终极承诺。因此，历史及其所有的具体力量永远只是一个比喻，它是隐蔽的，等待着被解释。任何一个时代的历史，都不具备单独存在的能力……所有的历史都是开放的，可以被质疑。

现代的、世俗的历史观把历史事件分隔开，从水平的角度把它们作为单独的个体进行观照，而形象化阐释则把它们垂直放置，以那些被许诺却尚未被实现的东西为线索，提供理想的模式，为未来提供原型，并做出许诺和预言：这种模式类似于柏拉图的思想，只是对形象（比喻）的模仿。在这方面，形象化阐释涉及一个被蒙蔽的永恒现实，在真实的历史事件和人物当中可以被解读，但是这些解读往往只是片面的。奥尔巴赫称，"它带我们走得更远"。

> 关于未来的每一种模型，虽然在历史上都不完整，但是在上帝面前，它们都是会被应验的，并且在上帝的意旨中，永恒存在着。因此，上帝所掩饰的、它化身成为的和它所揭示的，都是关于一直存在着的事物的预言。进一步说，所有这些形象不是简单地暂时出现，它们是永恒的事物的实验性形式。它们不仅指向具体的未来，还指向一直存在并且将会一直存在的事物；它们指向需要被解释的一切，会在确切的未来中得到应验的一切。但是，这一切早已存在，是上帝的意旨，又不会因时间而发生变化。

对于韦利米罗维奇来说，对形象的模仿（历史事件和历史人物）和永恒的现实都等待着被解读和预言。具体来说，这里指的就是人们背弃上帝的故事，以及寻求最终救赎的故事。在《旧约》中，犹太人背弃了耶和华；在《新约》中，犹太人背弃了基督；而现代的欧洲人背弃了上帝。人类历史中这三起基本事件作为形象是互相关联的，同时它们联系着一个被遮蔽的历史现实，关联着这个被"福音—背弃—救赎"三合结构创造出来的世界真相。在这个三合结构中，上帝派遣自己的儿子，完成"福音"的宣告；基督的复活和胜利，象征着"背弃"的完成；然而，最后的"救赎"要如何实现，始终还是一个悬而未决的问题。形象化阐释的任务在于帮助人们理解人类历史的戏剧性，促使人们尽快回归上帝，从而尽快去到时间的尽头。韦利米罗维奇在写作中不断重复的就是这样的剧本。读者如果不认同韦利米罗维奇的假设，一定会以为他的写作就是在不断重复说过的话，也会觉得他的认知存在缺陷。但是，对于韦利米罗维奇和他忠实的读者来说，还有什么比普遍的历史真相更值得书写的吗？

在著作《欧洲的精神复兴》(*The Spiritual Rebirth of Europe*)中，这种模式十分明显，韦利米罗维奇清楚地表达了他的主要思想。他认为，欧洲是基督教的产物。人类和民族从来都不是文明的创造者，真正的创造者是上帝和宗教。基督教是人类发展的最终结果，它集之前所有宗教的大成，就像把溪流汇聚成为河流一样。所有的亚洲宗教，都会在基督的宗教里实现自己的教义。正是这一宗教造就了欧洲，赋予了欧洲在人类历史中的特殊意义：它由泛人类的宗教创造，成为泛人类的文明。而这一文明当前面临的威胁不是来自外部的野蛮人，而是来自于其自身内部：18世纪的法国思想家和作家向自己的文明中心和摇篮发起了猛烈攻击，到世纪末以法国大革命的形式对基督发起了公开的战争。一百五十年之后的今天，这个中心终于站不住了。

韦利米罗维奇认为，法国大革命以来，欧洲一直在为自己的生命寻找新的中心。他们首先在政治方面获得成功，之后在科技、经济领域也实现了目标。不过，这些都算不上坚实的基础，结果大家有目共睹。自腓特烈大帝时代以来，欧洲发生了如此多场战争和革命，欧洲在这段时间里流的血，比亚洲几千年来流的还多。人们的生活十分悲惨：

> 内在的平和与人类灵魂中的和谐都消失了。人对同胞的不信任，已经成为社会的普遍疾病。荣誉——人的荣誉成为世俗道德的最高标准，而这一标准却是由纯粹的自私、自负和对他人的仇恨所构成……与欧洲相比，亚洲不信基督的民族，人们的生活反而有更多的和谐和平静，那些不信基督的社会反而更加幸福，这是为什么？原因很明显，在亚洲人的观念里，信仰依然是他们的文明和生活的中心，而欧洲失去了自己的中心，却徒劳地从周边外物中寻找。

欧洲不能永远这样下去，它必须尽快改变这样的状况，不能让这种精神的饥荒和对财富的野蛮追求以及战争继续下去。"欧洲确实已经走到了灭亡的边缘。"（之后将发生什么？我们可以从俄国身上提前看到：它被无神论者和基督教的敌人统治着，它的政府所代表的是"人类社会的终极瓦解"。俄国是上演文明决战的战场：如果反文明的力量（即"泛人类基督教"）在俄国取胜，那么所有的希望都将泯灭。欧洲人只剩下一个选择：死亡或者精神复兴。必须要让基督教信仰重新成为欧洲生活的中心。当我们看到俄罗斯教会在斗争中取得光辉胜利，当世界上所有的基督教会都在和解的精神与爱中相遇，当作为"唯一有建设性的、唯一能赋予生命因子"的宗教精神成为"教育、家庭生活、文学和新闻、街头巷尾、大小商铺、大小城镇的指导精神"时，我们的文明才算回到了复苏的路上。

但是，基督教不能靠自己获得胜利。欧洲社会的"去基督教化"始于欧洲教会的"去基督教化"。第一次世界大战期间，欧洲教会充当起爱国主义和帝国主义的仆人，"去基督教化"的欧洲是贫瘠的，而文化、文明、进步和现代主义只是对其空虚实质的掩饰。教会必须对此负责，需要首先对自己进行"再基督教化"，从而让空虚的欧洲生活中心重新变得充盈。"教会有必要为整个欧洲树立榜样。欧洲一直是物质至上的、英雄主义的、科学的、技术的、世俗的。它最终必须是圣洁的。它一直都不幸福、不安定、残酷而罪恶、贪婪而不公。"当危险出现的时候，机遇也同时出现：欧洲还有时间将基督教恢复为其中心，欧洲和教会的苦难还可以逆转，它们可以恢复到应有的状态——一个"神圣欧洲的神圣教会"。韦利米罗维奇属于欧洲的反现代主义者，安托瓦纳·贡巴尼翁（Antoine Compagnon）称这一类人为"保守主义革命者"。这是一个由弗里茨·斯特恩（Fritz Stern）提出的概念，既矛盾又笼统。正如古老的阐释学指出的那样，不同的作家即使写出的东西完全相同，他们描述的思想立场也不可能完全一样，不过，所有反现代主义者都有一定共同点。贡巴尼翁总结出 19 世纪到 20 世纪反现代主义者的三个特征：第一，他们以反对法国大革命和反对启蒙运动为哲学立场；第二，他们是文化和历史悲观主义者，他们不强调原罪的教义，而热烈追求崇高的审美；第三，他们以谩骂和祷告为语言风格。斯特恩指出，保守派革命者的主要反抗对象是代表欧洲世俗传统发展巅峰的自由主义。自由主义发源于德国浪漫主义，是对现代性的反击，最开始作为一种文化批评形式被推广，后来在尼采和陀思妥耶夫斯基的影响下得到了加强。尽管尼采和陀思妥耶夫斯基有许多不同之处，但是他们都被认为是多元化运动的领军人物。19世纪下半叶，保守派活动转变为一种模糊的右翼政治意识形态。斯特恩写道："保守主义运动的确体现了一个悖论，其追随者蔑视当下，试图摧毁它，以图在假想的未来重新回到理想化的过去……他们寻求回到过去，渴望一个可以容纳旧思想和旧体制的新社会，期盼旧的东西在新的社会中发挥普遍的作用。"他们把每一种文化弊端都归咎于启蒙运动。当所有人都在追求自由的时候，他们为信仰、统一和价值观的丧失而叹息，他们警告人们，失去共同纽带将导致文化和政治走向衰败。保守派革命者还将现代生活的精神空虚归咎于物质至上和商业主义的资本主义社会。"他们大部分人认为这个世界已经被邪恶之手摧毁了，因此他们坚定地认为历史和社会陷入了双重混乱。他们认为犹太人是这一切的罪人，犹太人越来越多地被描绘成现代性的化身。"贡巴尼翁用了整整一章来说明法国反现代主义者的反犹太主义。犹太人主张民族主义，批判社会主义者的国际主义，批判自由主义者不关心民族的荣誉。"这些民族主义者几乎同时出现在欧洲大陆的每一个国家。"20世纪上半叶的第二代反现代主义者，只是对19世纪的第一代反现代主义者的思想进行了略微的更新。从这点来看，韦利米罗维奇似乎与他的同时代人保罗·克洛岱尔、T.S.艾略特、桑德斯·刘易斯（Saunders Lewis）等很相像，因为他们都有着强烈的宗教情感，抵制现代性，主张反犹太主义[1]。

---

[1] 关于第二代反现代主义者的研究，详见 Griffiths 2000。

对于贡巴尼翁和斯特恩来说，反对启蒙运动和反对法国大革命，是这个多元群体的共同特点，尽管这个群体在知识特质和政治特质方面不太一致。尼古拉耶·韦利米罗维奇反复谴责 18 世纪的法国作家和法国大革命，指出它们是欧洲持续"去基督教化"的根本原因。但是，由于这种"去基督教化"有许多不同的方面，我们需要研究的是韦利米罗维奇反对的究竟是哪些方面。

1906 年，年轻的韦利米罗维奇为《塞尔维亚教会先驱报》（*Vesnik Srpske crkve*）撰写了一篇关于 1905 年《法国政教分离法》（*French Law on the Separation of the Churches and the State*）的文章。该法与 1789 年的《人权宣言》标志着始于 1789 年的法国政教分离进程彻底完成，《人权宣言》规定，人不能因为不同意见，更不能因"宗教方面的意见"而受到骚扰。韦利米罗维奇承认，法国的政教分离是"（他所处）的时代中最为重要的宗教和社会事件之一"，他客观而宽容地将这一事件置于更为广阔的历史背景中进行认知，只有在极其偶然的情况下才表现出一丝"幸灾乐祸"的心态——毕竟他是一位来自塞尔维亚东正教的神学学生，他研究的正是罗马天主教教会及其相关的问题。他把这一过程理解为两个法国之间发生的冲突，而这场冲突已经持续了一百多年：冲突的一方是以教会和神职人员为代表的保守派，另一方是共和派。前者想要的是王国、贵族、奢华和巨大的社会差异；后者主张共和、自由、平等、公正、法治，倡议宗教信仰和无神论两者平等。每当君主政体占据优势时，教会都会受益，这意味着教会的重要人士总是聚集在国王的周围，支持君主，同时对"群众"实行压迫和迫害，剥夺人民的一切权利，对反对者实施暴虐统治。反过来，每当共和派占据优势时，十字架就会被人砸毁，教堂遭到破坏，罗马天主教的圣物受到践踏，主教的法冠被打到地上，而人民宣扬无神论，通过投票的方式决定上帝是否存在。虽然我们很难想象韦利米罗维奇认可那些破坏教堂和宣扬无神论的行为，但是从他所描绘的画面里，我们也无法看出他对古老制度的消亡抱有任何遗憾。他的反现代主义不是政治性的，至少不是为了表达政治倾向。

两次世界大战之间，在贝尔格莱德的亲法人士当中，韦利米罗维奇是特别的：他同时也亲英国，认为英国人是欧洲最有文化的民族，又认为美国肩负着把陷于"去基督教化"泥潭的欧洲拯救出来的使命。可以认为，美国代表了韦利米罗维奇的政治和文化理想，因为美国人普遍尊重教会，因为"美国是世界性的"，"美国大学没有忘记上帝"，美国的商人比他所认识的其他国家的商人更高尚，而认为美国人普遍是物质主义的刻板印象是错误的。然而，美国是世界上最古老的世俗国家，《权利法案》规定国会既不得制定任何有关宗教的法律，也不得禁止宗教的自由表达。韦利米罗维奇对此没有意见，他怀着赞许的态度提醒他的读者：沃伦·甘梅利尔·哈定（Warren Gamaliel Harding，1921年至1923年任总统）在政治会议上，总是以牧师的祈祷作为开场白，并且每个星期天都去教堂做礼拜。韦利米罗维奇还写道，甚至有的总统还去教堂布道，或者在教会讲课。大洋对岸的另一边，世界也是一样的：格莱斯顿（Gladstone）也写关于《圣经》和教会的书和文章。宗教信仰不局限于政治家，在盎格鲁－撒克逊国家，每个人都信教：每当韦利米罗维奇向英国工人发表演讲时，工人们不希望他讲政治，而希望他谈信仰。社会主义报刊《每日先驱报》（*The Daily Herald*）的编辑，1932年至1935年的工党领袖乔治·兰斯伯里（George Lansbury）对韦利米罗维奇说："据我所知，没有什么是建立在无神论之上的。"

最精彩的在最后，韦利米罗维奇回顾了自己在1919年与乔治五世的见面，乔治五世向韦利米罗维奇坦言，他之所以能在恐怖的战争中存活下来，全靠祈祷。如果世俗主义意味着政教分离，韦利米罗维奇并不介意，他真正担心的是信仰从人们内心中消失，从欧洲的公共生活中消失。在这点上，他在著作《欧洲的精神复兴》中表达得非常明确："宗教精神"，而不是教会，才是"唯一有建设性的、唯一能赋予生命的因子"。宗教精神应该成为"教育、家庭生活、文学和新闻、街头巷尾、大小商铺、大小城镇里的指导精神"。他的政治立场不是教权主义，而是倡导以基督教作为文化生活和日常生活的基础——一个类似于T.S.艾略特在战争间歇期（1939年）设想出来的基督教社会，而不是基督教国家。1945年，与韦利米罗维奇见面后，乔治·贝尔在自己的日记里记下了韦利米罗维奇说的话："我们赞扬你们的民主，这很好，这是建立在基督教原则上的民主。但这还不够，你们需要转向上帝。"韦利米罗维奇的这种态度将他定位在反现代主义者的主流行列里，他的立场与约瑟夫·德·迈斯特（Joseph de Maistre）及其追随者的极端立场相去甚远，而更加靠近那些主张以宗教来规范社会和私人生活的立场。这种对社会"再基督教化"的呼吁，是19世纪下半叶到20世纪前几十年在大多数教会机构及其最高代表人身上常见的特点。诚然，如果神职人员不呼吁人们追求信仰，那才是不正常的。勒内·雷蒙（René Rémond）写道："20世纪初，教会极力反对任何可能导致社会与宗教分离的倾向，呼吁信众行动起来恢复传统秩序。"然而，尽管韦利米罗维奇并没有坚持教会在恢复社会秩序方面的特权地位，但是他认为，转向上帝的"再基督教化"的社会，必然会使基督教会的地位更加突出。如果不是教会，还有谁会警惕地控制秩序，以防止同样的历史错误重新上演？最起码，应该像韦利米罗维奇所举的美国的例子那样，牧师的祷告将成为政治集会的开场白。最理想的是，由教会来监督"再基督教化"的进程，以保障整个社会走在正确的道路上。

韦利米罗维奇反复谴责启蒙运动和受其启发的法国大革命，但他真正的愤怒主要指向现代欧洲的"幽灵"，1939年，他在阿姆斯特丹欧洲基督教青年大会上的发言中这样说道：达尔文、尼采和马克思，是"欧洲文明的三大致命思想毒药"。他们所代表的是致命的科学，致命的伦理以及致命的社会理论，这些毒害向整个现代欧洲辐射开来。因为他们，"来自其他种族和其他宗教的兄弟们"开始鄙视和仇视欧洲。来自欧洲的第四股力量是基督教，这是唯一积极的、人道的救赎力量，韦利米罗维奇呼吁欧洲的青年站起来捍卫欧洲。然而，随着第二次世界大战爆发，他关于欧洲精神复兴的信念逐渐减退，于是他开始探索其他的救赎方式。终其一生，他都坚持认为塞尔维亚人在文化、政治和信仰上拥有与欧洲相同的命运，战争前的几年，他一直在寻找某种办法让塞尔维亚人从这一片抗拒精神复兴的号召、正走向衰落和厄运的大陆中解脱出来。韦利米罗维奇顺应他那个时代的话语，称塞尔维亚人为斯拉夫人、基督徒和"雅利安人"。其中，"雅利安人"这一标签虽然因为纳粹的滥用而名声败坏，但是它曾作为对印欧民族大家庭的指称在19世纪流传甚广。厄内斯特·勒南（Ernest Renan）和弗里德里希·马克斯·缪勒（Friedrich Max Müller）是这一指称的主要推动者，韦利米罗维奇对他们非常熟悉，他称前者为"前牧师"，还大量借鉴后者的"宗教科学"，特别是称印度为一切精神的摇篮的表述。在缪勒的思想中，所有的宗教都建立在同一天意和真理的基础上，而这一真理最终在基督教中得到了成熟和完美的表达。值得一提的是,在这一论述中,"闪米特"并不单指希伯来语,它还指代阿拉伯语,因此"伊斯兰可以被视为闪米特主义的主要表现形式"。我们只要翻一翻韦利米罗维奇的著作《塞尔维亚的灵魂》(*The Soul of Serbia*)就会发现,对于作为巴尔干牧师的他来说,雅利安人与穆斯林之间的区别就像其他来自西欧或者中欧的牧师眼中的雅利安人与犹太人的区别那么大。勒南称伊斯兰教是对犹太教的延续,对人类弊大于利,他认为基督教才是雅利安人的卓越宗教,是文明民族的宗教,也是"欧洲共同记忆的唯一可能来源,是植根于文明的伦理和审美传统的唯一可能来源"。韦利米罗维奇把塞尔维亚人看作雅利安人,实际的意图是想为自己的同胞贴上基督徒、文明和欧洲性的标签,好跟长期统治他们的土耳其人区别开来。

韦利米罗维奇把塞尔维亚人建构为可能逃离欧洲的雅利安人、文明的基督徒和欧洲人,这样的思想种子很早就已经埋下了。在圣彼得堡逗留一年后,他于1912年发表了题为《尼采和陀思妥耶夫斯基》的文章,其中就流露出这样的思想。然而,在第一次世界大战后,这一思想从他的写作中消失了,直到第二次世界大战前的几年又带着极大的热情回归。在尼采和陀思妥耶夫斯基之间,韦利米罗维奇毫无疑问地选择了后者,他坚决反对尼采的伦理学和他对上帝之死的宣言。斯拉夫派和颓废派的文化解读话语,将各个民族简单地归结为"为人类服务"和"主宰世界"两个阵营,韦利米罗维奇的文章不认同这种解读模式。他更进一步地把西方等同于尼采,即象征着个人主义、无神论、科学、理性主义、文化、利己主义和帝国主义的综合,甚至称尼采为"西方的使徒"。陀思妥耶夫斯基则代表着斯拉夫民族和信仰,代表着道德和公共价值。然而,在1912年,韦利米罗维奇不认为存在什么迫切的理由迫使塞尔维亚人在这两者之间做出选择，只要指出哪一种更值得模仿学习就已经足够了。他表示："让我们同时对尼采和陀思妥耶夫斯基表示尊重吧，他们一位是西方的先知，一位是东方的先知。"但是，当西方和斯拉夫东方之间不可避免的对抗拉开帷幕时，他说："还是让我们站在陀思妥耶夫斯基一边吧。"1917 年后，人们越来越清楚地意识到，俄国不再是拯救欧洲的基督教精神堡垒了，它甚至难以自救，更别说拯救欧洲了，韦利米罗维奇也随之放弃了关于斯拉夫人的提法。在他于两次世界大战之间发表的文章中，东方指的是亚洲，主要指印度，他从马克斯·缪勒那里获得启发，将印度想象成最深邃的精神摇篮。以这样的方式，在失去信仰的西方和秉持信仰的东方之间，他成功地树立起对立关系。

随着第二次世界大战的临近，韦利米罗维奇开始对说服欧洲回归真理的道路感到无望，于是他转向塞尔维亚人，向他们发起"再基督教化"的呼吁。他的文章《在东方和西方之上》（*Iznad Istoka i Zapada*）正是为了唤醒人们的精神而写的。在文中，韦利米罗维奇称，巴尔干虽然是夹在东西方之间的地理区域，其思想却在东西两者之上。东方，沉醉在思考中，以至于无暇行动；西方则过于活跃，以至于没有停顿或沉思的空闲。哲学诞生于东方，科学诞生于西方。东方是平静的，西方是躁动的。东方关心的是灵魂，而西方在意的是肉体。"西方的东正教民族，必然挣脱了东西双方的诅咒。他们的奋斗目标，既不是东方的精神，也不是西方的物质……巴尔干并非处在东西之间，而是凌驾于两者之上。"我们还不能完全确定巴尔干是否处在这样的位置，也不能确定它是否能够以此作为追求的目标。另外，对于韦利米罗维奇来说，"之上"或许同时具有"都不"和"也是"的含义。然而，巴尔干有着特殊的地理位置，这点似乎是很清楚的：东正教的耶稣代表了一切，所有的矛盾与纷争都在他的身上消失，正如黑格尔所说——失去效用，但被保存下来。[1]同样，在1912年至第二次世界大战前的几年，韦利米罗维奇很明显跟陀思妥耶夫斯基、俄罗斯东部和斯拉夫民族站在一边。1917年俄国革命之后，东正教在欧洲失去了影响力，而巴尔干成为俄罗斯弥赛亚精神最后的庇护所。更重要的是，《在东西方之间》（*Izmedju Istoka i Zapada*）反映出韦利米罗维奇已经放弃了说服西方人回归基督教这一企图。从那时起，对于他来说，西方是误导他的塞尔维亚同胞的罪魁祸首，威胁他们落入西方的深渊。因此，韦利米罗维奇指责塞尔维亚人当中的西方化派："他们是西方影响塞尔维亚的致命传道士。他们向西方敞开了所有的大门和渠道，帮助腐朽西方，让刚刚从土耳其的统治下解放出来的塞尔维亚人成为自己的拉亚（rayah）。"都怪他们，塞尔维亚才陷入了精神、思想、道德、政治和文化被奴役的状态。只有教会才能反对这种新式的奴役："是谁反对这种向西方的自愿投降？是东正教和它的农夫子民。整个19世纪，塞尔维亚的牧师一直在高喊：

---

[1] 神学家拉多万·比格维奇（Radovan Bigović）如此分析韦利米罗维奇的论断："不能以地理概念来理解东方、西方和巴尔干，而应该把它们理解为三种精神或三种世界观的隐喻，以及三种对文化的态度。东方是上帝中心论（theocentrism）的象征，是一种否定身体、物质、世界和文化的形而上学。西方是人类中心论形而上学（anthropocentric metaphysics）的象征，过分（甚至绝对化地）强调世界、物质和文化，有着绝对的统治倾向。巴尔干则是一种关于世界、人类和文化的，本真的基督教理解，它是一种基于东正教基督论的（Orthodox Christology）神人现实主义的形而上学（metaphysics of godhuman realism）。这种形而上学不包容二元论、一元论、唯物主义或无神论。在基督身上，永恒与刹那，天生与天下，精神与物质的界限都被打破了。神性和人性、神界和人间在基督身上统一起来，而不失其特质。同样，上帝中心论与人类中心论以及它们相关的一切文化特质，也将在基督身上消失，一种神人文化的类型（godhuman cultural type）应运而生。"（Bigović 1998: 363）

腐朽的西方！腐朽的西方！我们要抵制这腐朽的西方！"从 19
世纪中叶在欧洲文学和学术界都享有崇高声望的武科·卡拉季
奇，到 1961 年获得诺贝尔文学奖的伊沃·安德里奇，在这段时
间内，只有很少塞尔维亚作家在欧洲拥有读者，他们的作品也很
难接触到欧洲的读者。除了像约万·茨维伊奇、尼古拉·特斯拉
（Nikola Tesla）和米卢丁·米兰科维奇（Milutin Milanković）
等科学家以外，大概只有韦利米罗维奇主教有这样的待遇了[1]。他
曾在德国和瑞士接受教育，拥有格拉斯哥大学和哥伦比亚大学的
名誉博士学位，曾在许多英国和美国大学访问，经常用英语写作
和出版书籍，是第一位在圣保罗大教堂布道的非英国圣公会教
士。他是一位博学之士，既熟悉欧洲的高级文化，也熟悉欧洲的
日常生活，但他最终得到的结论是"西方是腐朽的"，这是 19 世
纪浪漫主义作家的"口头禅"，他们对现代性感到怨愤、自卑和
恐惧，因为"现代性让一切固体在空气中融化"。为什么？因为
无神论者和尼采的欧洲正在走向深渊，于是他想，既然不能说服
欧洲人回归基督，那就有必要劝说塞尔维亚人逃离这艘即将沉没
的欧洲大船。时间不多了，新的战争迫在眉睫。第一次世界大战
是"因为欧洲基督教民族抛弃信仰，骄傲自大，无法无天而造成
的"结果，"未来的战争则是因为基督教民族及其领袖抛弃了信
仰和对神的崇拜"。韦利米罗维奇的预言是形象的，有寓意的：
自《旧约》最早的记载以来，历史上一切的战争和灾难，都有着
相同的原因——人们背叛上帝，违背誓言，重燃偶像崇拜，这不
过是罪恶与救赎这一场宇宙性戏剧中的场景。战争和灾难或许出

---

[1] 韦利米罗维奇的名声在今天依然响亮。坎特伯雷大主教罗万·威廉姆斯（Rowan Williams）最近写道："对于英国圣公会来说，尼古拉耶·韦利米罗维奇主教是无与伦比的道德和精神巨匠之一，他把东正教世界的深度和挑战，带给了西方。"（Heppell 2001: v）

于其他的企图，军事战略、对立势力的博弈等，但对于已经揭开了人类历史真理的韦利米罗维奇来说，未来的战争，只是对先前预言的应验："上帝将把胜利赐给最明确、最坚定地信仰上帝的那一方。"在欧洲和基督之间，人们应该选择基督。

另一方面，在共产主义和法西斯主义之间，人们不应该选择任何一方，因为两者离基督都太远。韦利米罗维奇在1938年发表的文章《在左派和右派之间》(*Izmedju levice i desnice*)中向他的读者明确表示：

> 你是国际主义者还是法西斯主义者？……你不能说你是国际主义者，因为国际主义意味着否定国籍，否定基于预言、血缘关系、历史和传统的区分准则。因此，你应该回答：我不是国际主义者……你也不能说你是法西斯主义者，因为法西斯意味着自私和仇恨。法西斯主义者将对自己民族的崇拜置于所有民族和上帝之上，鄙视和仇视其他的民族，认为其他民族是低下的和无足轻重的。你应该回答：不，我不是法西斯主义者……我把国际主义和法西斯主义视为两种危险的狂热病，如果不及时医治，将导致不可避免的死亡……与世界上大多数的人一样，我是个处于中间的人……我是一个追随上帝的简单的人，上帝走在路的中间……提防极端出现……我喜欢我的民族，不过我不崇拜他们。我深信，其他民族也跟我的民族一样好。我知道是同一位造物主创造了他们，每一个民族中都有许多好人。从我们的民族身上，我学不到对其他民族的仇恨，恰恰相反，正如在学校里面一样，我学会了教人如何去爱世界上所有的人。

国际主义即共产主义，是无神论的，而法西斯主义则是多神崇拜，基督不会跟他们同道。而塞尔维亚人必须与基督同在，只有这样，在未来的战争中，基督才会站在塞尔维亚这边。塞尔维亚只有选择基督，获得"神圣塞尔维亚"的称号，"这个国家的人民皈依基督，将自己的热血洒向土地"，才能幸免于难。20世纪20年代，韦利米罗维奇追求一个神圣的欧洲，一片追随基督的大陆，然而这个愿望落空了，他希望至少塞尔维亚能够成为基督的土地。正如韦利米罗维奇在诗歌《神圣的塞尔维亚》(*Sveta Srbija*)中写的那样，他把自己的生命奉献给基督，从而赎罪。

1944年年底到1945年年初，在德国囚禁期间，韦利米罗维奇写下了《通过监狱的窗口对塞尔维亚人民的讲话》(*Govori srpskom narodu kroz tamnički prozor*)，这篇文章在他去世后的1986年出版。文章被认为是韦利米罗维奇的预言式愤怒和形象化阐释的巅峰之作。正如20世纪20年代欧洲人忽视韦利米罗维奇"回归基督"的呼吁那样，30年代的南斯拉夫人同样不重视他，因此而受到了战争的恐怖惩罚：

> 南斯拉夫的人民犯下了两种罪恶。他们背弃了生命的唯一源泉——上帝，这是第一宗罪。其次，他们挖了一口不出水的假井，这是他们的第二宗罪……这口干涸的井，被他们称为文化和文明、科学和现代主义、进步和时尚，以及体育精神等。

《讲话》提出了一种脱离启蒙运动后所有历史解释的方法，这种解释方法完全基于传统的基督教形象化解释。对于韦利米罗维奇而言，欧洲是"弥赛亚出现时的以色列"，一个"现代的以色列"，欧洲以与以色列同样的方式背弃了基督。形象化解释有一个独特的优点，那就是它可以与更为遥远的过去形象相关联。现代欧洲抛弃了神，应验的是人类最早的背弃——希伯来人违背誓言，背叛耶和华。他们的罪恶是一样的，参与罪恶的人也一样。因此，新的以赛亚出现了，也就不足为奇：

> 如果上帝怜悯我们，把伟大的以赛亚派到今天的欧洲来，看到几千年后的我们，他会说些什么呢？我认为，他会说相同的话。如果他从一个欧洲大都市去到另一个大都市，从一所大学去到另一所大学，从一家工厂去到另一家工厂，愤怒的以赛亚只会变得更加愤怒，他会愤怒地喊道：你们跟死亡订立了盟誓，与地狱缔结了契约，谎言是你们的庇护所，欺骗是你们的避难所。

这位新的以赛亚，也就是韦利米罗维奇本人，因此在《讲话》里，他使用了强硬的预言体、老旧的语法结构和早已荒废的词语。这不仅是一个风格问题，更是一种以合适的方式表达内容的需要，《旧约》中先知的预言，必须被反复强调。他们要提防希伯来人违背盟约，重新拾起多神教和偶像崇拜，韦利米罗维奇发现欧洲有类似的倾向。在《讲话》中，我们不难发现韦利米罗维奇与马修·阿诺德的观点相对峙，后者认为，宗教退出后，文化将成为新的中心：

> （欧洲）背弃了上帝……却把木头和石头，纸张和泥土，以及无生命的、腐朽的世俗之物作为崇拜的对象。欧洲用一个名称来统称这些对象：文化。文化之于接受了洗礼的欧

洲，相当于"金牛犊"之于沙漠中的以色列。

所有的文化，都没有让欧洲幸免于第二次世界大战的野蛮灾难。恰恰相反，"当欧洲以为自己有文化的时候，它就发狂了"。有基督教可以成为抵抗野蛮的屏障，除了基督教以外，欧洲没有什么值得骄傲。没有基督，欧洲就是世界上最可怜的乞丐和最无耻的强盗。欧洲是疯狂的、病态的：

>在偷盗的时候，它非常聪明，但它却不懂如何给予……在杀戮的时候，它非常聪明，但它却不懂尊重他人的生命。它的聪明使它创造出摧毁人类、牲畜、城镇、村庄和田野的工具，创造出在水底或水面航行的设备，还创造出在陆地或天空中运动的装置，但是它不懂得在上帝面前谦虚，在弱小者面前慈悲……在发明毒气来污染人们呼吸的空气时，它很聪明，但是它不能与圣灵一同呼吸，以维持上帝所赐予的生命。它很善于在文字、电影和广播中夸赞自己……它了解石头和沙子，树木和青草，猿猴和它们的后代，却不认识上帝，不认识基督。这是它注定要堕落的原因。

为了让这一出古老的戏囊括所有的角色形象，"蛇和苹果"也出现了。除了犹太人，还有谁能把"杀害基督的人"和"背叛上帝的人"演得更加出色？韦利米罗维奇写道："除了犹太人给它提供的知识以外，欧洲什么都不知道。"

>只要是犹太人要求它相信的东西，它全部都相信，从不怀疑。凡是犹太人价值标准以外的价值，它一概无法欣赏，

从不欢迎……民族、工业革命、社会主义、无神论、宗教宽容、和平主义、世界革命、资本主义、共产主义,现代欧洲的所有口号都是犹太人提出的,而犹太人正是把基督钉在十字架上的人。发明这些的都是犹太人,他们是魔鬼的父亲。

这一整段话,从开头到结尾都是《圣经》中传统的反犹太主义,其中夹杂着当代反犹主义的意涵,即承认犹太人是现代性的创造者。[1]

《讲话》既不是对欧洲"再基督教化"的呼吁,也不是对它回归真理之路的期望。也不存在塞尔维亚弥赛亚主义:没有人期待塞尔维亚人发挥任何重要的作用,所以他们不需要费心把欧洲带到基督的面前,他们需要做的只是让自己跟欧洲分开。他们甚至连欧洲人都不是,"塞尔维亚是欧洲的邻居,不是欧洲。如果它有能力和意愿,或许能帮助欧洲,但它不应该掏空自己,从欧洲消失"。塞尔维亚没有选择跟随基督,而是选择跟随欧洲,这就是它遭受如此多痛苦的原因。塞尔维亚必须做出选择:要么皈依带来生命的基督和基督教,要么跟随欧洲走向死亡。这不是在

---

[1] 20世纪初以来,在报纸和周刊上,韦利米罗维奇因其政治观点,成为人们激烈讨论的焦点。他的支持者很难接受他的反犹主义,尽管在战争期间,韦利米罗维奇参与了援救犹太人的活动,使他们免遭纳粹迫害。另一方面,反对者拒绝接受韦利米罗维奇的那种反犹主义,尽管他在1935年的演讲中对希特勒试图建立德国民族教会发表了证明的言论,这一做法不能使他成为纳粹分子。这种反犹主义,虽然"在20世纪的前几十年在欧洲的公共话语和私人言论中盛行",但与"法西斯和纳粹的暴力反犹行为有所区别"。(Passerini 1999: 21, Passerini, Luise 1999. *Europe in Love, Love in Europe. Imagination and Politics in Britain between the Wars*. London and New York: I.B. Tauris.) 如果说韦里米罗维奇是一位保守的民族主义者,他对希特勒的言论足以使他被判作是纳粹分子的话,那温斯顿·丘吉尔在1927年对墨索里尼的称赞和1936年对希特勒的赞许,也将把这位战时首相打成法西斯主义者或纳粹分子。关于韦里米罗维奇的辩论,不能提供任何新的史料,以改变他在南斯拉夫历史当中的地位。关于他的支持者和反对者的论点摘要,详见 Byford 2005 和 Dimitrijević 2007。

东西方之间做选择，也不是在俄罗斯和欧洲之间做选择，因为双方都不能选：一方是无神论的共产主义，一方是偶像崇拜的法西斯主义。

选择只在生或死，基督或者欧洲之间。

欧洲的精神复兴

第一次世界大战期间，韦利米罗维奇居住在英国伦敦，他在萨维尔街上有一住处，他经常到华威街上的狄更斯牛排屋用餐。在那段时间，他与斯蒂芬·格雷厄姆（Stephen Graham）结识，两人成为一生的挚友。格雷厄姆在自传中如此写道："韦利米罗维奇说话的语气很能吸引人，仿佛他要传递某种信息。他很温柔，很有说服力，很有创意，就像是第一次被翻开的福音书上的一页。"通过韦利米罗维奇，格雷厄姆认识了另一位在伦敦度过战争年月的塞尔维亚人：迪米特里耶·米特里诺维奇。他们三人经常相聚，似乎米特里诺维奇的话最多："迪米特里说起话来就像柯勒律治（Coleridge），没完没了，总是试图说服别人，把别人拉拢到自己的信仰中来。从那个晚上起，我深深受到他的影响，只要他人在伦敦，我们就经常在一起。"当时，米特里诺维奇在塞尔维亚驻伦敦的使馆工作，他的任务是为第一次世界大战中的塞尔维亚奔走。然而，他的志趣在于推动另一个更为宏大的目标：改变世界。他从身边的人开始，通过影响他们，让他们去影响更多的人，最终影响全人类。格雷厄姆写道："可以先从我们三个人开始。"

> 我们秘密地致力于把自己的生命奉献给人间的天国,我们所做的一切都是为了这一个目的。我们谨慎地寻找盟友,说服他们加入我们,共同形成一个具有基督教意识的核心。一切都在地下秘密进行。我们越是秘密,就越能够汲取精神力量,直到有一天我们突破地表,长成一棵参天大树。

格雷厄姆受到了米特里诺维奇的感召,试图为"精神兄弟会"招募更多的成员,但是没有成功。韦利米罗维奇跟米特里诺维奇一样,对弗拉迪米尔·索洛维耶夫(Vladimir Soloviev)及其基督教欧洲信念欣赏有加,不过可能因为米特里诺维奇对基督教只是一知半解,两人没有变得很熟络。在之后的几十年里,尽管韦利米罗维奇经常到访伦敦,但是很少与米特里诺维奇这位战时好友见面。

迪米特里耶·米特里诺维奇于 1887 年出生于黑塞哥维那斯托拉茨附近的一个小村庄。在莫斯塔尔上中学的时候,他结识了一群年轻人,这群人后来组建了民族主义革命运动"青年波斯尼亚"。1907 年,他去到萨格勒布学习哲学,但 1911 年,他为了追随雕塑家伊万·梅什特洛维奇,放弃了学业去到了罗马。在那里,他花了半年时间推广梅什特洛维奇的艺术。在第一次世界大战以前的几年,米特里诺维奇的表现主义和未来主义诗歌创作和文学评论享有很高的评价,那段时间他的行踪不是很明确,有可能参与了塞尔维亚政府支持的"青年波斯尼亚"行动,担任宣传和组织的工作。1913 年,他去到慕尼黑学习艺术史,师从海因里希·沃尔夫林(Heinrich Wölfflin),很快开始了与瓦西里·康定斯基（Wassily Kandinsky）的紧密合作，在公开演讲和期刊文章中解释和推广这位俄国人的思想。康定斯基当时正在策划《布劳雷特年鉴》（*Blaue Reiter Almanac*）的续集，他认为米特里诺维奇"非常得力"，康定斯基写道："我跟他经常交谈，他总是像闪电一样直击事物的核心。"[1] 米特里诺维奇成为《通过雅利安欧洲走向未来的人类》（*Towards the Mankind of the Future through Aryan Europe*）的主编，成为这场更加广泛的旨在把不同的民族文化转化成同一种泛欧洲文化的运动的精神领袖。[2] 他以"未来的基础"为题，致敬康定斯基，起草了一个以"泛人类兄弟情谊、东西方文化统一和欧洲精神重生"为原则的世界总体纲领。第一次世界大战的爆发，中断了米特里诺维奇与其他知识分子的联系，这些人有托马什·马萨里克、马克西姆·高尔基（Maxim Gorky）、克努特·哈姆松（Knut Hamsun）、莫里斯·马特林克（Maurice Maeterlinck）、阿纳托尔·法兰西（Anatole France）、萧伯纳（Bernard Shaw）、H.G. 威尔斯（H.G. Wells）、亨利·柏格森和弗朗茨·奥本海默（Franz Oppenheimer）。米特里诺维奇秉持反战和反暴力的原则，战争爆发时，他没有加入塞尔维亚志愿军或奥匈帝国的军队，而是逃到了伦敦，在大英博物馆附近找到了落脚的地方，为一场意识层面的世界革命做准备。

　　两次世界大战之间，米特里诺维奇参与了几项不同的活动，

---

[1] Rigby, Andrew. 1984. *Initiation and Initiative. An Exploration of the Life and Ideas of Dimitrije Mitrinović*. Boulder, CO: East European Monographs.

[2] Behr, Shulamith. 1992. "Wassily Kandinsky and Dimitrije Mitrinovic: Pan-Christian Universalism and the Yearbook Towards the Mankind of the Future through Aryan Europe" in *Oxford Art Journal* 15(1): 81-88.

这些活动的宗旨是相似的：它们以预言的口吻向公众解释，世界历史已经来到了最后的阶段，仅剩下两个可能的选择——要么帮助人类达成最终的成就，要么接受末日的到来。他与《新时代》(New Age)的编辑 A.R. 奥拉吉（A. R. Orage）相识。奥拉吉对神秘的预言和梦想家有一定的兴趣，于是在 1920 年至 1921 年间，他让米特里诺维奇以"世界事务"为专题撰写了一系列的社论文章。1921 年，奥拉吉把米特里诺维奇介绍给了奥斯本斯基（Ouspensky），而作为回报，奥斯本斯基介绍了古德杰夫（Gurdjieff）给奥拉吉认识。米特里诺维奇专注于推广阿尔弗雷德·阿德勒（Alfred Adler）的精神分析研究，在阿德勒的支持下，他成立了国际个体心理学协会的英国分会。米特里诺维奇活跃于不同的学术领域，不断发展，吸引了各行各业的成员加入，也吸引了不同的意见和观点，这一个团体逐渐发展成为为米特里诺维奇的目标服务的社会和政治运动组织，直到 1933 年，阿德勒要求解散协会。在解散前的一年，米特里诺维奇带领着支持他的协会成员建立了"十一小时飞行俱乐部"，俱乐部随后发展为"新欧洲集团"，开办了自己的刊物《新不列颠季刊》(The New Britain Quarterly)，这份报刊曾多次更名，先后使用过《新大西洋》(The New Atlantis) 和《新阿尔比恩》(New Albion)，最后在 1933 年定名为《新不列颠周刊》(New Britain Weekly)。最后这个刊名也成为米特里诺维奇最有影响力的倡议的名称——"新不列颠运动"。该运动在英国四十七个城镇设有讨论小组，仅在伦敦就有三十个小组。正如米特里诺维奇早年在奥拉吉的《新时代》上一样，他在《新不列颠周刊》上发表的社论文章，被解读为对社会主义政治纲领的阐释。米特里诺维奇显然是一名具有无政府主义倾向的社会主义者，但是他的愿景不在于政治纲领，不在于成立新的政治党派，而是希望赋予其追随者实现个人变革的力量，进而实现全人类的变革。随着"新不列颠运动"的成员队伍不断壮大，1934年在利明顿温泉镇举行的全国会议上，成员们要求运动改组为一个政党，然而米特里诺维奇和他最亲密的创始人圈子反对这个要求，他们希望保持相对较小的运动规模，这样有利于保持最初的目标。在这层意义上，他们成功了，维持了小圈子范围，但整个运动很快就失去了人气。从20世纪30年代到米特里诺维奇去世的1953年，他始终仅与一小群（30人至40人）追随者保持合作，同时他也停止了写作。在活动的晚期，他提出了很多想法。最后，他实现了初到伦敦时对格雷厄姆说的话：一切都可以从一小群朋友开始，在地下秘密进行，但人间的天国最终可以长成一棵参天大树。

虽然米特里诺维奇发起的团体和倡议不断改变，但他始终能够吸引追随者，他成功的原因可以归结于当时的时代精神，人们对神秘事物和精神有强烈的渴望，同时也渴望摆脱现代理性的牢笼，所有这些因素都刺激着反实证主义精神，为米特里诺维奇的运动，以及比他更为成功的鲁道夫·斯坦纳（Rudolf Steiner）、奥斯本斯基和古德杰夫等人的活动提供基础。只有为数不多的人亲眼见识过米特里诺维奇的个人魅力，因为"新不列颠运动"的大部分追随者都没有机会亲眼见到他本人。[1] 吸引他们的是米特里诺维奇关于新欧洲的构想，在米特里诺维奇看来，新欧洲是通往新人类——实现个人与社会的共同和谐发展的重要跳板。

1　关于米特里诺维奇的个人魅力，详见 Mairet 1981（Mairet, Philip 1981. *Autobiographical and Other Papers*. Manchester: Carcanet）。后来成为美国重要的亚洲哲学阐释者之一的亚兰·瓦茨（Alan Watts）在20世纪30年代曾经参加过米特里诺维奇的团体，他对米特里诺维奇的"个人联盟法"和"交互心理疗法"进行了总结，详见 Watts 1972。

米特里诺维奇关于欧洲的精神复兴的思想是难以概括的，主要有几个原因。他的写作从来都不是为了论证他的思想，而是为了激励和鼓动人们去行动。在来到伦敦以前，他就写道：

> 我们需要的是会唱歌的哲思……需要能够让我们变得更好的科学，需要一种类似于交响乐的可塑性，需要类似于小说的肖像……需要像宗教般奏响的伟大音乐……因为，现代人不再用智力来说话，而是用歌声，用符号，用悖论和直觉来言语。以概念来思考，显得太学术化了。

所有类似的方式，依赖符号和悖论来进行写作的行为，理由通常都是一致的：因为旧的形式无法表达全新的内容，所以新的思想需要新的语言。安德鲁·里格比（Andrew Rigby）也从这一角度来解释米特里诺维奇的写作风格。[1] 他的写作风格不是发明了新词汇，而是他试图使用混杂的旧词来指称全新的含义。最明显的例子是他对"雅利安"和"雅利安主义"的使用：对他来说，它们指的是理性、个性和自由意志的价值，但是矛盾的是，它们也包含了其传统的对立面——"闪米特"和"闪米特主义"。[2] 对于米特里诺维奇来说，"基督教"与被冠以这一名称的宗教无关，这一名称指的是一套复杂的伦理态度和心理态度，这种态度是一种历史存在，和米特里诺维奇所指的经历了几次特定历史转

1　"在米特里诺维奇看来，只有神话观念可以影响人的情感，从而影响人采取行动和承诺的意志。常识性的理性观念必须反映出世界的本来面目，反映出传统思想的公认范式，从而导致常识性的实际行动，以达到可实现的目标。"（Rigby 1984: 67）

2　帕塞里尼解释道："米特里诺维奇将他的'雅利安'概念建立在文化的基础之上，而不是建立在血缘和种族上。'雅利安'是一种精神品质，是一种高尚而慷慨的思想状态，与尼采关于贵族的概念相似。"（Passerini 1999: 116）

变的"非时间基督教"之间的差异很难阐明。虽然米特里诺维奇挣扎于语言，挣扎于神秘主义的问题，但他有时也能解决困难。比如，他使用"新斯基泰"来指代俄国，因为他希望读者想到的不是那个已然存在的国家，而是它的"精神实质"，尽管他的读者永远也搞不清楚这种"精神实质"究竟是什么。他想建构一种融合的知识，证明自己想说的其实早已隐含和被揭示于以前的神话、宗教、哲学体系和知识当中，这时他便遇到了比较困难的问题。他试图将索洛维耶夫的哲学，卡巴拉的知识、精神分析、民族精神分析和文化类型学，斯坦纳的神智学，以及所有已知的宗教传统和 19 世纪大部分的欧洲哲学都纳入到一个融合体系当中，从而为他的读者提供一种整体的泛人类文化范例，呼吁大家共同努力对其进行建构。结果不出意料，这种设想很难实现。对于米特里诺维奇来说，"融合"也许是显而易见的，因此他没有系统而充分地对其进行定义来帮助读者理解这一概念，而是用零散而片面的语言围绕这一概念进行书写，他以为他的读者跟他一样了解"融合"。因此，他的读者所得到的印象，就像是一连串的脚注，而这些脚注又属于一本被遗失的书。在为《新时代》和《新不列颠周刊》撰写社论时，米特里诺维奇堆砌了大量的隐喻、抽象概念、典故和形而上学的观点，如果读者手边正好也有作者的这些参考文献——充足的神话、宗教典故和哲学概念，才能有助于澄清他的观点，因为这些不同的片段互相映衬，明确地指向了作者想要表达的意义。然而，在大多数时候，情况都不会这么理想。米特里诺维奇所引用的术语和概念，对读者来说是无法参透的。他的哲思在歌唱，因为他想要这样，他的读者或听众中的很多人也想追随这一首"塞壬之歌"，但是他们对于曲中的奥妙，或许是迷惑不解的。

如果我们不纠缠于米特里诺维奇的参考文献，而是对他的基本叙事进行考察的话，可以发现这套叙事的主要思想来源是黑格尔哲学，而且主要是黑格尔的历史哲学。黑格尔指出，世界历史的开端是东方，随着自由意识不断增强而最后终结于西方。还有《精神现象学》中的史诗情节。米特里诺维奇在《新时代》的"世界事务"社论专栏的开头写道："我们把世界设想成一个正处在自我意识觉醒中的伟大心灵。"然而，这是通过谢林关于人类作为有机体的观念重塑的索洛维耶夫的神学所折射出来的黑格尔。黑格尔在米特里诺维奇卓有远见的神秘主义中占有特殊的地位：世界历史不是辩证地逐步走向自由的，而是在上帝的启示下逐步实现自由。这一发展过程的最终目的是实现"索菲亚的化身"——神圣的智慧，这只能通过人的努力来实现。在社会方面，在索洛维耶夫看来，人类历史的目标是最大限度地实现个人自由，最深程度地实现社会融合，即"自由集体"原则的和谐。米特里诺维奇正是在索洛维耶夫的作品中找到了强大解释方法，能够同时在历史、政治、神学和哲学层面上折射同一过程。他反复呼应索洛维耶夫的融合观——"人类历史进程，是人类自我意识的解放过程，也是通过内在同化和神性开端的发展而逐步精神化的过程。"索洛维耶夫的历史学方案沿袭的是古代印度、希腊和以色列对人和神的区分原则，这种区分在西方基督教和伊斯兰教中得到了片面肯定，索洛维耶夫认为和谐的共同体——神人将在俄罗斯基督教的带领下，在未来降临。米特里诺维奇响应索洛维耶夫的思想，试图在此基础上有所发展。比如，索洛维耶夫试图从他所接触的一切事物中看到三角关系，米特里诺维奇对此加以阐释。

在这个问题上，对于这个已经非常复杂的多层次方案，米特里诺维奇的原创性贡献在于，在这个历史—神学—政治的三重结构中，他发现了还存在着精神分析的层面。米特里诺维奇称，世界历史是可以借助精神分析来重构的。他似乎为黑格尔"Geist"（精神）的释义增添了新的可能性，在原有的"思想"和"精神"之外，增加了"心灵"这一层意义，并决定以弗洛伊德的方法，来对黑格尔和索洛维耶夫的"意识"进行理解。世界是一个发展中的有机体，人类是其大脑。如果用心理学的术语来解释世界，那么"无意识与东方相关，而意识则是与'进步的'西方相关"。无意识指的是"人类头脑中的非理性冲动和本能"，它被第一次世界大战激起。"世界无意识"的巨大力量被唤醒了，并要求"世界意识"，也就是欧洲，对其进行确认。欧洲必须决定在多大程度上允许和承认非理性的冲动和本能，而不至于陷入疯狂，或被非理性征服。然而，米特里诺维奇对世界的精神分析，没有忠实地遵循弗洛伊德个人精神分析的每一个步骤。弗洛伊德的思想好比是一个舞台，主角们进入自己的角色，但是如果角色的表演不符合米特里诺维奇的意图，将随时将其放弃。毕竟，作为一位"折中思想家"，你必须懂得随时舍弃不适用的方法，拾起有用的招式。米特里诺维奇认为，既然欧洲不接受东方优势存在的可能性，那么，欧洲必须对世界潜意识和意识之间的平衡负责。

为什么是欧洲？因为欧洲的领导权符合整个世界的利益，因为欧洲注定要在世界的功能组织当中发挥主导作用。1920年，有人反对"世界意识"刚刚经历了一场非理性力量的巨大喷发这一看法，米特里诺维奇回应道："每一场战争的起源都是心理上的。"欧洲对地球上大部分地区拥有所有权，但这并没有赋予欧洲领导的地位。对于这个观点，米特里诺维奇大概会认同，但是他想说的不是这件事。之所以需要欧洲，是因为它是人类已知的最崇高的美德的摇篮，也是这些美德被保存下来的地方。米特里诺维奇称这些美德是"基督教"和"雅利安主义"。这样的提法似乎很难让人信服，尤其是当它出现在与非基督教或非印欧民族的文化对话中时。不过，米特里诺维奇对于"基督教"和"雅利安主义"有自己的定义，他坚持认为，如果人们正确地理解它们的价值，势必也会捍卫它们。他不主张欧洲殖民主义："事实上，一位好的欧洲人，必须对目前欧洲迷茫的思想状态，以及处理与别的民族的关系时使用的奇技淫巧感到羞愧。这里面没有任何雅利安高尚的东西，这里面只有一个又一个为了逃避不可避免的问题而编造出的牵强谎言。"迄今为止，欧洲对其他民族的行为"是本能的，换句话说，不是特别欧洲；因为本能而非智性是非欧洲的本质特征"，"欧洲迄今为止对中国所做的一切，却没有被定义为罪行，这令人难以置信"。米特里诺维奇反复强调欧洲"背叛了它的基督教信仰和人类的使命"，但是他声援非欧洲民族的文化独特性，称它们为本能而非智性——这种声援方式不知是否会得到理解。在米特里诺维奇复杂而多层次的体系中，进行文化和民族的比较不是他最终的目的，他最终的追求是向全面理解迈出一步，探讨怎样才能实现和谐的世界。他建议让大家都认同"基督教"和"雅利安民族"这两个词指的是精神本质，而不是历史实体。"基督教"，或者以此为名的信念，"比任何公开的敌人更加敌视基督教"，而"雅利安民族"让每个人想起"德国和阿尔比恩的日耳曼人暴行"。米特里诺维奇的"基督教"并不是公认意义上的宗教：虽然一开始确实指的是宗教，但是经历了时代的变迁，它的含义变成了"道德的艺术"，显示出真正的本质：三位一体。三位一体是平等而相互依存的结构，人类是其中的一环：圣父、圣子和索菲亚（智慧）——圣灵。圣父是宇宙中的无意识的神秘力量，它同样存在于每个人身上。个性和意识的特质不属于圣父，而属于圣子。最后的是索菲亚（智慧），或者圣灵，它从圣父和圣子身上散发出来。经常用"Filioque"作为自己笔名的米特里诺维奇坚持认为索菲亚（智慧）也可以被看作是"普世人性"。这就是我们的样子，或者说，这就是我们应该成为的样子，因为它反映出我们真实的本质——从圣父和圣子而来，从无意识和有意识而来，并在双方之间找到和谐平衡。从这层意义上说，如果我们真的能成为自我，那我们就是人间的天国，就是索菲亚（智慧）的化身。我们称此为米特里诺维奇的"神学地形学"。

在历史学范畴可以找到这种神学范式的对应，或称"历史地形学"。"比方说，亚洲是意识的父亲方面，而非洲则是母亲方面，可以说，它们都希望孩子出生，就其本身的性质而言，这个孩子跟它的'父母'一样神圣，具有自我意识。"这个孩子就是欧洲，是"世界意识"的所在。基督教以前的多种宗教，以及孕育了这些宗教的文化背景，都将世界视为一个无差别的统一体，它们的信徒在其中以本能的方式活着：无意识的、无个性的，与自然和它们所在的集体融为一体。通过创造上帝之子，犹太教带来了个人意识，但只有在历史上的基督教里，这种意识才得以实现。基督教是讲求个性和理性的宗教。没有别的宗教曾想过上帝有化身为人的愿望。通过这样的做法，上帝向我们传递了清晰的信息，而我们没有理解。我们误解了上帝的邀请，即在三位一体中，作为人类的集体，成为他的平等者。我们只理解了个性化，却拒绝更进一步。不过，基督教和它的各类教会都阻止任何更进一步的发展可能。基督教没有成为它应该成为的本体，而冻结在目前的状态下。这一议题，即无意识、无个性和基督教以前的全体宗教，被它的对立面否定了——意识、个性和差别。如果能往前发展，下一步必然是融合，在融合体中，这些问题及其对立面将被扭转，同时被废除和保留，从而得到和解。正如索菲亚、智慧、人间的天国。我们不仅是人，我们要做有个性的、有自我意识的人，要成为一个更大的集体——人类，并在更高层次上创造原始的统一状态。这种状态将通过基督徒的自我意识和个人主义，把世界和人类融合在一起，这在基督教以前的宗教里，是自然而然毋庸置疑的。当我们实现这一点，我们就会以集体的形式，成为三位一体中的第三个成员，成为圣父和圣子的平等者，配得上索洛维耶夫为我们发明的名字：神人。

精神复兴，是奔向我们注定要达到的状态的最后一跃。作为具有自我意识和个性的生命体，我们活在充斥于现代生活的敌意、竞争、仇恨和冲突里。这意味着"世界意识"尚未达到它的最终形式，才使我们不断受到非理性的、本能的、无意识的念头爆发的威胁。我们应该如何理解第一次世界大战，这难道不是对我们理性、意识和性本善的背叛吗？欧洲几乎就在战争中消失了，这是我们精神中"雅利安"的"日耳曼暴力"导致的。在米特里诺维奇看来，雅利安主义在某种程度上与欧洲、白人种族和基督教相关，但不仅限于此。它还代表了意志力，这种意志力的过剩在欧洲的战争和征服中是显而易见的。另外，它还代表英雄主义的伦理，以及人在建设、创造和发明方面的所有力量。

米特里诺维奇在《新时代》的社论专栏大多致力于从实现"普世人性"的可能性出发，对世界的现状进行分析研究。世界是一个巨大的有机体，不同的种族和文化是其中的独立器官，它们是否能够正常运作，取决于它们的素质和能力。米特里诺维奇对它们为世界和谐和正常运作所贡献的潜力进行了深入的观察。

他的许多结论和主张都引起了人们的注意，尽管他经常关注文化和种族的神秘主义本质，但当他对某样东西表达赞美和批评时，他往往从神秘主义层面脱离，滑向更为世俗的层面。其中一些观点确实与人们当今的讨论有关，比如他对伊斯兰教的看法，他认为伊斯兰教既是对"欧洲基督教的有益批判"，又是"基督教和欧洲的共同敌人"。

> 不过，试图用新的十字军征伐来"摧毁"它是不可以的。我们首先需要做的是理解它，其次是引导它。欧洲有责任消除伊斯兰教批评的每一个对象，同时，欧洲在自己的能力范围内，又向伊斯兰世界提供一切援助。

欧洲在未来的世界精神复兴中处于核心位置，这个问题从未受人质疑。尽管欧洲的价值观是"堕落的，堕落的，从它们高高在上的雅利安地位上堕落了"，尽管欧洲对其他种族和民族的行径是残暴血腥的，但欧洲仍然是世界上唯一有机会孕育出米特里诺维奇所设想的融合体的地方。欧洲的目标一直是"创造一个新的融合体，它将是一个更完美的雅利安，它比欧洲的意义更高尚，对文化和其他差异或冲突有更多的包容"。除了雅利安以外，还需要基督教，这意味着要具备更强的意志力、理性和自我意识，此外还要有人类已知的最高程度的个性化。欧洲有能力，也有责任带领世界走向更高的融合与和谐。首先要做的是团结自身，把所有的欧洲文化融合为一个整体，建立一个欧洲联邦，这是团结整个世界的第一步。这一联邦不仅是政治联盟，还是精神和文化的联盟，这种模式不应强加于世界的其他地方，但是可以作为衡量其他地方的标准。欧洲已经实现了人类个性化和自由的最高水平，它现在需要的是集体互补的原则，以及和谐生活的能力。这里需要再次用到"三位一体"的概念：雅利安主义、基督教和社会主义，或者是意志、理性和感情，这是神圣智慧的三个组成部分。

欧洲如何实现统一？必须带领欧洲走向"普世人性"。在追求意志和理性的土地上，英国是最讲理性的，而且，从它遍及世界的疆土可以看出，它被赋予了最强大的意志。"大英帝国是那种既向心又离心的力量，它让雅利安人的存在散布到世界各地，让世界与西欧保持着联系，这是巨人、斯芬克斯和阿尔比恩的使命，是终极进化的标志，具有超历史的重要性。"这一段论述不是出自《新时代》的社论，而是出自《新不列颠》系列，在这一系列的文章里，米特里诺维奇阐释了为什么英国应该继续担负实现世界融合的使命。

读者会欣喜地发现，曾经使《新时代》无比难读的神秘主义艰涩词汇和术语，在《新不列颠》社论中不再出现了，包括索菲亚、三位一体等指代精神本质的专有名词，也不复存在。在新的刊物里，米特里诺维奇的意图更加明确，更具政治性，尽管他为了增加他的预言式修辞特色，仍然保留着索洛维耶夫的风格倾向。米特里诺维奇称，我们生活在富足的时代，这为个人主义发展提供了可能性。然而，这仍然不够，仍然缺少一些重要东西。东方的人，以没有个性化自我的方式体验着世界；而西方的人，恰恰相反，却仅剩下空虚、空洞而孤立的自我。在我们所需要的融合体中，个性化自我不应该与世界相对抗，而应该与世界共融，同时不失去自身的个性和自由。这种融合体，在米特里诺维奇看来，正是基督教的理想。

米特里诺维奇认为，已经没有时间犹豫了，因为"整个西方,尤其是欧洲……正面临着灭顶之灾"。"我们人类的末日正在迅速逼近","我们未来的灭绝和地球的灭亡"是肯定的。我们不知道为什么会这样。是法西斯主义和共产主义的崛起给人带来"第十一个小时"[1]的感觉?还是因为我们"屈服于单纯的个人主义、物质主义的自我分裂的诱惑体验"?卢瑟福将这一灾难预言解释为米特里诺维奇给世界的警言,即东方一直作为世界精神能量的宝库,如今却走上了个性化的西方道路,除非西方能够迅速发展出一个融合体,否则,在科学和虚假的个人主义的诱惑下,东方很快就会达到与西方相同的物质主义的自我分裂。"如果这种情况发生,整个世界就会瓦解为'技术专制'的状态,正如索洛维耶夫的《敌基督》所描绘的那样。"光明不会来自东方,这一融合体必须由西方来实现。《新不列颠》社论构想的融合体只涉及两个方面:宗教和政治。在宗教方面,它是"基督原则"的胜利:"经验、真理、知识都被包含在所有的灵魂当中,灵魂中的每一员的中心都是一样的,普世性是鲜活的,是存在的。"基督是调和个性和不连续性的象征,也是人类整体性的特征,在基督的身上,神的世界和人的世界得到调和。"基督的原则是在人类个体的思想和意志中实现人性的普遍性和共同性。"然而,在政治上,"基督的原则"相当于社会主义:

> 只要被封锁在机器时代的强大潜力没有办法实现,我们就无法建设新的世界,也无法建设其辉煌的文明……人性被套上金钱枷锁的时间越长,处于统治者的金融统治下的时间越长,新的文化就越不可能实现。

---

[1] 第十一个小时是"最后一刻"的意思,出自钦定版《圣经》葡萄园工人寓言中的一段。——译者

"基督的原则"意味着放弃暴力和革命，拥护政治秩序，这也意味着放弃过度的个人主义行为，如贪婪、自私和物质主义。如果用政治术语来说，"与世界合一"指的是与我们的人类同胞合一：

> 让我们创造历史上第一个真正诞生于社会契约的社会吧！让我们将自己转化为第一个社会国家。通过革命的方法，这个国家要在共产主义和法西斯主义之间，并超越它们！通过意识形态，通过协议，通过劝说，我们的新国家将会诞生。

这种神学—政治学倾向既不是左派，又不是右派，而是如韦利米罗维奇在他关于巴尔干的文章中提到的那样：高于这两种可能性。

韦利米罗维奇和米特里诺维奇两人的出发点十分相似——时代的精神危机和基督教复兴的精神之路，但是他们的思想之旅将两人带到了截然不同的终点。韦利米罗维奇不仅放弃了欧洲，也放弃了自己年轻时候所秉持的基督教普世希望，成为一名激烈的民族主义者，政治上保守，言语上尖刻。米特里诺维奇保持着他对文化融合的信念，不断修改对基督教的理解，直到这一名词下的宗教内容模糊到无法辨认，其涵盖范围之广足以包括所有宗教和所有哲学内容——一个思想和形象的世界性融合体。米特里诺维奇的政治立场模糊，措辞艰涩难懂。两人一致认为，救赎必须来自西方：韦利米罗维奇希望它来自美国，这是俄国走向共产主义和欧洲走向无神论之后仅存的西方社会；米特里诺维奇希望救赎来自英国，因为它是"世界意识"的中心，"光从西方来"。

第五章

噢,做个欧洲人！拉斯特科·佩特罗维奇在非洲学到了什么？

- 只是看
- 他们与我们有什么不同？
- 但是，我们是谁？
- "小镇传令兵"
- 佩特罗维奇学得很快

1928年，拉斯特科·佩特罗维奇在利比亚旅行时发现，非洲的土地一望无际，人烟稀少。在非洲穿越旅行了好几天，他甚至连一个人都看不见。然而，在没有人烟的非洲大地上，每时每刻都存在着一个看不见的人，这个人意志坚定地希望从干涸的土地上挤出一滴水来。

佩特罗维奇写道：

> 必须意识到，几个世纪以来，人们与自然的斗争是多么激烈，多么难以置信，为的只是吃上一口饭，如果你来自一个更加理性的民族，在这里将是多么自豪甚至是自负的事情。我所想的一切都可以归结为：不要做欧洲人，太自负了！不要做欧洲人，太自负了！但我同时也知道，只有欧洲人才能让这样的土地变得肥沃起来！人们会在这些山丘上种上橄榄树和棕榈树，金色的枣枝会向着天空摇曳。乡村里会传出人们唱歌跳舞的声音，棕榈酒将让快乐流淌起来，就像在绿洲上的那天一样。透过美酒，我可能会想，无论如何，我都想成为众多天体中的地球，想成为所有民族中的欧洲人。

拉斯特科·佩特罗维奇可以说是一位地地道道的欧洲人。他先后在法国尼斯和巴黎上学，又在罗马、芝加哥、华盛顿当过外交官，不仅周游欧洲列国，还漫行非洲、土耳其、墨西哥、古巴、加拿大等地。每一次旅行，他都写下游记，但是在他的西班牙和意大利游记里，我们无法得出他对欧洲的理解。比如，在罗马的游记中，他只提到了与马塞尔·普鲁斯特共赴晚餐。关于罗马，还有什么新鲜事是值得写的呢？那些能够读他在贝尔格莱德文学杂志上发表的罗马游记的人，基本上都亲身到过罗马。佩特罗维奇的读者是都市一代，见多识广，他们对托莱多（Toledo，西班牙古城）或者科尔多瓦（Cordoba，西班牙城市）有自己的体会和记忆，他们中有的人在欧洲的大学里接受教育，有的人在欧洲的首都当外交官，还有的人只是为了休闲娱乐而到欧洲去。但是，不是每个人都读过普鲁斯特，在 20 世纪 20 年代，他还不是很有名，就算在巴黎也不是人人都认识，所以这就是值得写进罗马游记的东西。像那一代文学家中的多数人那样，佩特罗维奇在欧洲，感到很自在。

而且，毫无疑问，他对此感到很自负。

只是看

在前往利比亚的同一年，佩特罗维奇还进行了一次宏大而艰难的旅行：他穿越了几内亚、塞拉利昂、象牙海岸、利比里亚、上沃尔特、尼日利亚、苏丹和塞内加尔，行程四千公里。他的非洲游记所记录的正是这次旅行。像每一位游记作家一样，佩特罗维奇以传统的方式来进行书写："我所写下的，只是作为一名旅行者，通过观察而得到的结论。"旅行作家同时也是见证者、观察者、记录员和所见事物的档案员。他只记录下能够被看见的东西，不随意加减。那么，怎样才能吸引读者的关注呢？套用勒热内（Lejeune）的"自传约定"概念，我们可以推导出一个"游记约定"：你去了我没有去过或者不可能去的地方，那么，请告诉我你看到了什么，不要虚构任何事物，也不要跳过任何东西，请记录下你见到的一切。或许只有这样，读者才能对旅行作家给予充分的信任。

但是，当佩特罗维奇第一天踏上这片土地，他所描写的内容就已宣告这个"约定"不够严谨，还需要修正。他"看到了第一位裸体的黑人妇女"这一表述表明了他期望看见赤裸的非洲女性，而符合期望的是，她们出现在这里。这只是第一位，她的确是赤裸的，这是漫长的旅途中等待着他发现的视觉愉悦的第一个信号。这同样也是一个确认信号，以确认难以忍受的口渴、面临的危险以及各种不舒服都将得到补偿。随后，第二位、第三位赤裸的妇女陆续出现在他的面前，他写道："这些女性让我更加兴奋，因为她们跟我小时候在古老的游记和小说里面看到的版画完全相似。"他就像是一位档案员一样，从箱子里把物件取出。他将睁大眼睛观察，而他的眼睛早已知道，非洲没有什么可看。这双眼睛已经在古老的游记和小说里面看到过关于非洲的一切，而非洲可以提供的一切，都已经被存进档案里了。他的兴奋之情之所以更加强烈，是因为在这个过程中，他对没有见到过的事物的猜想得到了确认。佩特罗维奇不是孤身一人来到非洲的，他带着他的想象力：一部分想象是来自个体心理方面，一部分想象则是来自集体和文化的方面，相当于一个庞大的现有表征档案库里的某些特定内容，被某个人筛选出来，而这些表征的实际源头早已消失在过去。他的想象跟随他一起旅行，或者走在他的身前，甚至在佩特罗维奇到达以前,它就像一片巨大的阴影那样,翻过了非洲的山川河流和大小村庄。

非洲的确应验了他的诸多想象。这位旅行者穿越大草原和丛林,行李箱里却总是装着一套白色晚装,以备遇到白人殖民者并且受到邀请到家里参加晚餐的礼节所需。而在漫长而炎热的白天,他有机会欣赏眼前这些赤裸的身体:"有着匀称而发达的肌肉","年轻运动员般的身体,一丝不挂……修长的背部,紧致的臀部,笔直而强壮的双腿","完全没有脂肪,没有过度发达的肌肉","肌肉呈条形",女孩"胸部冰冷而结实,笔直,形状像梨,沉甸甸的"。佩特罗维奇没有办法对他所看到的这些完美的身体进行最全面的描述,因为这样做无异于要占据整部非洲游记所有的篇幅,如果那样的话,所有的文字都将是关于高大强壮的非洲青年:男孩们面孔稚嫩,身体纤细而健硕,赤裸着,女孩们轻松地解下缠在腰间的布条,没有半点羞耻的感觉,静静地站在那里,完美得就像是一整块肌肉,被黝黑绚丽的皮肤包裹着。他们的身体是佩特罗维奇在欧洲前所未见的:

> 从很小的时候起,欧洲人的脸就被那无休止的、往往是不健康的思考任务折磨得疲惫不堪。就像是经历过风暴一样,一张白色的脸,被欲望、担忧和抽象事物所摧残。我不是说白色的脸比黑色的脸粗劣,恰恰相反,很明显,白人将自己的优美,作为换取优越感所付出的代价。

漫不经心、不假思索的非洲,就像是一个巨大的裸体,年轻而结实,肌肉发达而纤细,平静而不带羞耻地把自己献给旅行者的眼睛。

不仅是给旅行者的眼睛，非洲还将自己的身体，自在而不带羞耻地提供给旅行者的手。一位在手提箱里装着白色晚装的欧洲绅士，对"非欧洲"的性行为饶有兴趣。男女之间的关系是"奇怪的"，因为性行为从不携带"拥有对方"的意识。任何男性可以跟任何女性在一起。一位丈夫可以把他的妻子献给别人，而"拒绝（这种招待）将是不礼貌的表现"。佩特罗维奇写道："众所周知，黑人男性不像我们那么容易嫉妒，相反，当白人把注意力投向他的妻子和女儿时，他却感到无比光荣。"在村庄里过夜时，当男人们已经躺进了地上的睡袋准备休息时，村里的妇女过来清理晚餐后留下的东西。

> 她们从我们身旁走过，越过睡觉的人的身体，靠得很近，我们甚至不用起身就能碰到她们。她们的身体光滑而结实，散发着热带水果的酸味。她们会停下脚步，站在我们上面，不发出任何声音……就算别人看到，也不会有任何危险，因为没有人会对此感到疑惑或者愤怒。

有一次，佩特罗维奇正在看一场拳击比赛，对阵一方是他的同行者，另一方是一名英俊得有如米开朗基罗的大卫像的黑人男子。在对打的过程中，只见黑人男子小心翼翼地保护着自己胸前灰黄色的斑点。佩特罗维奇出于好奇问其原因，黑人男子告诉他，自己就像许多非洲人一样，患有麻风病，如果这个地方受到伤害，就会变成一个永远无法愈合的开放性伤口，那样的话他的大限也就不远了。佩特罗维奇写道："我的手，在某种情况的逼迫下，不知道多少次碰到了这些斑点。"在非洲，究竟是什么情况逼迫他去触摸那些赤裸的身体？为什么这种情况在巴黎或者贝尔格莱德没有出现过？作者没有解释。

非洲人的热情好客令人吃惊，佩特罗维奇举了一个例子。他和他的同行者在夜深人静时分来到一个村庄，他们本来是不速之客，不请自来。然而，村民却无比殷勤地把一大家子的人都叫醒，将他们赶出小屋，把地方腾出来，好让客人能够舒适地休息。一位名字叫作梅（May）的年轻而成功的非洲商人，注意到佩特罗维奇没有枕头，即使他自己也需要枕头，但他还是大方地把自己的枕头让给了佩特罗维奇。佩特罗维奇走访的部落的语言甚至没有表示物主所属的语法结构，即使他们后来学会了法语，但当需要表达所属关系时，他们只会使用描述性的方式，他们不说"我的杯子"（my glass），而说"给我的杯子"（glass for me）。如果他们碰巧赚到钱，要么用来买酒喝，要么就在他们经过的第一个村庄里把钱全部花光。非洲人把自己所有的一切都拿出来招待欧洲的客人，待白人如上宾：房子、物品、床铺、仅有的枕头、女人，甚至是自己的身体，他们从来不索取任何回报，甚至从来不过问不速之客姓甚名谁。这就是德里达在《待客之道》（*Of Hospitality*）一书中写到的那种绝对的、无条件的殷勤：

> 绝对的殷勤好客，要求我不仅要向外人（有名有姓的、有社会身份的外人）打开我的家门，而对绝对未知的、匿名的来者，我同样要这样做。我把位置让给他们，让他们来，让他们占用我所提供的位置，我不能要求他们给我回报（或达成某种接待约定），也不能问他们的名字。

不要做欧洲人，太自负了！如果他们会读书，如果他们读我们的《圣经》，他们就会意识到他们正活在我们的圣书所描述的天堂里：在那里，就算你是一个外来者，也能过得像在自己家里那般自在，所有人都愿意付出绝对的、无条件的殷勤，把"给自己的一切"贡献出来，给别人提供最好的招待。佩特罗维奇称把自己的枕头让给他的非洲朋友梅有着"高于种族的崇高"。他高于自己的种族，虽然他的族人很英俊，但总是赤身裸体，缺乏占有意识，没有白色的晚装，可以自由地与他们想要的任何人发生关系，不会有困惑和愤怒的情绪，享受着堕落前的自由和快乐。梅也比落入奴役、金钱的深渊的种族高尚，他们为了保护自己的财产，特别是从外国人那里赚到的钱，而不得不储蓄，他们谨慎而有条件地交换东西，为的是能够得到邀请，到欧洲人的房子去做客，而不是接待客人，他们只愿意对那些达成了"接待约定"的对象表现出热情，他们要身着晚装，尤其是特别容易弄脏的白色晚装，他们使用物主代词，嘴里念叨着"我的妻子""我的枕头"。梅还高于这样的种族：束缚于我们所谓的文明，不能随便与人发生关系。这一种族有明确的"性协议"，协议首先规定禁止乱伦，其次规定了什么人、以何种方式，以及在何时可以触摸和被触摸。尽管这可能是"有史以来对人类性生活最残酷的伤害"，但这仍然是支撑着文明的两大支柱之一。人类受到文明束缚的历史已经有好几百年了，在佩特罗维奇展开非洲"前文明天堂"之旅的几年以前，弗洛伊德指出，这种叫作"文化的性道德"已经堕落到谷底，成为当代欧洲人神经质痛苦的原因。作为记录下眼之所见的"档案员"，佩特罗维奇实际上并没有亲眼见到非洲人的这种"前文化的"、解放的性道德。在叙述非洲人为自己的女人与欧洲人睡觉而感到荣幸时，佩特罗维奇使用的是"众所周知"这种非个人化的表述。他没有指出这些事情发生在他非洲旅行期间，旅行中没有人要求他以这样的方式给别人荣光，这样的情况也没有发生在他的同行者身上。"任何男人都可以跟任何女人在一起"，是佩特罗维奇观察一个乡村婚礼时得出的结论。他推测道："灯光很快就会熄灭，当一切陷入黑暗时，任何人都会跟其他人搞到一起。"但是他没有等到灯光真的熄灭，也没有真的去侦察村子里后来发生了什么。即便不这么做，他也知道，一个人在非洲能够得到的比在欧洲得到的多。他也没有亲眼目睹别人享受这种很有吸引力的"前文明"性自由。他亲眼所见的只是他在摩洛哥妓院里看到的情景，他与身上散发着干果香气的女孩待在小木屋里，他不得不好好洗手，因为他不喜欢那种味道，他的手无数次地触摸着这些曼妙的身体——尽管是"受情况所迫"。

如果支撑着我们的文明的一大支柱已然摇摇欲坠，那另一支柱的情况想必更加糟糕。如果有人从未听说过乱伦的禁忌，允许无节制的性行为，那么他估计也没有听说过不能食人的禁忌，直到佩特罗维奇把食人者搬上舞台，这种假设成为事实。那是一个"胸部患上了不可治愈的疾病"的非洲人，他"头部疲惫不堪，轰然倒地"。这是可以被看见的场景，旅行作家的笔应该就此打住。但是，佩特罗维奇却知道，这个患病的人是个"内向型食人者"，只有吃掉他的"第二位嫂子，或者小舅子，或者任何一位家庭成员"，他才能治愈自己。威廉·阿伦斯（William Arens）指出，人类学家关于吃人现象的说法无处不在，但都是基于"某种不太合理的论证"。[1] 而佩特罗维奇得出这个推断的理由，符合

---

1 详见 Obeyesekere 1992。Obeyesekere, Gananath 1992. "'British Cannibals': Contemplation of an Event in the Death and Resurrection of James Cook, Explorer" in *Critical Inquiry* 18: 630-654.

阿伦斯的判断。作为"档案员"的旅行作家,是如何确定这个患病的人就是第二文明禁律的违反者?翻译告诉他:"这个患病的人,不是唯一的,还有很多像他这样的人,人们骂他们是豹子,[1]唯一的治疗方法就是吃人肉,这种'豹人'如果离开了人肉,就无法活了。"胸部患病的人以前会被称为豹子,对于病了的豹子来说,唯一的解药就是人肉,因为"家人的血和肉能带给他最大的力量"。这是翻译说的话,这些话让佩特罗维奇得出了自己的结论。他看到了一位"食人者",他宁可相信无厘头的解释,也不愿意相信文明的法国法律所规定的传统医疗方法。他是通过以下几个谨慎而理性的步骤而得出结论的。首先,做一个理性的欧洲人太自负了!(所以不用这样做。)其次,要与非洲人区别开来,因为"他们没有进行分析和推理的能力"。再次,通过分析和推理,可以跨越和弥补证据的缺失(而得出你想要的结论)!

佩特罗维奇关于非洲食人事件的另一番记述给人留下更加深刻的印象。他复述了一个村子人口失踪的故事,村民在地上发现了"豹子的爪印和毛发"。人们怀疑豹子跟这件事有关,并且上报了法国的殖民长官。长官来到村子里,把萨满叫了过来,威胁说如果他不供出犯人,就判他死刑。萨满"拿出一个笼子,笼子里有一只小老虎,他围着小老虎唱歌、跳舞,用从特殊的井里打来的水洗了把脸,然后围着村民绕圈,长时间观察他们,随后从中指认了三人"。这三个人立马被捕,其中两人当晚就被毒死,第三人被折磨到第二天,才最终承认了罪行,"几经拷问和折磨,他都不愿意透露自己是如何杀害并吃掉了受害者"。所以,崇尚理智的法国长官,依靠围着笼子唱歌和井里的水,以及严刑

---

[1] 豹子是身穿兽皮和爪子的食人者。

逼供，最后得到了供词，却因为犯人无法解释食人的过程而大失所望。不过，对于佩特罗维奇来说，这些已经足够了。作为《非洲》（*Africa*）一书的作者，佩特罗维奇总结道，就算没有足够的证据，"当你看到黑人在白人面前惊恐得抽搐，脸上那几近疯狂的神情"，就足以确定他肯定每天都盼着吃掉"二嫂和小舅子"。惊恐得抽搐，可能是他认识到欧洲的理性和推理有多么厉害之后的结果，这是佩特罗维奇从未想过的。这就是佩特罗维奇的非洲：人人都是"小孩"，"人人都是美妙的山地动物"，有着曼妙的赤裸肉体，修长而优雅的肌肉，完全没有脂肪，胸部高耸而坚挺，但他们没有分析和推理的智力，没有占有欲，会绝对无条件地献殷勤，跟任何人自由地做爱，多亏法国长官禁止，否则他们还会食人。

他们与我们有什么不同？

我们是不同的，差异无法抹去。花的形态可以向昆虫趋近，而昆虫也可以向花朵趋近，但是要让非洲人向欧洲人趋近，可能还需要更长的时间。佩特罗维奇对此深信不疑。如果非洲人有流露出模仿欧洲人的动机，或者表达出想获得欧洲人身份的愿望，那么佩特罗维奇对他们的同情，对人类的纯洁、天真和青春的赞美，就会瞬间消失，变成蔑视、愤怒和嘲讽。当看到极个别的非洲人试图把自己原本的身份置换成一个新的身份时，或者只是向另一种身份表现出欢迎，佩特罗维奇就会感受到无法克制的愤怒，他认为非洲人的这种心态极不体面，令人反感甚至相当危险。

陪伴佩特罗维奇来到非洲的是一位来自巴黎的朋友维勒[1]，他是一名探险家。"三十年前，他带着最精锐的探险队在苏丹探险，在上沃尔特建起了整座城镇，并以自己的名字命名了许多昆虫和植物。他还收集了各个时代的武器、宝石和珠宝。"毫无疑问，维勒对非洲十分了解：他在那里生活了很多年，对当地的语言、植物、动物、风俗和地理都了如指掌。多年后，他回到了欧洲，在马赛经营起一座非洲咖啡农场。维勒向佩特罗维奇介绍非洲，陪他在非洲度过了头几个星期，随后离开了他，让他独自旅行。当他们还在船上的时候，维勒告诉佩特罗维奇，在非洲度过的漫长岁月里，他"不自觉地忘记了自己不是他们中的一员"。维勒说道：

> 我从未想象过自己是个黑人，但是我感觉自己就是个黑人，如果我好几天不留意自己的手，等我忽然看到的时候会大吃一惊：我的手竟然是白的！过了十四年那样的生活后，我恋爱了并结了婚，如果按照欧洲的标准，我对待妻子的方式糟糕极了，因为我把黑人的心态带入了白人婚姻里面。我的妻子很早就意识到我的问题，她没有以不恰当的方式来改变我，至今我仍然非常佩服她。在跟黑人共同生活了二十年之后，我才意识到，我已经不能将自己与他们分开了，于是我决定回归欧洲文明。现在，当我跟他们在一起的时候，我跟你一样，都是一个来自不同种族的人。我没有不得不回到

---

[1] 让·维勒（Jean Vuillet，1877—1961），农学家，法国殖民地官员，曾经写过关于曼德人历史文化的文章，著有《亚洲对西非的思考》（*Reflets d'Asie sur l'Ouest Africain*, Toulon, 1954）。——译者

欧洲文明的真正理由。我认为我对待妻子和孩子的方式与黑人没有什么不同。你可能已经习惯了肤色的不同,以至于你不会再注意到它。我们(欧洲人)的生活方式,在某种情况下,与黑人的生活方式其实也没有什么区别。当我说我是黑人的时候,我想说的是我感觉自己跟当地人没有什么区别了。然后,突然间,我又开始感到差别变得越来越大。这是因为疲惫,或者衰老吗?疲惫和衰老,赶走了我精神中的一切新事物。还是恰恰相反,是我的种族的原始力量在无意识中觉醒,消灭了我身上一切模仿能力?

维勒不是那种匆匆过客,也不是那种在非洲待了几周就会回到欧洲,在自己安静而舒适的书房里写游记的旅行者。一般来说,依循体裁,游记描绘的是"我们"和"他们"的差异问题。差异是游记的核心内容,也是游记写作的真正目的——游记所写的从来都不是相同的事物,而是不同的东西。佩特罗维奇是在非洲待过几周的旅行作家,他的任务是要找到非洲人和欧洲人之间的差异,这可能是他见到非洲人试图模仿欧洲人的时候就感到紧张甚至是愤怒的原因。另一方面,维勒没有写游记,他是真真正正常年在非洲生活,久而久之,他克服了"我们"和"他们"之间的差异,逐渐把这些差异消灭,直到它们最终消失。他成为一个非洲人,以非洲人的方式生活。但是他为什么不继续保持这种状态呢?为什么曾经被克服的差异,又重新显现出来?对于这个问题,很难找到简单的答案。即便是维勒自己也无法解释。不过,不管原因是什么,不管是疲惫,还是衰老,还是"自己种族的原始力量的觉醒",不管怎么样,对于维勒和佩特罗维奇来说,非洲人和欧洲人的身份差异的减小(如果不是说消灭),只是一种只能暂时发生在某一身份表面或者边缘的现象，而差异的核心是坚固的，是不会发生变化的，就算其表面发生变化，差异整体终将恢复到原始的状态。发生暂时变化的这一个边缘区间，将把我们坚不可摧、牢不可破、永恒而确定的身份认同的某一部分暂时分隔出去。这一块被分隔的、发生了改变的身份，我们称之为"拟态"。正如维勒所说，变化发生在"我身上的拟态"，它与真正的我并不相干。自我的"拟态"和真正的自我可以短时间互相结合，前者还可以在一段时间内覆盖后者。然而，毫无疑问的是，它们之间特定的等级关系迟早是会被恢复的：自我会克服强加在它身上的外来因素，自我的底图会重新显现。

这一理论对于旅行作家佩特罗维奇来说可能是新的，他似乎可以简单地接受这种现象，而作为科学家的维勒，不仅有足够的时间来考虑这个问题，而且能够对这种理论进行亲身实验。佩特罗维奇写道："他（维勒）发现了一种新的昆虫，这种昆虫在树上可以伪装成花朵。由于昆虫的伪装不够完美，所以这朵花也开始模仿昆虫，它长出了小脚，以驱赶前来捣乱的蝴蝶。这种相互拟态，导致一种共同的外部身份的出现。"每一种身份的拟态空间都是有限的，昆虫无法完美地模仿花朵，因为昆虫的自我占据上风，阻止它完全蜕变。昆虫在对花朵进行身份趋同时无法完全覆盖的差距将由花朵来进行补全，所以最后这两种完全不同的生物，会变得一模一样。这样子，它们都把自己成功保护起来了：花朵免受蝴蝶骚扰，昆虫免遭鸟类捕食。

佩特罗维奇对这个故事印象深刻，但这并不表明，维勒因长时间生活在非洲而在某种程度上变成了非洲人，就应该受到批评。佩特罗维奇以同样的态度来讲述维勒的故事和昆虫花朵互相模仿的故事，因为这两个过程似乎都是同一条自然法则下的结果。但是，在随后的非洲旅行中，当佩特罗维奇看到这种模仿行为不是出现在昆虫和花朵之间，而是出现在人与人身上时，他的反应却不一样了。在描写完昆虫和花朵互相拟态的故事之后，仅仅隔了四页纸，他写到眼前所见的一群非洲人，"这些人是年轻的男子，身着白色的欧式长裤和粉红色的衬衣，外衣着燕尾服，头戴圆顶礼帽。他们骑着自行车穿来穿去，恍如马戏团里的黑猩猩"。这段描述中的关键词是"黑猩猩"。在自然界中，黑猩猩与人类最为相似，它们也是唯一具有模仿人类的能力的动物。它们模仿，效颦，引人发笑，不过人们的笑声里充满了不安：这种可以被察觉的相似性是不应该存在的。我们明确地知道，不一样的两样事物之间，不应该存在相似性，它们必须是迥然有别的。如果相似性以这么强而有力的方式出现，以至于无法被忽视，那我们对差异的信心必将受到动摇。这种不安的来源是：如果相似性不仅仅是在表面，不仅仅在边缘的"拟态区间"，而是实质性的，那怎么办？如果相似性实质上来自我们坚不可摧、牢不可破的身份认同本身，也就是维勒自信地称之为"自我"的部分，如果我们承认这种相似性不是来自模仿，而是来自本质的相近，那我们对于差异的信心是不是将会动摇？而我们由差异而来的自信心，是不是也将因此而受到伤害？此外，这种入侵性的拟态实现的是一种相似性，但不是完美的同一性，它将反作用于我们的形象，让我们的特征发生变形，使其与我们坚实的核心脱离开来。这一过程向我们表明，我们原以为是坚实而完整的东西，其实可以以一种非常不寻常的方式被改造和颠覆。那种可被模拟或者模仿的特性，应该只存在于表面，存在于"拟态区间"，不应该出现在我们身份认同的核心。但是，我们如何区分坚实的核心和边缘的"拟态区间"呢？模仿的行为之所以危险，是因为它有可能将打破核心与边缘之间的界限：如果我们任其发生，我们将再也无法分辨什么是"自我"，"我们"和"他们"之间的差异也将可能消失。[1]

佩特罗维奇对维勒在非洲生活多年后几乎变成非洲人的故事敬佩有加，对昆虫和花朵互相拟态的科学发现印象深刻，却对那些试图模仿欧洲人打扮举止的非洲男子感到恐惧。有一次，当他乘船过河时，看见一男两女试图将他们对欧洲风俗和礼仪的粗浅了解变成一种表演：

> 我身旁坐着几个当地人，一男两女，他们用法语互相称呼对方"先生"和"女士"，试图引起我的注意。他们高声尖叫，胡言乱语。他们模仿白人妇女说闲话时的表情和手势，看起来像极了斯戴里亚[2]喜剧里面的表演：他们用手在自己的身上拍，尖声大叫，吱吱喳喳地兴奋说话。他们是黑人中的精英，看书读报，然后欢快地用闪亮而无意义的辞藻来装饰自己，他们就像海水泡沫做的珍珠项链……过了半个小时，基督徒们（指上面写的黑人）因为模仿的活动而累坏了。女人们先是吃了干鱼、看起来脏脏的培根，以及又湿又硬的面包，然后从船舱的壶里舀了一些水，清洗两腿之间的位置，以清爽提神。而这位男子，似乎还在跟他的欧洲性作斗争，像一个马上要睡着的人。他殷勤地把他的手帕递给两位女士，让她们擦干两腿之间的位置。

---

[1] 佩特罗维奇对"拟态"的不安，与霍米·巴巴（Homi K. Bhabha）所说的"模拟"（mimicry）极为相似，见 Bhabha 1994: 121-131。
[2] 约万·斯戴里亚·波波维奇（1806—1856），塞尔维亚剧作家，他曾将莫里哀的喜剧形式引入塞尔维亚文学。——译者

在佩特罗维奇看来，这是没有办法回头的。人们不禁想知道，是什么让他最恼火？是热爱八卦的女性？无意义的欧洲辞藻？还是在公共场所处理私处卫生？这几个非洲人是否知道个人卫生应该在私密的地方处理？而个人的手帕只有在特殊的情况下才能借给别人？他们是否想过，自己与同样操用闪亮而无意义的辞藻的欧洲人之间有什么不同？

为了维护边缘的"拟态区间"与坚不可摧、牢不可破的"自我身份"之间的边界，从而保卫我们与他们之间的界限，佩特罗维奇必须不认可黑人们的模仿。他们（在你眼前）全身赤裸着潜水的时候，是很美的，但是如果他们想以平等的身份向你靠近，那你最好与他们保持距离。当佩特罗维奇再次遇到试图在"拟态区间"里有所尝试的黑人时，他变得更加谨慎："因为我立即意识到，他的友善、微笑和眨眼，都是为了让我相信他是多么的欧洲，为了向我说明他是黑人称之为克利奥人（Creole）的文明人。但是在我看来，克利奥人是最让人厌恶的黑人种类，因此我完全克制了自己对他表现的一切友好。"这个黑人为什么要受到这样的惩罚？为什么被佩特罗维奇冷漠对待，被拉开距离？他的善意和微笑是不可饶恕的冒犯吗？善意和微笑下隐藏的是危险吗？罗伯特·杨（Robert Young）这样写道："'克利奥人'这个词意味着位移，将主导文化转换成新的身份，从新文化中摄取物质元素。最终，交流的双方都会'克利奥化'，都会被改变。"[1] 维勒不怕被克利奥化。我们即将讨论的另一位在非洲的欧洲人，也没有对自己的身份感到紧张。只有佩特罗维奇渴望看到每个人都待在自己恰当的位置上，并确保他们时刻能察觉到与我们的差异。

1　Young, Robert J.C. 2003. *Postcolonialism. A Very Short Introduction.* Oxford: Oxford University Press.

但是，我们是谁？

从《非洲》这本书的中间开始，佩特罗维奇旅行进入了"最奇怪而最奇妙的阶段"。他写道："一些事情发生了，我被卷入到非洲生活的中心。"这件事使他从一位普通的旅行者，变成了游记故事中的一个角色。佩特罗维奇遇到了一位瑞士人，这位瑞士人不愿意在佩特罗维奇的游记中公开自己的名字，因此佩特罗维奇以 N 来指代他。"他是我遇见过的最奇怪的人之一，我的非洲之旅就算别无所获，但让我认识这个人，就足以值回票价。"对这一位同在非洲的欧洲人的迷恋之情，贯穿了佩特罗维奇游记的第二部分。"他就像伟大的冒险小说当中的主人公"，如今走进了佩特罗维奇的文本，给他的文本带来了约瑟夫·康拉德的风味：非洲有了自己的库尔兹（Kurtz，后文将详细叙述）。这本游记不再是对可见事物的记录，它变成了更加复杂的东西。从佩特罗维奇开始跟 N 一起旅行的那一天起，他的立场发生了巨大的变化。不管 N 是多么不好相处，不管他有多么让人讨厌，佩特罗维奇依然会给他预留位置。在此以前，佩特罗维奇都是站在欧洲人的立场，写关于非洲的事。而现在，一位更加地道的欧洲人物登场了，他才是真正的欧洲人。而佩特罗维奇只是欧洲化了的巴尔干人，一位来自欧洲边缘的人，一个通过文化、语言和教育的训练而成为欧洲人的人，在真正地道的欧洲人面前，他不得不退让一步。这是为什么呢？

N 是一名年轻的瑞士贵族，是一位伯爵，是贝里伯爵和法国元帅 D 的直系后裔。佩特罗维奇的祖父只是奥斯曼土耳其帝国苏丹的臣民。他的父亲，米塔·佩特罗维奇（Mita Petrović）参加过解放塞尔维亚南部的战争，抗击过土耳其人。佩特罗维奇本人出生在一个"如此之小，没有出海口，非常弱，随时受到死亡威胁"的国家。这个弱小的国家勉强在世界大战中幸存下来。佩特罗维奇在写自己的时候这样写道："'他（指自己）'与这个国家一起成长，两者不可分开，'他'代表了这个国家。"现在，贝里伯爵的后代 N 和苏丹臣民的后代佩特罗维奇两人，一同来到了非洲大陆的中心，他们分别代表着法国和塞尔维亚。后者需要努力才能成为欧洲人，而前者不必，因为他的欧洲性是与生俱来的。佩特罗维奇与毕加索、纪德和马克斯·欧内斯特（Max Ernest）亲密得就像朋友，他还熟读柏格森和普鲁斯特的书，这些经历是 N 从来没有过的。佩特罗维奇通过吸收欧洲的文化来进入欧洲，而 N 则可以忽视、漠视这些文化，因为他知道这些文化属于他。另一方面，佩特罗维奇了解欧洲的本质特性，他通过这样的方法来认知欧洲，他所了解的一定比只通过家族继承而成为欧洲人的 N 要多。在佩特罗维奇看来，欧洲指的是广义的、文化上的欧洲，只有在这样的限定下，他才算身在欧洲，成为"局内人"。那个作为帝国、作为殖民者的欧洲，征服了"他所代表的弱小的国家"，从这层意义上看，他是欧洲的"局外人"，在欧洲他永远不会有自己的一席之地。由于他掌握着两种语言：作为欧洲文化中心语言的法语，和代表欧洲边缘的塞尔维亚语，因此这位局内人/局外人获得了双重立场。因为欧洲不是他的家族遗传，他必须做出额外的努力，才能获得进入欧洲的入场券，他要对欧洲"最欧洲"的特质深入研究，为之献身，才能最终得到它。正因为有这样的过程，他比世袭的欧洲人更加清楚什么是"非欧洲"的东西，什么是"反欧洲"的东西。他通过文化来进入欧洲，只有他了解和珍视的那部分内容才是他所相信的欧洲。

因此，总有一半的现实是他看不到的，也就是一个他看不到的欧洲，尽管其"欧洲性"比较弱，但归根到底也是欧洲的。佩特罗维奇产生了疑虑：1941年4月，当德国人的炮弹击中了他在贝尔格莱德的家，摧毁了他的家庭图书馆，摧毁了他多年珍藏的伟大的欧洲文学藏书和哲学著作。他疑惑，是因为他不相信欧洲正在自我毁灭——而这正是欧洲复杂而矛盾的存在方式。欧洲理念最纯粹的体现，并不存在于历史现实当中，而是存在于拉斯特科·佩特罗维奇这样的人的梦里。

佩特罗维奇断言，年轻时的N伯爵一定非常英俊，不过他是个"伤痕累累的青年"。他浑身都是伤疤，只有靠自己非凡的韧性维持着生命。他在巴黎跟一位俄罗斯女士发生了愚蠢的纠葛，他的父母把他发配到了偏远的殖民地。在非洲，他不像其他欧洲人那样带着仆人、厨师和搬运工一起旅行。他痛苦而愤怒，被迫为自己的每一口饭和每一次呼吸而拼命。N吃的是非洲人吃的东西，跟他们喝同样的水，他说："我已经消除了自己和他们之间的一切界限，我说着他们的语言，吃着他们的饭，睡着他们的女人，以他们的方式来欺骗他们：他们既喜欢我，又害怕我。"黑人是真的怕他。"二十个有着运动员体格的黑人，在自己国家荒无人烟的地方，竟然害怕一个白人，在这样的地方消灭一个人易如反掌，而他们却害怕这个已经遍体鳞伤的白人。这个白人只有捂住自己的腹部才能站起来，他的头已经不能动了。但是他们还是害怕他，他身上任何武器都没有。"N说："我很清楚，我知道黑人是多么可悲的生物，他们的思想非常肮脏，我和其他白人一样鄙视他们，但是我同样清楚，白人也一样思想肮脏和令人厌恶。"他从不掩饰对非洲人的蔑视，承认自己希望他们倒霉。N继续艰难地做着贸易生意，他努力治疗自己的痢疾，以及在糟糕的非洲公路上发生的三次交通事故所留下的伤口,他梦想着在荒野中建造一所房子:"一座宏伟的大房子,里面要放一架真正的钢琴,墙上挂真正的肖像画,要有真正的、结实的家具,有书,有餐具。在世上最荒芜的地方,靠一己之力,按照自己的想法,建造自己的家。一座真正的欧式房子,因为毕竟只有欧洲人才最了解建筑。"佩特罗维奇说,这是 N 身上唯一的人性表现:建设自己家园的愿望。在这个无限殷勤的国度,人们为了招待客人完全敞开自己,不求回报,而作为外国人和客人的 N 却想要建造一座宏伟的大房子。面对这些他敌视的人,他想要舒适自在,他想反客为主,他希望这些在非洲当主人的本地人来当他的客人。然而,他们走进这座宏伟的大房子的方式,跟 N 和佩特罗维奇走进当地人的小木屋的方式有所不同——他们不能自出自入,而是需要被邀请。邀请就是一种障碍,就像欧洲房子坚固的墙壁一样,把不受欢迎的人挡在餐桌之外。在这一个无限殷勤、无条件好客的国家,一位"非常有教养的善良而安静的淑女,医学博士",J 夫人说,"她绝不允许一个黑人坐在她的餐桌边上,无论他多么有文化,而且她将不放过任何机会让这位黑人知道自己属于一个低等的种族……所有参加这一场谈话的人都认为,跟黑人同桌吃饭是不可能的"。因此,尽管黑人对白人绝对热情好客,但是就算在自己的非洲家园,也永远不能得到邀请,成为那些外来白人餐桌上的客人。黑人需要知道,当宏伟的欧式大房子出现在这片土地上时,这片土地就再也不是他们的家了,他们不能再像以前那样自在。疯狂的 N,在绝对好客的国家,对招待他的主人大喊大叫:"这里谁说了算!这里谁发号施令!这是白人的地方,这是白人的地方,难道你们不明白吗!——受到惊吓的黑人害怕他的拳头和牙齿,确认道:这是白人的地方!"非洲人害怕

N，N 也懂得如何吓唬他们。当他对他唯一的男仆发脾气的时候，他打他，吓唬他，但如果这个男孩开始哭泣，他反而会安慰他，抚摸他。这是"他的小男孩"，只有他才能得到温柔的对待，而他对其他人则要严厉得多。如果伺候佩特罗维奇的仆人"没有立即服从命令，或者不够热情，N 不像其他白人那样扇他巴掌，而是会疯狂地咬他的手臂或者后背"。"被咬的人总是会大喊大叫，愤怒地盯着 N，但是只会害怕地从他身边跑开，毫无疑问，那一口肯定咬得很重。"N 的撕咬在佩特罗维奇的仆人的皮肤上留下了"血淋淋的牙印"，足以看出其力度之大。在仆人清洁和包扎伤口时，佩特罗维奇想："尽管他的生活是困难而痛苦的，他也没有权利变成一个食人者，或者任何与之类似的东西。"佩特罗维奇认为，N 没有那样的权利，非洲人才是食人者，他们生活在乱伦和食人的"前文明"状态中，但是我们已经在那两条禁忌的基础上，建起了伟大的欧洲文明大厦。这是我们对自己的定义，这是我们在自己和他们之间划出的界限。我们不会随便跟任何人发生关系，不会吃人，如果我们还想保持界限，那我们就要遵守这两条禁忌。我没有权利变成食人狂，我们顶多只能允许自己受诱惑：可以自由地观看人体"和谐的肌肉"，有权欣赏"年轻运动员般的身体，赤裸修长的背部，紧致的臀部，笔直而强壮的双腿"、"完全没有脂肪，没有过度发达的肌肉"、"呈条形的肌肉"、女孩"冰冷而结实，笔直，形状像梨，沉甸甸的胸部"，有权欣赏他们"野生水果"般的体香、"如同结实的苹果那样圆润的肩膀"、"有着黑李子颜色的眼睛"。我们有权利对"她们粉红色的舌头"感到兴奋，尽管我们知道"这舌头的粉红色里，和口腔湿润的红色里有一种亵渎的东西"。但是我们没有权利屈服于这种诱惑，我们必须抵制这种肉体内部的湿润红色的亵渎，抵制对野果子和肌肉的欲望——因为我们知道人是不能吃的，起码我们是不吃的。我们用舌头抚摸、亲吻、舔舐、吮吸这湿润的红色，但是我们不会把它咬下来。不过，我们知道这两种行为之间的边界是不稳定的。最有影响力的欧洲精神阐释者告诉我们，这两种行为源自同一根源，但是他也强调，将这两种行为区分开来，是我们性成熟的标志：我们度过了食人的阶段。不管我们多么享受与以母亲的乳房为代表的世界融为一体，我们都可以内在地消化这种感觉，让它成为自我的一部分。不管我们在生活中如何感受这种缺失，并在徒劳的尝试中试图从别处寻求安慰，我们都允许自己退回到已经成功克服原始欲望的阶段。这种成果是我们成为一个主体的基础，是我们欧洲文明的基础。这就是我们对食人行为既厌恶又着迷的原因，因为食人者可以满足与世界共生统一的愿望，不仅是共生统一，还是最原始的统一，我们被我们的个人发展和文明发展永远地排除在满足这一愿望的可能性之外，就像我们从天堂被驱逐一样，并被判处永久忍受这种缺失。

　　作为贝里公爵的孙子，D元帅的儿子，N是世袭的欧洲人，本来应该是欧洲文明的化身，应该是抵御未开化的复辟、抵御心理和历史倒退的屏障。他在食人族的部落里生活了一年多，他不仅不害怕他们，反而"一直在虐待他们，只因为他可以这样做"。这个邪恶的、病态的、不修边幅的人，有着令人厌恶的习惯，手无寸铁地指挥着二十位有着运动员体格的黑人，殴打和撕咬他们，他在找地方修建一座高大的欧式房子，"他吞噬一切，他的胃口简直让人无法想象"。佩特罗维奇对他既厌恶，又着迷。他虽然对N有"确切的厌恶感"，但他不得不承认，"这个谁都害怕的、苦涩、古怪而疯狂的人，确实有他特别的地方"。噢，做个欧洲人，多么自负啊！也许正因为他是贝里伯爵的孙子，D元帅的儿子，他就能满足自己的欲望，满足自己的胃口，吞噬一切，尽情去做佩特罗维奇不可以也不应该去做的所有事。因为佩特罗维奇是欧洲化了的巴尔干人，是边缘的欧洲人，自诩欧洲文化卫士，他把欧洲文化和欧洲思想珍藏在自己家的图书室，却在1941年被德国的炸弹摧毁殆尽，他只有安分守己地遵循欧洲文化，恪守禁忌，才会被当作欧洲的"局内人"。N伯爵可以越过界线，继续当一名世袭的欧洲人：他的欧洲不仅是佩特罗维奇在贝尔格莱德的家里的图书馆，还是处于非洲荒芜之地中央的欧式大房子，里面有真正的肖像画，有巨大的家具，不是每个人都可以随意坐在这座房子的餐桌边上，房子的主人可以大喊"这里是白人的地方！这里是白人的地方！"，他可以坐在自己的餐桌上，宣布文明的新法则就是咬人，就算他越过文明和不文明之间的界线，他依然拥有自己的欧洲，而这个欧洲永远将佩特罗维奇拒之门外。佩特罗维奇不能越过这条界线，他不能屈服于诱惑，他不可放弃贝尔格莱德家中藏书里的欧洲思想，不然的话，他的身份就剩下苏丹臣民的后代，只不过是抗击土耳其人的士兵米塔·佩特罗维奇的孩子，是塞尔维亚这个弱小国家的子民。他只好抱紧这些书，恪守禁忌，当他看到这些书被烧成灰烬，看到禁忌被打破时，他必须反抗，必须去请求、去要求、去乞求书商重印这些图书，因为它们是佩特罗维奇成为欧洲"局内人"的唯一希望，只有这样，他才有机会受到邀请，坐到餐桌的位置上，因为作为苏丹臣民的后代，他不可能在非洲的荒野上修建自己的大房子。不管N有多么讨厌，他反复做出格的事，佩特罗维奇在非洲的旅程中始终没有跟他分开，从头到尾一直跟在N身后，因为N有能力也有权利破坏法律，违反禁忌，同时还散发着魅力。

"小镇传令兵"

尽管佩特罗维奇没有提到约瑟夫·康拉德，但是读者可能在《非洲》一书里发现《黑暗之心》的痕迹，尤其是在作为超文本的人物 N 身上。佩特罗维奇的游记，作为超文本，让读者进行关系性阅读，也就是热奈特（Genette）在《隐迹稿本》（*Palimpseste*）中描述的："在羊皮纸上，一个文本可以叠加在另一个文本上面，它没有完全遮盖原文本，原文本透过新文本显示出来……超文本邀请我们参与到一种关系性阅读中去。"

在康拉德的《黑暗之心》里，库尔兹也是一名身在非洲的典型欧洲人。库尔兹是德国的姓氏，但是，根据主人公马洛的叙述，库尔兹在英国读过书，他的母亲有一半英国血统，父亲有一半法国血统，总之，"整个欧洲都为库尔兹的出生做出了贡献"，欧洲对这一结晶抱有很高期望，熟悉他的人都说："噢，他会走得很远，非常远。""他很快就会成为政府中的一员，你知道，他们——欧洲委员会，早就看好他了。"库尔兹在欧洲的非洲计划中发挥了作用，以文明非洲为目标的国际消除野蛮习俗协会还委托他撰写了一份报告。库尔兹不仅代表了基督教的仁爱、欧洲的科学和进步、欧洲的正义和权利、现代商业的效率理念，他还是伟大的欧洲艺术成就精华的化身，他是伟大的音乐家、油画家和诗人。简而言之，"一位样样精通的天才"。然而，在他的众多才华中，"最突出的、最具存在感的是他的口才，他有表达的天赋，他的话既让人困惑，又给人启发"。库尔兹给国际消除野蛮习俗协会撰写的报告"理据充分，振振有词"，他的独白不但精彩，还表达了欧洲爱与正义的最高理想。在到达非洲以前，库尔兹当过记者，为报刊撰稿，参与民主社会的公共领域，常常给人深刻的启发。我们最珍贵的思想在这里被塑造、被表达和被捍卫，我们的计划在成为政策以前需要让公众辩论，所以，这里有最具正义感和口才的辩论家。这里也是通往政界的入口，正义和进步的倡导者，有机会在政坛上大展宏图，把自己的想法变成现实。一位有幸结识库尔兹的人说："库尔兹的用武之地应该在大众政治领域，他可以出色地领导极端的政党。"不过，这些崇高的爱、正义和进步的理想，都不能掩盖库尔兹在非洲的所作所为。在听到库尔兹的崇拜者对他的评价后，马洛得出了一个简单的结论："说白了，他搜刮了那个国家。"看着库尔兹小屋周围的大象头骨，马洛明白了，有些事情并不是那么简单，库尔兹也许不是单纯为了追求商业效率而囤积象牙。"放在那里的头骨，无利可图。它们说明库尔兹先生毫无节制地放纵自己的各种欲望。"马洛想，库尔兹或许不喜欢用鲜花装饰自己的小屋，而喜欢用大象的头骨，就算这说得通，但如果不是有利可图，谁会这样做呢？从商业理性的角度出发，这是一种纯粹的剩余，但是人在满足自己的欲望方面，从来都不是理性的。要获得利益和利润，有时候需要杀害生命，砍下头颅，但是不需要把头颅展示给人看。这种做法，只能是欲望的结果，为了从死亡的景观中获得巨大的快乐。这种快乐不是赚钱或者抢劫可以得到的。抢劫让从死亡的景观中获取快乐的做法合法化了，它只是利用了"利润使一切合法"的逻辑。康拉德笔下的马洛来到了坐落在黑暗大陆中心的库尔兹的住处，发现他对死亡的欲望和对死亡景观的追求并不是为了殖民地经济的额外利润，却把它看得像利润一样重。砍下象牙就等于杀死大象，但这两件事是相互独立的。这是马洛在非洲的秘密发现，他在垂死的库尔兹的喃喃自语中听到："活就要正确地活，死就要……""正确地活"指的是拓宽文明的边界，抵制野蛮，要当进步、正义、科学和商业效率的代表，创作诗歌、音乐和绘画，用灿烂的口才宣扬基督教的仁爱和理想。"死就要……"指的是对死亡的迷恋，创造了"微妙而恐怖的无光之处，在那里，纯粹简单的野性是一种积极的解脱"。在无光之处的中心，是库尔兹对死亡和欲望的迷恋，以及从中得到的快乐。这是一个会让野蛮人感到困惑的欧洲秘密。

英国人马洛偷偷回避了这个秘密，他告诉别人，库尔兹没有说出口的是——她的名字。这种虚假的爱与奉献的浪漫主义，掩盖了库尔兹最后揭示的真相，这个真相除了"恐怖"之外，没有别的词语可以形容。这个"太过黑暗"的秘密被压抑在深处，被推出敏感的道德视野之外。黑暗的秘密没有在明亮的地方被解开，"高高的绘画室，有三扇巨大的落地窗，从天花板一直开到地板，就像三根发光的、裹着床单的石柱"，黑暗的秘密属于黑暗的大陆，它应该留在那里。换句话说，应该送到那里——尽管那是我们的秘密，但是我们要把这些肮脏的东西，放逐到黑暗的大陆上。这是一个需要巨大力量来完成的操作，通过这一操作，整片大陆变成了我们抛弃黑暗秘密、抛弃压抑的废料场，变成了我们的无意识，变成了我们不想成为的事物的投射——变成了"微妙而恐怖的无光之处"，在那里我们可以为所欲为，可以倒退到我们在个人发展和文明发展的进程中已经成功克服了的阶段。（欧洲人）多么自负啊：他们小心翼翼地守着黑暗的秘密，他们有权倒退，并且有权把倒退的理由推给别人。

英国人马洛守口如瓶的秘密，被约瑟夫·特奥多尔·康拉德·科尔泽尼奥夫斯基在《黑暗之心》里揭露出来了。康拉德仿佛一名"小镇的传令兵"，他的喊声如此之大，大得在佩特罗维奇的《非洲》里引起了回响。从 N 在游记里出现起,"看不见的约瑟夫·康拉德也登场了",佩特罗维奇如此写道。康拉德的短篇小说无形地存在着,就像是"隐迹稿本"那样,从佩特罗维奇的《非洲》文本下浮现出来,它强化了佩特罗维奇的印象。他见到的所有人,在游记里写到的每个人,都受到了《黑暗之心》的影响,最为明显的莫过于 N 的形象本身。懂得关系性阅读的读者会发现,在佩特罗维奇的游记中,欧洲的文学体裁和英语文本实现了转变。这是一部由东欧作家创作的英语文学经典。康拉德是乌克兰和波兰裔作家,他利用优秀的欧洲文学体裁和西欧语言,揭示了一个关于黑暗权力的欧洲秘密。为了在新的文本中唤起回响,佩特罗维奇不得不运用自己语言方面的本领,对康拉德的"创作姿态"进行转化和改写。热奈特说:"要模仿一个文本,不可避免地需要掌握它的某部分,掌握要模仿的某些特定的性质。"通过转化康拉德的超文本,佩特罗维奇同样通过采用文化表达的欧洲方式,来揭示关于权力、关于保守秘密的秘密。他还可以用什么方法来做这件事呢?即使他想用欧洲默默回避的东西来对抗欧洲,佩特罗维奇,正如康拉德一样,不得不选用欧洲的方式来做。因为他没有别的选择。

佩特罗维奇学得很快

就算是掌握了欧洲的文化表达方法,佩特罗维奇仍不足以摆脱身份认同的焦虑。还需要掌握别的技巧,佩特罗维奇似乎也准备好去学习了。佩特罗维奇之所以留在 N 的身边，不就是为了学点东西吗？显然，N 身上有值得学习的东西，这个疯狂的人，手里没有一件武器，却让二十个运动健将不寒而栗。佩特罗维奇很快学到了：他要坐在轿子上，两头各一位黑人，把轿子的大梁顶在头上，他们顶着非洲的热浪，一步一步爬上山。

  他们上气不接下气；（大梁的）木头从他们头上滑了下来，乍一看他们非常辛苦。我有一种内疚，因为我把自己的体重，压在了这些可怜的魔鬼头上。尽管他们对我们说，如果不想患上热病，就不能受累。他们是自愿这样做的，因为对他们来说，这不会太辛苦。

这意味着，他总算学会了：

第六章
维舍格勒的庞大机器

- 秩序与进步
- "新人类"
- 庞大的机器
- 桥

如果被问到伊沃·安德里奇的小说《德里纳河上的桥》讲的是什么，大多数读者都会说，它讲的是维舍格勒城和这座大桥的历史，也就是从16世纪穆罕默德·巴夏·索科罗维奇（Mehmed Pasha Sokolović）下令修建之始，一直到20世纪初的故事。以这样的回答来概括整本书的内容，不过不失，但是，更准确地说，《德里纳河上的桥》这部作品所反映的应该是波斯尼亚和黑塞哥维那的经济现代化过程，而不是维舍格勒这座城市的历史。小说用了五分之二的篇幅来讲述该城自16世纪以来至19世纪末的历史，而后面的五分之三讲述的是从奥匈帝国军队占领此地起，一直到第一次世界大战爆发之间的三十六年里发生的故事。在后面的这一部分，小说大量的篇幅从经济、社会、政治和文化等各个方面讲述该城如何从奥斯曼土耳其帝国的行省转变为中欧帝国的领地。这些变化的范围有多广，程度有多深？这些变化有没有影响到波斯尼亚人的生活？这个地方从亚洲帝国的一部分转变为欧洲帝国的一部分的过程中，究竟发生了什么？最后，对它而言，现代化的意义是什么？跟世界的其他地方比起来，它有什么特点？是什么使它变得既令人羡慕，又令人恐惧，同时还充满了希望？

秩序与进步

奥匈帝国军队入侵和占领维舍格勒的方式，已经预示着这里将发生天翻地覆的变化。这不是第一支占领这座德里纳河畔的城镇的军队了，然而，这次的占领者没有在桥上砍断敌人的头颅来示众，没有过度掠夺，没有过度使用暴力，士兵没有在指挥官到达之前在这里烧杀掠夺，制造骇人听闻的恐怖事件，而以上这些，曾是奥斯曼土耳其帝国的远征军每次来到波斯尼亚时都会做的事。奥匈帝国军队的指挥官没有敲诈勒索，也没有要求人们对他行谄媚之礼，他只要求人们保持"安静和秩序"[1]。他经过维舍格勒时蒙着脸，不让人们看到他的样子。作为一名高效的军事将领，他干练地按照规定的程序来执行任务，从不表现出人情味儿的一面，他也不希望维舍格勒的人那样做。他不把这里的人当人，对他来说，这里的每个人都是"战争和冲突的对象和手段"。他身后跟着一队民事官，在马克斯·韦伯看来，这些文职官员是人类现代化的两大支柱之一——维舍格勒的转变，就从这里开始。[2]

民事官的出现，对维舍格勒的居民来说太不可思议了，因为人们不习惯现代化社会的新要求——"那些处于'自然'状态下

---

1 本文引用以 L.F. 爱德华兹的译本（1995 年）为主，必要时结合安德里奇的塞尔维亚-克罗地亚语原文版本（1967 年）加以辨析。
2 此处的现代化概念基于韦伯的《经济与社会》(*Economy and Society*) 和《新教伦理与资本主义精神》(*The Protestant Ethics and the Spirit of Capitalism*) 中的定义，并结合了受韦伯的现代化理论启发的彼得·L. 伯格（Peter L. Berger）、布里吉特·伯格（Brigitte Berger）和汉斯弗雷德·凯尔勒（Hansfried Kellner）等人 1973 年提出的相关研究。

的秩序,不那么有秩序,它们是随机出现的。"[1] 波斯尼亚的统治者从来没有经历过和平,因此他们也不知道如何让平民百姓和平:

> 他们坚决用难以触摸却又越来越明确的法律、法规和法令,来对所有人、动物和事物的形式进行规范,通过这样的方式,他们改变了一切,改变了城镇的外貌,也改变了人们从摇篮到坟墓的一生中的风俗和习惯……每一条法规都意味着人们的自由被消减,义务被增加,不过与此同时,作为居民的群体变得更加广泛,城镇和乡村的生活面貌变得更加充实了。

维舍格勒的人们终于要摆脱非理性的暴力了,阿里霍加的耳朵被钉在了大桥的门上,就是非理性的一个例子。在现代化的推动者到来以前,人们和动物一样,生活在一种"自然状态"下,必然伴有一定程度的暴力。然而,该如何比较和衡量这两种不同形式的暴力?前一种暴力,是在桥上砍头示众,或者把阿里霍加的耳朵钉在桥上,而后一种暴力是要求人们持许可证才能买卖牲口,要求人们按照规定的销售方式来交易水果,这两种暴力如何相比?小说的作者没有进一步说明,他仅仅指出:新政府"不近人情,程序烦琐,却比土耳其统治者更容易让人接受。传统的尊严和廉耻之心,掩盖了人们所有的残酷和贪婪"。在其高效的行政机构的作用下,新的国家成功地"以一种无痛的方式,更迅速

---

[1] Sica, Alan. 2000. "Rationalization and Culture" in Stephen Turner (ed.). *The Cambridge Companion to Weber*. Cambridge: Cambridge University Press: 42-58.

和更有效地从当地人民那里征得了税款和贡赋，并且没有引起任何的野蛮骚动。在过去，土耳其当局只知道以残暴和非理性的方式收取，或者只会以简单的掠夺来完成这件事"。新的政府讲理性，讲效率，讲成本和收益，管理井然有序。因此，它轻而易举地完成了旧政府只能靠嗓门和拳头以及怒火来完成的事。新政府开始对房屋进行编号，对城镇人口进行清点和登记。两年之后，它就是靠着这份人口清单来征召年轻的壮丁。对于征兵，女性的反应跟过去是一样的——她们发出绝望的哭喊和号叫。不过，这种合理规划和严肃组织的征兵，始终比奥斯曼时期的做法更加人性化，也更加容易接受。尽管这些男丁没有机会沿着新的帝国的权力阶梯往上爬升，就像当时在奥斯曼帝国那样，但是他们起码能够在第二年的秋天"干净利落、衣食无忧"地返回家乡。虽然不能说兴高采烈，但维舍格勒最终接受了这样的改变。

维舍格勒还接受了外貌的永久变化：

> 新来者砍伐树木，在别的地方种下了新的树，修理了旧的街道，铺了新的路，开凿排水渠，兴建了新的公共建筑。在最初的几年，他们把市集里面的破旧的店铺推倒了，仅仅因为这些店铺不整齐，而且说实话，它们也没有给任何人带来不便……整个市集的地板重新铺平了，还被拓宽了。一座新楼拔地而起，这是法院和地方行政机构的办公楼……他们还建了军营，清理了荒地，种下庄稼，改变了整片山丘的模样。

外国人不知疲倦地活动着，他们从来不休息，也不让别人休息，这让维舍格勒的人感到困惑。因为本地人依然向往着"甜蜜的沉默"和安宁，依然相信只要保持世界原本的样子，就是"公共生活和私人生活存在的主要目标和最完美的形式"。他们把外国人无休止的活动看作是不健康的征兆，如果可以由维舍格勒的本地人说了算，他们宁愿让城市保持平静。"破裂的地方有人修补，倾斜的地方有人加固，但除此之外，没有人会进一步做创造性的工作，或者制订计划，或者改变建筑物的结构，更不用说改变神赋予这个城镇的面貌了。"外国人的"躁动不安"则是现代化的最明确表现，而这种现代化是由浮士德的力量所驱动的。现代化的核心主张认为，只有摧毁旧的事物，才能创造新的事物，而任何新的事物，将来为了给更新的事物腾出地方，同样也会被摧毁。在现代化的世界里，不存在稳定而永恒的状态，因为任何停顿都将打开死亡之门。歌德的浮士德是现代的第一位英雄，同时也是社会现代化的第一位英雄，他在发展的欲望驱使下，可能也可以做出任何想做的行为。他从来都不会说出这样的话："时间啊，请稍作停留，你是如此美丽。"（Verweile doch, du bist so schön.）对于浮士德而言，停滞不前、放弃永不停歇的发展和承认目标已然达到，就相当于死亡。[1] 对于现代化而言，没有任何停顿的理由，也不存在向"甜蜜的安宁"投降的可能性，因为它的目标正是"变化"本身。维舍格勒人似乎也察觉到这一点，他们问道：

> 这一切将走向何方，又将止于何处？这些陌生人到底是谁，他们是什么人？他们似乎不了解休息和喘息的意义，也

---

[1] 关于结合韦伯的理论分析歌德的《浮士德》的作用的研究，详见 Sica 1985。关于在马克思对现代资本主义理论视域下作为发展悲剧的浮士德研究，详见 Berman 1982（Berman, Marshall 1982）。

不知道尺度和限度的意义。他们究竟想要什么？他们来这里的目的是什么？是什么使他们仿佛受了诅咒一样，被驱使去做那些永无止境的工作和事业？新来者不断修建新楼房，翻新旧建筑，挖地填土，安装调整，他们对预测自然力量有着永恒的愿望，同时也希望组织或者克服自然的力量，当地人对这种欲望无法理解，更无法欣赏。

既没有尺度，也没有限度。现代化进程的意义正是让人类活动在征服自然的过程中不断超越一切限制，同时对生活本身进行秩序化、组织化、分类和规范。如果这真的是一种诅咒，正如维舍格勒人所感受的那样，那么这就是对无休止的改变的诅咒，让每一个目标转化成一种手段的诅咒。每一个已经实现的目标，都成为实现新目标的手段，而新的目标又会成为手段本身，这是一条永无止境的发展线路。黑格尔称其为"恶的无限性"。

当目标被实现的时候，维舍格勒将被新的政府带向何处，这个问题很难回答。同样难以确定的是，这些改变带来了什么进步。19世纪的最后几十年是"这座城镇有史以来最持久的和平时代，也是取得了最丰富的进步成果的时期"。"在这一时期，悲剧似乎不再骚扰居住在桥两岸的居民。"新的政府给城镇安装了永久的照明和供水系统。

> 货币开始以前所未有的规模流通，更重要的是，流通的过程变得公开、大胆和透明……很久以前，这里也出现过金钱和富人，尽管很少见。他们把钱藏起来，就像蛇把自己的腿藏起来那样，他们的优越性只能通过权势和保护伞的形式显示出来，这给他们自己和身边的人都带来了巨大的痛苦。

现在，财富，或者财富所指代的东西，成为一种实现快乐和个人满足感的形式，因此人们可以看到财富的光芒。

维舍格勒的生活变得活跃和丰富，人们找到工作，更容易地获得收入和保障。虽然每个人参与这一过程的程度不尽相同，但似乎"每个人都能拥有幸福的空间"。不为别的，只因为新的政府开始悄无声息地消除特定人群从前的生活障碍。塞尔维亚人和犹太人也开始来到象征着维舍格勒中枢的这座桥，走过桥上的大门的时候，他们不需要再担心自己的出现是否会对穆斯林居民造成影响。之后，有史以来第一次，妇女也开始走上了这座桥。

在《德里纳河上的桥》中，有一位名叫罗蒂卡的女性，她代表着新世界，是商业活动的化身，致力于经营和创造收入。这位妇女不再作为匿名的存在，也不是集体中的一部分。她不是在小说开头孩子被土耳其人带走时哭泣的母亲；也不是阿夫达加的美丽的法塔，法塔必须把自己的命运掌握在自己的手里，因为她的父亲全然不顾她的愿望和希望，执意要把她送走；罗蒂卡也不是勇敢而无私，誓死要保护自己男人的叶连卡。罗蒂卡是一个焕然一新、与众不同的人。

"新人类"

"没有人知道那个女人什么时候会休息、睡觉或者吃饭，也从来没有人问过这个问题。"罗蒂卡是一个"不知疲倦、性情冷淡的女人",就算她有感情,她也从来不会当众表现出来。从她的身上,旅馆客人只能看到她的魅力,她的善良和微笑,她承诺许多,但给予很少,甚至从不给予。与此同时,她从客人身上赚取所有能够赚取的东西。由于她精打细算,行为理智,善于自我控制,工作有条不紊,她成功地"赚到了许多钱,经营有方,生财有道,因此在短短几年内就积累了可观的财富"。经常光顾罗蒂卡的酒店的男人也都是很努力赚钱的人,但是他们总是把赚到的钱挥霍得一干二净。他们在酒店里花钱,购买他们心中定义的快乐,买到了酒,买到了与别人谈心,他们花钱赌博,也花钱向罗蒂卡徒劳地求爱。从积累财富的角度看,这是一种无用的不理智行为——工作和休息的分隔,以他们认为合适的方式来享受快乐,打发时间。相反,罗蒂卡只知道工作。如果她需要喘息和休息,她就回到她一楼的小房间里,坐在铺满了账单、票据、收据和股票交易情报的桌子跟前休息。这一个只有一扇小窗的房间,相当于她禁欲主义的修行舍,在那里她阅读和书写着她信念中的祈祷词:"赚钱。"韦伯这样写道:

> 在这里,越来越多的钱积累起来,同时,一切自发的享乐以最严格的标准被禁止了。对财富的追求剥夺了一切快乐以及享乐主义的所有方面。因此,这种追求被理解为它自身的终结——这种程度的追求已经完全超越了事物正常的范围,是一种单纯的非理性,至少从个人的"幸福"和"效用"角度来看是这样的。这里,人们把"获取"作为生活的目的;"获取"不再是一种为了满足生活实质性需求的手段。

在这种禁欲主义中,不存在"以个人所得换取停留休息,或者进行财富享受"的空间。因为只有作为禁欲手段的工作，才能带来救赎。禁欲主义以前仅限于真正的修道院生活，现在"冲出了修道院的大门，冲进了喧嚣的生活，它有了新的任务，那就是以其系统的秩序浸透人们平凡的日常生活"。然而，罗蒂卡并不是一只没有灵魂的秃鹰：她从客人身上赚取一切可以赚取的东西。她在禁欲生活中唯一的激情是帮助自己大家庭中的人。她有很多亲戚，散布在加利西亚、奥地利和匈牙利各地。她给亲戚们写信，在信中劝他们上学或者去医院治病，去温泉疗养，她会赞扬那些勤奋的人，责备那些挥霍的人，但同时她还会寄去一些钱。这种对整个家庭的合理支持，是"她所有生活负担和付出所换来的唯一真正令人满足的回报"。这就是她的禁欲主义的理由和救赎：让她没有乐趣的生活和没有停息的工作有了意义。对于这样的生活，马克斯·韦伯评价道：

> 这些人夜以继日地狩猎，对已拥有的财富从不感到满足，这样做的意义是什么？（从完全拒绝超自然因素的角度来看，这样做是没有意义的。）如果你问他们这个问题，他们有时候会回答（如果能够答得上来的话）："为了照顾好子辈和孙辈。"然而……他们往往会给出简单而更加准确的答案：有了稳定的工作，事业就会成为"生活中不可或缺的方面"。这样的回答的确表达了一种实际的动机，但是从个人的幸福角度来看，以这样的方式来组织生活，明显是不合理的：人们为了事业而活，而不是为了生活搞事业。

罗蒂卡只是新的可能性的一个代表，现代化给维舍格勒带来的改变还不止于此。在那里，几个世纪以来，人们对桥的认识是一样的,他们对前一年的洪水和当年麦子价格的认知也是一样的,不同人之间的想法总是无差别的。在那里,要有不同想法曾经是不可能的,要有远见也是不可能的,直到现代化的出现,才带来了新的世界观和对现实的不同定义。几个世纪以来,城镇只关心"他们身边的事和众所周知的东西",并以同样的方式加以理解。现代化给维舍格勒带来了不同的人,又带来了自己对桥、对洪水和麦子价格的全新认识——这些新来的人因此而被称为"外国人",他们在城镇里办起了期刊和报纸,这又带来了别的地方的新视野,介绍了别处的生活,别处的人对现实不同的理解。那些永不离开维舍格勒的人开始发现,并不是只有一个世界,还存在着其他世界,他们自己的世界也可以有别的解释,同时,那些有不同地方生活经验的人也渐渐多了起来。人们开始走出维舍格勒,之后又回来,他们去维也纳和布拉格学习,到别处生活,接触当地人对现实复杂而不同的理解方式,这些理解在人们的思想中相互交织,相互冲突。在外旅行的人,把对生活的多重理解装进了行李箱,带回了维舍格勒。[1] 城镇的居民不再只关心身边和众所周知的事了,他们开始关心"这个狭窄的圈子以外的事情,关心更远的地方"。关于现实的新问题和新定义在慢慢侵蚀当地人的传统共识,但是这永远无法改变维舍格勒人的日常生活,"对于他们来说……生活变得宽广而丰富了,对不被允许的事物的容忍边界发生了后移,于是前所未有的景象和可能性出现在了他们面前"。年轻的工人和学徒们严肃起来了,从留学生从布拉格和维也纳带回来的小册子中,他们了解到一种叫作"世界无产阶级"的东西,他们参与的不再只是维舍格勒这个看得见、

---

[1] 关于城市化和现代化带来的社会生活世界的多元化的规范性定义,详见 Berger et al 1973: 63-82。

摸得着的世界，他们还参与到一个更为广阔的共同体当中，他们或许永远都不会见到这个共同体的其他成员，却实实在在地跟其他成员一起分享了相同的兴趣和价值观。更重要的是，他们感觉自己与这些遥远的不认识的人，比与那些成长在同一条街道上的伙伴更加接近。他们可能会认为，所有的人都是这样的，除了维舍格勒这个可见的世界以外，每个人都可能还归属于另一个世界。皮埃特罗·索拉（Pietro Sola）是维舍格勒的一名开发商和建筑商，他的同乡，意大利无政府主义者卢奇耶尼（Lucchieni）在日内瓦刺杀了伊丽莎白皇后，索拉很害怕别人认为他跟这件事有牵连，因为这种事不会发生在别人身上，除了索拉。

对于维舍格勒的人来说，皮埃特罗·索拉不仅是一位建筑商，他还是那个想象的共同体的成员之一，这个共同体的军队正在跟土耳其人争夺黎波里（Tripoli），因而是"有罪的"。虽然索拉脑子里想的只有砖头和砂浆，他并不关心遥远的黎波里，但是土耳其的青年们却对他喊道："你就想得到黎波里吧，混蛋！"这至少表明，在人们的想象中，维舍格勒与外部世界发生关联了，正因如此，它正被整合进一个更广阔的世界里面，然而，维舍格勒自身内部也在发生着程度相同的自我瓦解。

人们视野的拓宽，除了破坏了曾经关于世界以及人的位置的共识以外，还带来了其他的后果。一方面，它为这座小镇带来了关于现实的全新定义，新的定义与旧的定义发生摩擦；另一方面，它带着小镇居民去认识一个崭新而未知的世界，在那里，人可以成为别的存在，而在维舍格勒，他们永远都没有办法实现这一点："人们再也无法满足于拖累了他们多年的单调生活了。每个人都想要更丰富、更美好的生活，每个人都害怕生活退步。"生活可以作为一个梦想，可以被实现，人们可以自由地对其展开不同的想象,可以去任何可能实现梦想的地方——这种想法曾经只是少数人的专利。现代性为所有人提供了同等的想象动力,除此以外,还为我们开放身份提供了可能性。没有人比这些"新人类"——维舍格勒的留学生——更加相信"人们追求自由的权利,以及个人对享乐和尊严的追求。每一年的暑假,他们都带回了关于社会和宗教问题的见解,以及关于民族主义的思考"。现代化进程仅仅用了三十年就让整个维舍格勒发生了翻天覆地的变化,同样的变化在其他地方实现需要三个世纪,这一进程成功塑造了一代现代人,让人们在其个人生活中建立起"浮士德事业"的目标:

> 在他们面前,生活成为一个目标,成为他们解放感官、智力、好奇心和情感的行动领域,一切都是没有限制的。所有的道路对他们都是开放的,朝着无限的方向;多数人可能永远都不会踏上这些道路,但是,他们可以根据自己的意愿自由地选择,这足以构成生活的醉人之处……这似乎很奇妙,很难以置信,但却是事实;他们可以用自己的青春做自己喜欢的事情。在这个世界里,社会和个人的道德准则,乃至法律,在近几年经历了一场深刻的危机,每个团体派别或者个人都可以随意地解释,也可以随意认可或者否定;他们可以自由地对任何事情进行判断,他们可以把想说的话说出口。

这些学生是维舍格勒现代化的先锋一代,但是他们跟现代化进程中的每一代前辈一样,缺乏充足的理解能力,不能及时消化现代化带来的冲击。辛勤劳动和丰厚利润所构成的坚实世界开始瓦解了:"在罗蒂卡看来,相对于生活本身,这一代人似乎更重视那些关于生活的意见。"罗蒂卡的朋友帕夫勒·兰科维奇

（Pavle Ranković）对这种无限制的思维方式感到害怕，当他向这些年轻人寻求解释以求安慰时，他得到的却是"不屑、傲慢、模糊的大话和空话——自由、未来、历史、科学、荣耀和伟大"。听到这些抽象的概念时，他感到"皮肤发麻"。这种意识形态的流入，被认为是现代化对维舍格勒造成的最致命的结果之一。正如韦伯所说的那样，现代化使镇子的古老传说湮灭。传说中"黑色的阿拉伯人"躲藏在大桥深处的某个地方，在遇到危机时，他会挺身而出保卫大桥和帝国。但是，奥地利的工程师在大桥深处据说是"黑色的阿拉伯人"藏身的地方只找出了无数个篮子，篮子里不过是鸟的粪便。现代化同时也向镇子注入了它自己的叙事，在这套叙事中，将来的某一天，无产阶级国家或者雅利安人会站出来，捍卫那些让兰科维奇起鸡皮疙瘩的抽象概念。这就是20世纪即将发生的事情。

庞大的机器

这些抽象的概念，代表了"浮士德事业"的核心。它们让维舍格勒和整个世界同时发生改变。官僚政府是现代化的第一支柱，它建立在抽象认知之上，建立在标准化、可量化和法制化的行政程序之上，建立在取代了具体事物、个别事物和特殊事物的抽象概念的基础之上。没有官僚政府，就没有现代资本主义的发展。韦伯称：

这种发展预先假定了一个法律和行政体系，原则上其运作情况是可以根据固定的普遍规范来进行合理预测的，就像预测一台机器的性能那样。现代资本主义企业不能接受流行的"卡迪司法"[1]：这种司法制度根据法官在特定案件中的主观意识来进行裁决，它依据的是东方过去和现在采用的非理性法律裁决手段。

现代资本主义的存续需要现代化的组织：

在这样的组织里，法官就是一个机器。法官就像官僚国家的理性法律一样，属于"自动化分工""的一部分"：人们把法律文书，连同成本和费用，从上方投入（机器），证据和判决从（机器）下方生成。也就是说，法官的工作基本上是可以预测和计算的。

韦伯称，前理性的资本主义可以没有这种严密的组织，但是现代理性资本主义不行，因为后者是建立在严格的理性劳动和理性技术的组织之上的。现代化进程将"卡迪"变成了法官，把判决的过程变成以机器的可预测性工作为基础的自动流程：旧时的"卡迪"处理的是个别的案件，跟具体而独特的个人打交道，根据他本人对正义的主观感受做出判决。法官则必须将一切个别的、具体的和特殊的事物抽象化，将它们放入一个类似的抽象案件集合中进行衡量。这些案件都是匿名的，从具体的犯罪行为中

---

[1] 卡迪（Kadi）是伊斯兰教中的一种教职，依据伊斯兰教教法和习俗来审判案件，指导判决。——译者

抽象出来，结合抽象案件之间的关系，依靠机器的可预测性，法官有效地做出判决。这样的程序将法官从个体的思维中解放出来，因为他的正义感——一种非理性——被官僚体制的功能性结构取代了。如果这一机制的功能发挥得好，个人将被抑制。但是个人的方面一旦显现出来，则说明官僚机器出现了故障，需要修复。《德里纳河上的桥》的叙述者这样说道：

> 新的当局，无论是文官还是武将，都是这片土地的新来者，他们不善于跟这里的人打交道，他们本身也没什么重要的。但是，他们的一举一动都显示出他们代表的是一副庞大的机器，而站在他们身后的是一连串强而有力的、分成了无数个等级的人和组织。因此，他们的权势远远超过了他们自己的人格，带有一种令人更容易服从的神奇的魔力。

在这里，"卡迪"的个人权威已经被"庞大机器"的抽象权威取代了。韦伯理论中所指的现代化的第二支柱——技术，使一切发展成为可能，但同时也具有"隐性的抽象品质"。

伯格指出："这种隐含的抽象性是技术生产过程中所特有的，它符合技术的逻辑。"法官代表的是更大的官僚机构体制。

> 每一个知识都代表着更大的项目类别。例如，一颗螺丝就代表了一台机器；在特定的情况下，它还代表了整个汽车工业；此外，它还代表了技术。换句话说，每个知识从来都不只是具体的知识本身。如果一名工人进入了沉思的时刻，那他所处的意识状态必然是与生产过程脱离的，并且很可能与其发生抵触。为了说明这一点，我们只需要想象一下，一

名有艺术倾向的工人在装配线上，对手上的螺丝展开沉思，并且迷失在关于螺丝的独特性和不可复制的特征的思考中。这样的沉思显然与他的工作无关，（如果这种情况经常反复发生的话）必然会妨碍他的工作。

与官僚体制一样，技术也会抹去事物本身独特而不可复制的特征：一切具体而独特的事物都必须被抹去，以使司法机构得以顺畅地运转。现代的技术也是这个道理。

现代技术的一个重要成就——火车，成功地改变了这座小镇的地理，并且弱化了德里纳河上的桥的意义。这不是普通的机器，它是19世纪现代化最高成就的主要载体。火车的到来，将维舍格勒这样的落后地区与更广阔的世界联系起来，为其带来了现代化的其他要素。铁路所到之地，都不可避免地被卷入政治、经济和社会变革的旋涡中。铁路还改变了时间和空间的概念，改变了人们认知世界的方式。从19世纪70年代开始，人们将旧金山到华盛顿特区之间的区域，划分成了两百个时区。也就是说，沿着这一区域旅行的人，需要不断根据当地时间来调整手表，多达两百次。但是这些不同的当地时间，最后不得不向铁路屈服。1884年，在华盛顿的国际会议上，人们达成共识，根据格林威治子午线，将世界分成了二十四个时区。这一提议最初是由铁路公司提出的，经过长时间的推广后，逐渐被世界各地政府所接受。由于铁路的存在，个人的时间和地方的时间消失了，没有一座教堂、一座清真寺能够反抗标准时间，它们不得不根据标准时间来调整敲钟和宣礼的时刻。用韦伯的话说：至少在原则上，时间可以根据固定的普遍规范来进行合理预测，就像预测一台机器的性能那样。

《德里纳河上的桥》的叙述者说,铁路穿过了维舍格勒,看起来与桥毫不相干,但是"这只是表面的":

> 铁路线把梅伊丹山坡切开,直接探到了德里纳河边,绕过这座小镇,然后经过额尔扎夫河岸附近的平地去到最遥远的房屋——那里曾经就是车站所在的地方。所有与萨拉热窝以及萨拉热窝以外的地方相连的交通,包括客运和货运,现在都设在德里纳河的右岸。河的左岸,连同这座桥,完全瘫痪了。现在,只有生活在左岸的居民需要过桥,他们拉着过度负载的马车或者牛车,从遥远的森林向车站一路走去。

因此,铁路的到来,相当于宣判这座桥"缓慢死亡"。

我们可以从象征层面解释火车与桥的对立。根据索绪尔的理论,火车是一种结构性的存在,而不是实质性的存在。当我们说乘坐五点半的火车从维舍格勒前往萨拉热窝时,我们指的不是具体的一列火车或者一个车厢,因为这些都是可以改变的,我们指的是铁路时刻表上所规定的发车时间。我们乘坐的火车也不是由车厢的数量或者座位的形状所决定的,因为不需要它们帮助我们完成旅行。火车的定义,取决于它的出发时间,不是七点半也不是九点半的那一班车,而是五点半的那趟,时间是这个系统当中唯一的差别因素。即使另一个火车头拉着不同数量的车厢在第二天走同样的线路,也没关系,唯一重要的只是它的发车时间,只要发车时间相同,我们就会将它们识别为同一班火车。

相反,一座桥,是由它的物质性和独特性决定的,桥拱和石材的颜色决定了它的性质。它的材质与它的功能不无关系。德里纳河上的桥之所以独特,是因为在整个奥斯曼土耳其帝国只有一座这样的桥，而人们无法想象出任何能够取代它的东西。在同一地点或者旁边修建另一座桥，可以取代它的功能，但是新的桥跟这座桥终究是不一样的。这座桥独特的第二个原因，是找不到任何可以取代它的系统。交通和贸易经过这座桥，但是桥并不像火车那样因此而成为这套系统中的一部分。桥是由它的实质性决定的，火车是由它在所属系统中的位置决定的。这就是两者的差别。

桥在维舍格勒生活中的意义和功能被火车取代了，同样，留声机的出现也取代了桥门上的歌声。在这种替代中隐含的实质性和结构性的对立，同样是值得考察的。桥上的歌声是独特的，某一个晚上可以跟另一个晚上相似，但是它们不可能是一样的。因为由人声演唱的歌曲，总会流露出一些个人的东西。而留声机只能"根据听者的品位，放出相应的歌声，可以是土耳其人的进行曲，可以是塞尔维亚爱国歌曲，也可以是维也纳戏剧的咏叹调"。留声机是非个人的，它播放的音乐是无差别的：对于这台机器来说，音乐不是实质性的存在，只是某种结构的一部分。

不仅维舍格勒的镇民，凡是对20世纪初高速发展有所关心的人，都会注意到这些改变，并且对其展开思考。对于现代化来说，速度本身就是一种价值，不管它是出于何种目的，不管它将起到什么作用。《德里纳河上的桥》中的阿里霍加是现代化的批评者，对他来说：

> 一个人能节省多少时间并不重要，重要的是他在这些被节省下来的时间里做了什么。如果被用于作恶，那还不如没有省出这些时间来。(阿里霍加) 试图证明的是，一个人走得快不快并不重要，重要的是他要去哪里，目的是什么。因此，速度并非总是一种优势。"如果你要去的地方是地狱，

那你最好还是走慢点。"

然而,这种加速是无法停止的:"生活整体总是匆匆忙忙地赶着去往某个地方,它突然加速了,就像河水在遇到瀑布之前加快流速那样,它变成了激流,冲过陡峭的岩石。"这种加速,以及冲过陡峭岩石之后随即而来的坠落,正是现代化头几十年里的崛起给这座安宁小镇带来的新内容。正如现代资本主义的批判者马克思所说的,现代化摧毁了它自己的创造力。在19世纪至20世纪之交的一次周期性危机中,罗蒂卡这一位资本主义苦行者和资本积累家也开始失去她的财富了:

> 罗蒂卡的股票和股份像大风中的尘埃一样。当她每周读到《维也纳信使报》上面的最新行情时,她都愤怒得流下眼泪。当时,经营得十分良好的酒店的所有收入,都不足以弥补她在股票上的亏损。

股票市场,是结构性价值原则的主要标志。股票市场并不关心交易商品的内在价值。它把每一种物质都同质化为指数点和可以随时被替代的通用代码。在经济领域,股票市场相当于利用结构性差异的帝国游戏。决定商品价格的不是其价值,而是它与其他商品之间的关系:某种商品价格的下跌会导致另一种商品价格的上升。当罗蒂卡理解到这场游戏的实质时已经为时已晚,市场的本质将她困在理性的牢笼中,面对财富的衰减她束手无策,而这时,市场才向她显示自己的真实面目——纯粹的非理性。如果人们的成败与工作和储蓄无关,与积累的价值无关;如果在这个世界上,人或事物的价值不能被创造也不能被维持,那么罗蒂卡的理财策略——买彩票（股票）——相当于对运气的纯粹非理性投降，是完全合理的，它是这个反理性的世界里面唯一的理性之举。

在《德里纳河上的桥》中，安德里奇一丝不苟地沿着实质性的瓦解以及结构性的崛起来推进叙事。这样的策略在现代主义文学中十分常见。普鲁斯特的《追忆似水年华》就是一个例子，类似的策略贯穿整部作品。主人公马塞尔的注意力集中在一切事物的本质上，火车上的女士与妓院主人的身份没有实质性区别。不过他错了，从结构上看，在贵族制度中，只有女士相当于公主。凡尔杜兰太太则是庸俗和陈腐的化身，却成了盖尔芒特公主，仅仅因为她在系统中的地位发生了改变，这与她本人的实质没有丝毫关系。公共卫生间的主人拒绝"普通人"进入卫生间，表明她对顾客之间的实质性差异不感兴趣，而只关心人们的结构差异。普鲁斯特在小说中颇有怀旧情怀地描述了旧世界的衰落，这是在结构性对实质性的一次次小胜利当中体现出来的。当然，这不是说实质性就此从世界上消失了。叙述者的祖母代表的正是实质性，她制定了价值的标准。在卡夫卡的世界里，实质性和结构性的差异更加明显，因为实质性已经彻底淡出了。没有人可以说清楚城堡是什么，我们唯一可以确定的是，把城堡看作代表力量和权威的结构性场所。《城堡》的情节由K的一系列尝试串联而成，他试图以一种实质性的方式来定义城堡，却无功而返。

现代主义文学对社会现代化进程的抵制，是现实性和结构性这两种价值对立的后果之一。对实质性的各种形式的怀念，是赫尔曼·布洛赫的小说和文章的常见主题，它反映了价值观的衰落；在普鲁斯特小说中表现为对实质性时间的追求，从根本上定义了现代主义文学并赋予其活力。手表和日历是通用的衡量时间的工具，它们的意义是结构性的，它们的存在象征着结构性的胜利。在现代化的世界中，以"内在时间"来取代手表和日历，标志着对普遍量化标准的抵制。在现代主义文学中，这只是一种相当肤浅的手段。在托马斯·曼、普鲁斯特、乔伊斯的小说中，在T.S.艾略特的诗歌里，时间的测量和"内在时间"的对立，往往由第三维度的连接来实现，也就是——永恒。现代主义作家对文艺复兴时期至今的时间观念的态度是极为复杂的。一言以蔽之，他们反对"时间是稳定增长的动态的无限性"，试图通过编织永恒的和神话般的愿景来绕开这一解释。托马斯·曼在《魔山》中为汉斯·卡斯托普缔造了雪地里的梦境，普鲁斯特试图在过去和现在之间的摇摆中创造永恒，乔伊斯和艾略特创造的神话模式全都是"美好的永恒性"，与永恒的自我毁灭中的"恶的无限性"相对立。如果，实质性在社会现代化进程中消失，被结构性和功能性掩盖，那么实质性与结构性的联系就会中断，就有必要为实质性的出现重新创造可能。

在这个问题上，安德里奇与这些伟大的现代主义者是一致的，但同时又与他们保持着一点重要的区别。他对现代化的"诊断"很大程度上遵循了文化悲观主义的潮流。从极力批判现代化的奥斯瓦尔德·斯宾格勒和马克斯·韦伯，到片面认可现代化的西格蒙德·弗洛伊德；从那些不知疲倦地致力于描绘时代堕落的作家，再到那些以乌托邦的意识形态来回应现代化的先锋派作家，都有文化悲观主义的表现。与托马斯·曼、普鲁斯特、卡夫卡和艾略特等作家相比，安德里奇对现代性的判断更接近于社会学家和现代主义理论家，因此可以认为，他与罗伯特·穆齐尔更为接近。相比于那四位文学巨匠，安德里奇和穆齐尔对技术的理解更加深刻。

桥

安德里奇的世界愿景，是被现代主义作家构建和改造的。在他的思想中，第一次世界大战是分水岭，在那之后，像遭雷劈一样，整个旧世界顿时消失了，传统价值观的瓦解也宣告结束。《德里纳河上的桥》的特殊之处在于它没有使用现代派或先锋派作家常用的救赎策略，不管是美学的救赎、革命的救赎还是空想的救赎。欧洲现代主义文学试图以各种方式抵抗或者缓解"浮士德推力"及其"恶的无限性"的胜利，这种冲动在安德里奇的作品中表现为一种独特的不可逆转，这在其他现代派作家作品中十分罕见。几乎在小说每一章的结尾，德里纳河上的桥都表现出它的美感、力量和实质，"一种像大地一样，永恒而不可改变"的特质，"在其自身的完美中显得强大而可爱，比历史上的任何桥梁更强大，比任何人的想象都要强大"的存在，它是现代主义作家所主张的"美好的永恒性"的象征。小说也描写了第一次世界大战以前的其他战争，但是那些战争并没有对桥构成任何威胁。德里纳河上的桥虽然被火车的出现"打败"了，但是它依然凭借其实质性，骄傲而毫发无伤地屹立在那里。不过，现代化带来的全面变化，最终剥夺了它的象征意义：现代化迫不及待，无法等待桥缓慢地走向它的自然死亡。阿里霍加是桥的守护者和保护者，也是旗帜鲜明地反对现代化的代表，桥的命运跟他一起走向终点。他的右耳被钉在了橡木桥梁上，这是土耳其人赠予他的告别礼，他就这个样子等待着奥匈帝国的军队到来。从阿里霍加的角度看，敌人的占领军把他从屈辱的位置上释放出来，还照料了他的伤口。在现代化的新世界中，这样的惩罚是不可想象的，正如以前用来装饰桥梁的断头一样。"浮士德推力"起码是尊重人的:现代化终究是为人类福祉服务的。这是一种希望人好的力量。然而,它又经常作恶:

> 现在人们可以看清楚他们的工具和设备,他们的匆忙和奔波,到底意味着什么……这么多年以来,(阿里霍加)看着这些人围绕着这座桥忙忙碌碌,他们清洗它,装饰它,从桥的基座开始维修,铺设供水管,用电灯来把桥照亮,最后一天,他们把桥炸掉,就像在采石场里把石头炸开那样,没有把桥当作是一种美好而珍贵的馈赠。如今人们看到了自己,看到了自己想要的是什么。(阿里霍加)一直都心里有数,而现在,哪怕是最笨的人都有目可睹了。他们已经开始破坏那最强大、最持久的东西,开始伸手从神那里拿东西。谁知道这一切什么时候才会停止!这座由帝国宰相修建的桥,开始像一串项链那样散落了,这一切一旦开始,便没有人能阻止。

最强大、最持久的东西是什么?如果这是神的东西,那么它确实将成为现代化进程的最大阻碍。通过对这个东西的挑战,现代性确认自己是摧毁一切坚实关系的力量,"一切坚固的东西都将烟消云散"。以前受到保护免于遭受屈辱之痛,被赋予了人格尊严的阿里霍加,现在呼吸着最后一口气,他清楚地看见了自己早已预见的情景:一切已经开始,谁知道是否还有人可以阻止?

阿里霍加最后的思考就是对这个问题的回答。小说的视角转换了,不再是故事的叙述者,而成为书中的一个角色,这种切换标志着某种距离的改变。阿里霍加想:"一切都有可能发生。"

但是有一件事绝不可能发生，那就是：伟大的、有智慧的、灵魂高尚的人从世上消失。他们为了神的爱建造起持久的建筑，让世界变得更加美好，使人的生活变得更加舒适和轻松。如果他们也消失，那就意味着神的爱已经泯灭，已经从世界上消失了。这是不可能的。

那是不可能的，因为神的爱依然与我们同在。阿里霍加跟他的思想一起死去了。或者，这样的想法也随着阿里霍加死去了。

《德里纳河上的桥》最终视角的实现是有条件的，否则就变成讽刺性的反转：它建立在人物对神和对世人之爱的信仰基础上。如果我们把神对世人之爱的信念看作是对救赎的保障，那叙述者的讽刺意味就消失了。小说的结局将会变成下面这个样子："所有的事情都有可能发生。也就是说，神的爱将从世上泯灭。那些伟大的、有智慧的、灵魂高尚的人也将从世上消失，即使他们为了神的爱建造起持久的建筑，让世界变得更加美好，使人的生活变得更加舒适和轻松。世上的一切都会永远地消失。一切都有可能。"

安德里奇对于现代化的理解，与斯凯尔利奇截然相反。斯凯尔利奇只看到现代化的积极方面，而安德里奇则注意到它的黑暗方面。斯凯尔利奇希望他的国家走向现代化，安德里奇从现代化的内部衡量其利弊。安德里奇对于现代化的理解更丰富、更复杂、更细微，可以与那些欧洲的现代派作家相媲美，他揭示了拉斯特科·佩特罗维奇的名言——"克服欧洲"和"学会说欧洲话"的另外一方面。

第七章

误解是常理，理解是奇迹

- 误　解
- 理　解

在安德里奇的小说《特拉夫尼克纪事》中，穆罕默德帕夏在特拉夫尼克逗留的最后一段时间，法国领事达维尔为了满足他对法国事物的好奇心，决定给他读让·拉辛的剧本《巴哈泽特》中的几幕。穆罕默德帕夏仔细听着，但是当达维尔读到大丞相和苏丹的后妃在闺阁中的对话时，穆罕默德帕夏失去了耐心，打断了达维尔，他说道，大丞相是绝不会进入闺阁跟苏丹的后妃说话的，这个法国人明显不知道自己在写什么。达维尔试图向他解释，这是一种悲剧的写法，但是穆罕默德不敢苟同。对他来说，法国的戏剧只是把没有发生过也没有可能发生的事变成了真实的情景呈现出来，这又有什么意义和价值呢？他感到不满：

> 他直率到几乎粗鲁，带有一种来自不同文明的人的放纵不羁……"啊，是啊，我们也有各种各样的托钵僧和朝圣者，他们诵读着铿锵的诗歌，我们给他们施舍，但是从不把他们当作是有地位和有名望的人来对待。不，不，我对此无法理解。"

就这样，达维尔向总督解释的努力最终白费了。穆罕默德帕夏对法国的一切都那么感兴趣和着迷，却错过了这个对它加深了解的机会，而达维尔也错过了与总督分享他对拉辛诗篇的热爱的机会。他们两人没有在这次分享中加深友谊和增进理解，反而在误解中分道扬镳。

这应该怪谁呢？应该怪穆罕默德帕夏吗？是他没有耐心也没有意愿去尝试接触和理解新鲜事物吗？他无法理解艺术作品的意义和价值不在于真实性吗？应该怪拉辛吗？他把法国的宫廷习俗嫁接在另一种文化上，而事先没有对这种文化的真实情况加以了解？还是应该怪达维尔？他试图与穆罕默德帕夏分享他欣赏的东西以互相理解，这是错误的吗？不，不应该怪他们。"应该怪谁？"这个问题预设了正确和错误的答案，预设了不耐烦的情绪和善意的缺失，因此认为有人应该对此负责。在这一幕里，达维尔和穆罕默德帕夏的表现，符合阐释学的一个古老主张，即在人类的沟通交流中，误解是常态，而理解则是一种例外，是一个奇迹，是需要人努力争取的，如果理解真的发生了，那就值得庆贺。在向帕夏分享拉辛的诗篇失败后的几个月，达维尔忘记了失望，他意识到："误解是自然的，失败是不可避免的。"人们应当记住，任何真正的理解都需要克服许多困难。达维尔和穆罕默德帕夏的情况其实再平常不过，前者想说点儿什么，后者没有理解，交流的结果落空，这是家常便饭。

穆罕默德帕夏是一名出色的军人和长官，但不是一位资深的文学读者，因此，在他听到拉辛写到大丞相跟苏丹后妃在闺阁的对话时，他无法理解为什么在法国"有地位和有名望的人"会写出这种不符合事实的荒唐话。然而，达维尔虽然对文学颇有热情，但却没法理解土耳其人喜欢在严肃的谈话中掺杂诗句的做法：

> 土耳其人习惯在谈话中引经据典，把这个看得无比重要，这总让达维尔感到非常苦恼。达维尔从来都无法理解土

耳其典故的真实含义，也不知道这些典故和诗句与谈论的话题有什么联系，但是他能感觉出来，土耳其人非常重视这些令人困惑的诗句。

诗句的含义对土耳其人是显而易见的，但对达维尔来说并不是这样，他希望土耳其人能够像"有地位和有名望的人"那样清楚而直接地说话，不要过多引经据典。拉辛的诗句也属于这种情况，其中或许蕴含着深意，但始终需要付出额外的努力才能理解。达维尔与波斯尼亚的土耳其官员之间的误解似乎不是由于文化差异造成的，因为在两种文化中，诗句都有重要的功能。如果文化差异不是障碍，仍然无法相互理解，那么一定存在着更深层次的原因阻隔了理解。

在《特拉夫尼克纪事》中，穆罕默德帕夏不满拉辛误读或曲解了奥斯曼宫廷的习俗，这还有一层含义。在写这部小说时，安德里奇运用了真实的外交通信和报告。这些资料的主人是1807年至1814年法国驻特拉夫尼克的领事皮埃尔·戴维（Pierre David）。米德哈特·萨米奇（Midhat Šamić）对这部小说所参考的文献资料进行了研究，发现其中关于拉辛的内容是确有其事的。在戴维的报告中，总督指出拉辛的戏剧中不符合事实的地方，他抗议道："如果你们法国人以这样的形象来描写我们，那你们对我们是真的一无所知。"在19世纪初的法国，除了像戴维这样的人写的关于东方的小说、戏剧和游记之外，人们难道还有别的途径了解土耳其吗？普通人没有办法亲自到土耳其，去看看谁能跟苏丹的后妃说话，看看当地人以何种方式交谈，他们只能依靠同胞的陈述来对土耳其加以了解。如果有土耳其作家能为法国读者撰写土耳其游记，那或许能够提供一个更加准确的形象，但是，土耳其的作家绝不可能提到"大丞相不会跟苏丹后妃交谈"这样的事情，因为在他们的思想中，这是压根儿不可能发生的，他们也绝不可能想到这样的事情在法国竟然可能发生。最理想的资料应该要融合法国和土耳其双方的文化观点，但是这样的书写有可能存在吗？

安德里奇的《特拉夫尼克纪事》不是一本能够调和欧洲的波斯尼亚形象与波斯尼亚真实形象关系的小说，但是它所表达的主题，恰是一种调和的可能性。小说的时间框架、结构、情节和个别句子都借用自戴维的资料。除此以外，小说还借用了两位奥地利领事的信件，以及地理学家阿米德·肖美特·福斯（Chaumette des Fossés）的游记《1807年至1808年的波斯尼亚之旅》（*Travelling in Bosnia in the Years 1807–1808*）中的内容。这些人的著作帮助外国人建立起波斯尼亚的形象，当时的法国和奥地利读者凭借这些著作的信息，建构他们对波斯尼亚这个孤立的、鲜为人知的地方的知识和判断。这些波斯尼亚形象在安德里奇的小说中交织起来，而这些形象的生产者，也以真名（如杰佛西和冯·鲍利奇）或者化名（如达维尔和冯·米特勒）的方式在书中出现。他们重新定义了当时欧洲对波斯尼亚的看法。通过在波斯尼亚土生土长的作者安德里奇的叙述和重构，这些欧洲人建构的波斯尼亚形象有了更加完整的背景。读者可以通过安德里奇从"前文学资料"中提取和组织出来的情节和话语，看到外国人建构的波斯尼亚形象，并且观察到形象生成的真实过程。我们看到他们跟波斯尼亚人的交流，看到他们逃避与当地人接触的尝试；我们看到他们相互之间交换着波斯尼亚的形象；我们还看到他们在特拉夫尼克所处的不同位置如何对他们的观察和理解构成影响和制约。正是以这样的方式，法国的波斯尼亚形象和奥地利的波斯尼亚形象被送回到它们的"出生地"。安德里奇这样做的目的不在于用这些异国波斯尼亚形象与真实的波斯尼亚形象做对比,因为"真实的"形象从来都不存在,形象从来只与不同观察者的视角相关。《特拉夫尼克纪事》中的欧洲波斯尼亚形象与波斯尼亚人对自己的看法是截然不同的,它们形成了鲜明对比。波斯尼亚人眼中的波斯尼亚形象被安德里奇纳入视野:是谁在什么时候以什么意图建构了这些形象?如果说《特拉夫尼克纪事》中的波斯尼亚形象就是外国人和本地人建构的形象的综合,那显然是不对的,因为外国人建构形象的目的与本地人建构形象的目的总是敌对的,他们总想用自己建构的形象来压倒对方建构的形象。安德里奇的目的不是为了提供一个真实的波斯尼亚形象,而是为了阐明波斯尼亚形象的生成现象及其交换机制。《特拉夫尼克纪事》描述了人们试图理解彼此的努力,以及他们的失败。在《特拉夫尼克纪事》的故事中,人们在极其少数的场合中实现了理解,而在不计其数的情境里落得误解的结局——这其实是一本关于"误解"的书,不仅关于东西方文化之间的误解,还关于人与人之间普遍存在的误解。

  当然,《特拉夫尼克纪事》不是一部形象学论著,而是一部小说。安德里奇所掌握的文献尽管帮助他重构了异国波斯尼亚形象,他仍需依靠自己的经验以及对波斯尼亚自我表述的认知,亲自建构波斯尼亚的本国形象。在写作这部小说的过程中,安德里奇遵循着两个并行的原则,这两个原则无疑加重了表述的烦琐。第一个原则是赋予每一个形象和每一种声音绝对的表达权,让形象的生产者,以自己希望的方式得到理解。第二个原则是把一种声音放到由其他声音和故事情节共同构成的背景当中,从而使所有的形象具有了相对性。第一个原则让形象之间对比鲜明,而第二个原则使形象的边缘变得平滑,同时保持它们相对的独立性,避免它们最终和谐地融为一体,形成一个单一的、整体的、代表波斯尼亚所谓"真实的样子"的形象。在《特拉夫尼克纪事》中,不存在"权威的"波斯尼亚形象,只存在不同的声音,这些声音相互争鸣,努力为自己所代表的形象辩护。不同形象在生成和交换过程中绽放的活力,人们为理解彼此而做出的努力,以及人们无法跳脱出自己的视野而陷入误解的窘况,正是《特拉夫尼克纪事》意欲表达的真正主题。

因此,《特拉夫尼克纪事》引发了许多严重误解——尽管从某种程度上说这是一种讽刺,但并不奇怪。除了《特拉夫尼克纪事》以外,世上不存在第二部用塞尔维亚-克罗地亚语写成的小说,因此它引起人们的议论纷纷,以至于人们很难相信大家读的是同一本书。这部小说在几乎所有方面,都能从与其完全相反的方面加以诠释,每种诠释都会得到不一样的结果。《特拉夫尼克纪事》是"关于我们民族精神根源的分析"和"集体的小说"吗?是"关于达维尔一个人的戏剧"还是关于"东西方相遇的研究"?至于小说的影响,这本书煽动了对波斯尼亚穆斯林的仇恨吗?还是"提倡了一个正义和宽容的世界"?至于书中的角色,杰佛西"是作者本人的化身"吗?还是"读者的化身"?这些互相排斥的诠释,主要因《特拉夫尼克纪事》三个方面的特质而起,而这三方面的特质决定了整部小说的调子:一,这不是一部道德主义的作品;二,它无意辨别真假或者善恶;三,它不是围绕着某个中心展开叙述的,而是让各种声音各抒己见、畅所欲言。关于这三方面的特性,需要进一步解释。

在创作过程中,安德里奇大量采用了皮埃尔·戴维的报告和日记,因此小说的叙述主要从达维尔的视角展开。不过,这只是从数量上考察的结果，是叙述组织方面的特征，而不是质量上的特征。在写作过程中，安德里奇与达维尔保持距离的其中一个方法，就是将达维尔塑造为一位作家。在书中，这位法国领事多年以来一直在写一部关于亚历山大大帝的史诗，但是很明显，他的才华并不出众，作品也不精彩。达维尔不是真正的作家，因为他对文学的理解是理性而直白的。安德里奇的意图不在于提出关于文学的性质和起源的任何具体观点，他想明确提出的是一个相反的问题——文学不是什么，文学不能怎么写。达维尔的史诗恰是这样的例子：

> 这部史诗变相成为达维尔的思想日记。他将他对世界的所有经验，对拿破仑、对战争和政治的想法，以及他所有的愿望和不满，都放到了作品主人公的生命里，放到了那个遥远的时代和朦胧的环境中……在他的《亚历山大传》里，波斯尼亚也有一席之地，它化名为陶里斯，是一个气候恶劣、民风彪悍的不毛之地……这个地方也反映出达维尔对作为一个整体的亚洲精神和东方的反感情绪，这种情绪体现在他的主人公与亚洲的斗争当中。

从表面上看，达维尔的作品是关于亚历山大的，但是实际上它表达的是达维尔自己的经验、观点和看法。用黑格尔的话来说，它有点像是一位外交官员的寓言式的自传和告白，作者将其投射在了一个世界历史人物的身上。达维尔的《亚历山大传》与同样反映着他的经验、观点和看法的正式信件有所不同，因为这部作品有着诗化的形式和寓言式的意义。达维尔不是一位真正的作家，因为真正的文学作品不能只有形式和寓言意义，就算作者的身份在世界历史上有特殊意义，文学的这点性质也不应该改变。人们错误地认为，"诗歌是由某些有意识的智力行为所构成的"；人们同样错误地以为文学形式的消失必然将使作者的告白变得更加赤裸直接——因为情节和角色必然使作者的观点和思想的表达受到不必要的迂回。达维尔的文学理解，明确地反映出《特拉夫尼克纪事》的文学理解——将文学理解成一种寓言式的告白形式：文学可以成为不同的东西，而好的文学必须成为不同的东西，作者的个性、意见和观点并不是那么重要。比如说，这里说的"不同的东西"，可以是不同人格、不同意见和不同观点的相遇。

文学告白本质上是一种建立在善恶分明的基础上的道德主义题材，因此，它也是一种语言体裁——一种在权威面前的语言仪式。同样，《特拉夫尼克纪事》也明确地将自己定位为道德主义文学：

> 达维尔体验到世界上的邪恶时，感到痛苦和沮丧，当他体验到善和美时，他的热情和道德幸福感会被激发起来。他正是从这些强烈但是不连续又不可靠的道德反应中得到灵感，写下诗句，而这些句子却缺乏诗歌的一切特质。

《特拉夫尼克纪事》的叙述者指出，"廉价的道德快感"无助于优秀文学作品的创作，因此，读者不应该指望在小说中看到对善的捍卫和对恶的控诉。

对人类世界的复杂性进行持续认识，是化解道德简化的有效方式。《特拉夫尼克纪事》开篇就建立了一种形象，谨慎地将书的思想与作为小说故事发生地的特拉夫尼克的地理位置结合起来。特拉夫尼克坐落在"一条深而窄的峡谷","整个地方看起来就像一本从中间翻开的书"。在这里,"几乎没有可以供人轻松行走的笔直道路或平坦地方。到处都是陡峭而崎岖的,曲折而交错的,一切都被私家道路、栅栏、死胡同、花园、后门、墓地和人们做礼拜的场所隔断,同时又被它们连通"。因为这个被写到的地方是如此陡峭而崎岖,如此曲折而交错,所以这里也不存在任何清晰、稳定同时又占主导地位的意义,可供读者轻松地依循和倚靠。除此以外,一切事物的交织形式也是独特的:所有的主题、观点和价值判断都具有相对性意义,读者只有纵览全书,通过不断的回顾和比对才能察觉。

如果我们从两种时间角度来观察,即"故事发生的时间"和"讲故事的时间",小说的意义就变得更加难以捉摸了。《特拉夫尼克纪事》讲述的故事发生在 1807 年至 1814 年间。尽管在这段时间内,波斯尼亚处于和平时期,但是关于拿破仑战争和蹂躏欧洲大陆炮火的消息不绝于耳,而邻国塞尔维亚的基督教徒奋起反对奥斯曼土耳其的消息同样时常传来。正是战事迫使外国领事们陆续来到特拉夫尼克,如果不是他们,达维尔的报告和《特拉夫尼克纪事》都不可能出现,至少不会以我们今天所熟知的安德里奇的小说形式出现。在《特拉夫尼克纪事》故事发生的时间里,特拉夫尼克是奥斯曼帝国管辖的一个地区,它以自己朴素的方式,参与到欧洲政治的博弈当中。各国的领事作为这场博弈的中间人来到这里,他们的使命是确保欧洲列强占领波斯尼亚,同时保证关于波斯尼亚的消息能在欧洲各国的首都及时出现。1807 年至 1814 年间欧洲势力出现在波斯尼亚,这是自这片土地被奥斯曼土耳其征服以来,欧洲力量第一次出现。但是,促成它到来的,不是波斯尼亚本身,而是与欧洲关系更为密切的原因:欧洲国家之间的战争。我们可以从作者本人在手稿末尾处的笔迹看见"讲故事的时间":"于贝尔格莱德,1942 年 4 月。"用一个日期来框定一个文本,不是安德里奇的风格,《特拉夫尼克纪事》是唯一的例外。这部作品写于德国占领时期的贝尔格莱德,当时第二次世界大战正酣,人们饥寒交迫。这一时期,欧洲炮火连天,克罗地亚(当时是纳粹的傀儡)的"乌斯塔沙"[1]在邻国波斯尼亚发起了大屠杀,这些消息每天徘徊在贝尔格莱德。[2] 而安德里奇例外地在作品上签上了完成的时间,这样的做法不禁让人揣测。

历史让时间的双重性变得更加复杂。今天,我们解读这本小说的时候,还会增加一个时间维度,那就是 1992 年到 1995 年的波斯尼亚战争。在过去的十年里,与《特拉夫尼克纪事》相关的一切文章,几乎都以这个时间视角切入。问题不是"这样做有没有道理",而是"除此之外还能怎样"?[3] 如果,小说写于 1942 年(这是一个事实)可以以一种特定的方式对世界的表象"添油加醋",那么,我们在 2011 年阅读本书(这也是一个事实),作为一种时间视角,也能释放出一种在以前并不明显的意义。这不是毫无道理的,也不只是《特拉夫尼克纪事》的特点,而是文学在时间里存在的必然结果。但是,如果我们把这种潜在的意义理解为作者的意图,那就不对了。《特拉夫尼克纪事》有一种能够在变化的历史环境中阐释新的意义的可能性,这正是它的价值所在。正如大量例子所揭示的那样,对这本书的不同解释各有不同

---

[1] 乌斯塔沙(Ustaše),是活跃于第二次世界大战前后的法西斯组织,1929 年 4 月 20 日于保加利亚首都索非亚成立,其目标是让克罗地亚从南斯拉夫独立,其领导人安特·帕韦利奇(Ante Pavelić)与墨索里尼的意大利法西斯党有密切关系,并且领取其津贴。——译者

[2] 关于安德里奇写作时间的研究,可见于 Šamić 2005: 14; Jänichen 1995: 44; Vučković 1974: 322; Egerić 1981: 309; Wachtel 1995: 96。

[3] 相关的研究,可见于 Žanić 1996; Rakić 2000; Hawkesworth 2002; Kazaz 2001。

程度的说服力，而且这些解释之间是可以比较和互相评价的。

在《特拉夫尼克纪事》这部作品中，故事的"复调性"再次大大加强了上述复杂性。以达维尔为主人公的故事时间线，是基础时间视角，但它并不能主导任何意义。达维尔只是19世纪初特拉夫尼克众多声音中的一个而已。伴随这一位法国外交官声音的，还有奥地利领事的声音，奥斯曼土耳其行政长官的声音，生活在波斯尼亚的四种宗教信徒的声音，在复杂的"合奏"声里，人们还可以听见像科洛尼亚这样不代表任何人，只代表他自己的"独奏"。这些声音中，没有一个是终极的语义。不过，这些声音的"合奏"生成了一种意义，而这种意义恰是《特拉夫尼克纪事》的中心思想。伊沃·塔尔塔利亚（Ivo Tartalja）写道："特拉夫尼克领事时期的安静记录者，懂得如何谨慎地处理争论，并且让事件的每一位参与者各抒己见。"莱什奇（Lešić）指出，声音的多重性是安德里奇叙事的主要特点，这点在他早期的诗集里就有所体现，安德里奇发现了一种让自己隐身的办法，那就是把说话发声的权利交给他笔下的人物角色：

> 作为故事的讲述者，安德里奇进入到故事当中，从故事的内部向我们讲述。的确，我们经常注意不到他，不是因为他"完全隐身于背景之中"，像巴拉克所说的那样，而是因为他没有以一个"明显的我"的立场来进行叙述，他走到了他创作的人物当中，从一个很近的距离偷听他们说话。安德里奇本人认为，这是真正的（现代）作家的特征："应该从你要描述的事物的核心说起，而不是从它的表面，更不能够从作家的角度出发。要从你选择的对象的本质出发，从读者需要看到的、需要理解和需要感受的方面说起。"安德里奇

> 补充道："一位作家，理应从事物内部发声，成为事物之间联系的翻译者。"

在同一篇文章里，莱什奇称《特拉夫尼克纪事》是一部"复调式"小说。虽然他认同巴赫金的小说理论，认为小说应该为解读提供概念工具，但他还是选择了叙事学的观点，认为这个观点更加符合他的文章的论证目的。巴赫金的理论的确指出了最重要的一点：作者通过不同声音的特定言语，表达它们对世界的观点。小说中的说话者，往往是思想家。小说所使用的特殊语言总是关于世界的特定观点，因为外部的意识形态只有在被允许发声的时候，只有它特有的话语被揭示出来时，才能得到充分的体现。只有特殊的话语才是描绘独特意识形态的完全充分的话语。《特拉夫尼克纪事》中的声音是互相对话的：一种观点与另一种观点对立，一种评价与另一种评价对立，一种口音又与另一种口音对立。作者使用这样的策略，是为了避免出现对任何一方的倾斜；作者使用对话的形式，是为了让立场保持中立，让自己成为双方争论的局外人。他可能将自己藏在背景里，以至于小说的大部分内容成为巴赫金所说的"角色区域"——角色发声和行动的范围，角色的声音和行动大于作者的存在。一位作者，理所应当尽可能地认同角色的观点：作品里的角色自由表达自己的程度，正是衡量作者水平的标准。作者的水平，体现在作品中的声音所构成的戏剧化效果和不同声音之间的相互对位中，体现在作品的角色被赋予的行动里，以及以人物的声音和行动共同构成的整体当中。

误　解

许多研究者发现,《特拉夫尼克纪事》是一部关于东西方冲突的小说,但真的是这样吗?某程度上这是有道理的,但是东西方的对立肯定不是造成这部小说里诸多误解的唯一原因。作品中有许多令人印象深刻的警句,它们指出东西方之间存在着不可逾越的鸿沟,这些句子也经常被人引用。不过,这些描写通常不出现在西方角色的身上,也没有出现在西方角色的"角色区域"。东西方冲突的观点被叙述的框架所框定,其意义要么被相对化,要么被打破,最终被中和了。作品这样来描写杰佛西到达波斯尼亚的过程:

> 一切忽然就发生了,在斯普利特发生。就像一个无形的圈被拉紧了:一切都需要更大的努力去推动时,人的力气却越来越小。每一步都越来越困难,每一个决定都越来越艰难,其结果也越来越不确定,在一切的背后,似乎永远存在着一种威胁,不信任、贫穷和麻烦,它们总是潜伏在角落里。这就是人们熟知的东方。

这一段不是杰佛西的工作报告,而是他"夜间思考"的一部分,是在不眠之夜的内心独白,因此有着丰富的感情色彩。毫无疑问,叙述者正处在杰佛西的"角色区域"内,关于东方的描述来自杰佛西的经历。再往下读,我们会了解"一切"是怎样发展的。杰佛西与法国驻斯普利特的官员的相遇,这位法国官员的职责是为杰佛西提供一辆马车,当被杰佛西问道马车是否有结实的避震和柔软的座椅时,法国官员心怀恶意地回答道:"任何在土耳其工作的人,都必须要有像钢铁一样硬的屁股。"东方就是以这样的方式展现在杰佛西的面前——通过恶毒的法国官员。当天晚上,杰佛西遇到年轻的波斯尼亚修士尤利安,尤利安情不自禁地表达了自己对法国天主教会的不满。虽然他"很愤怒,脸上的表情近乎狂野",但是他的措辞却很有分寸,谈话的气氛丝毫也不紧张:两人坐在壁炉旁,享用着晚餐和饮料。杰佛西已经知道在波斯尼亚什么值得期待,并且知道该如何表达,他想:"那么,我的工作已经开始了,这些就是你们从驻东方的老领事的回忆录中读到的困难和斗争。"既然那些书写到了正在东方工作的外交官即将面临的困难和斗争,而所有人都知道那些书——特别是外交官的回忆录——总是说真话,没有半句假话。那么,法国官员的恶意与这位天主教修士的谨慎措辞,代表的就是人们耳熟能详的东西文化差异了。这就是安德里奇处理"不可救药"的东方刻板印象的方式:在这部作品中,他把既定的判断一动不动地放在了西方人物的角色报告和"角色区域"里,不对其进行明确的评判,而是通过叙事来框定这种判断,打破它的意义,或者谨慎地指出它之所以可疑的原因。然而,现实往往比书本上强加的表述更为复杂,刚到达特拉夫尼克不久,杰佛西就学会了如何挣脱前人外交回忆录里的刻板印象。

在《特拉夫尼克纪事》中,误解不是随东方和西方之间的明确区分而出现的,西方以欧洲人为代表,东方以奥斯曼土耳其人和波斯尼亚人为代表。首先,西方人无法理解以奥斯曼人和波斯尼亚人为代表的东方,跟他们没有共同语言。小说中的误解,根据完全不同的标准被反复建构和解构——因此从来都不存在稳定的和本质上的对立。《特拉夫尼克纪事》通过这种建构和解构

"我们"和"他们"之间差异的动态关系（这种差异不能简单地归纳为东西方的身份认同），来消解东方和西方之间的对立。虽然，这种对立在人物的言语中反复被提到，但是小说本身是反对东西对立的。

达维尔和其他人物之间的复杂关系，很好地说明了动态的误解。达维尔是地道的西方人，确切地说，他所代表的是来到波斯尼亚的欧洲人。如果《特拉夫尼克纪事》试图刻画的是东西方对立的话，那么达维尔与波斯尼亚人和奥斯曼土耳其人的关系必然是一种紧张的冲突，而他与其他西方人的关系必然是和谐一致的。但事实并非如此。达维尔与本应与他最为亲近的西方人不断发生误解，如杰佛西，两人来自同一个国家，来自同样的语言文化背景。

> 这位年轻人，是这片蛮荒之地上唯一的法国人，也是达维尔真正需要合作的人，但是在很多方面，两人都非常不一样（至少看起来是这样），这让达维尔有时感觉自己在跟一位外国人和敌人打交道。

两人有着不同的政治经历，又成长于不同的政治环境，再加上他们属于不同的世代，这些差别比共同的语言文化的纽带更为强大。《特拉夫尼克纪事》的人物角色，除了代表文化、宗教和政治身份以外，他们各有个性。杰佛西，这一位"外国人和敌人"，在性格和心理上与达维尔截然不同，他们对被派驻波斯尼亚也有着完全不同的反应。杰佛西好奇、自信、外向和开朗，而达维尔内向、缺乏自信，好奇心不强。因此，杰佛西很快就意识到要从前人的外交回忆录的刻板印象中挣脱出来，而达维尔别无选择，只能加入到创造和传播这些刻板印象的人的行列——相当程度上是这样的，《特拉夫尼克纪事》中出现的人部分刻板印象，都来自于皮埃尔·戴维的报告、日记和书信。最后，在与东方相遇的时候，两位法国人的思想准备和能力也是不同的：杰佛西可以用土耳其语跟特拉夫尼克当地人交流，而达维尔"不懂语言，也不了解这个国家和它的情况"。

达维尔和杰佛西之间的误解，体现在他们对波斯尼亚的不同看法上。他们在认识这个国家的过程中，表现出了不同程度的意愿和心理准备：

> 这位"年轻的领事"（指杰佛西）冒着大雨和泥泞，探访特拉夫尼克的周边地区。他走近人们，毫不犹豫地跟他们聊天。他了解到很多东西，这是严肃、正直和古板的达维尔永远无法看到或者学到的。达维尔内心对土耳其和波斯尼亚的一切充满了愤恨和不信任，他理解不了杰佛西外出工作的意义，也对杰佛西掌握的情况一无所知。达维尔被这位年轻人的乐观精神所激怒。杰佛西满怀热情地深入了解当地人的历史、习俗和信仰，希望找到他们落后的原因，最终，他从当地人身上看到了优点，而这些优点往往被异常的生活环境扼杀和扭曲。在达维尔看来，这些活动纯粹是浪费时间，还认为对他真正的工作构成了不良的干扰。

不同的方法带来了不同的认知结果：达维尔认为"这些人的落后首先来源于他们天生的恶意"，而杰佛西认为"他们的恶意和善意都来源于他们生活和发展的环境"。在达维尔眼中，波斯尼亚人"对道路有一种不可理喻的反常仇恨"，而杰佛西对波斯尼亚道路状况不佳的事实有独到的认识：好的道路无论对基督徒还是穆斯林来说都没有好处，因为对于基督徒来说，好的道路会让穆斯林更轻松、更快捷地到达他们的村庄，而对穆斯林来说，好的道路会方便奥地利和法国入侵。叙述者从不向任何一方倾斜，而是让双方人物陈述自己的观点，不对其进行评判。不过，可以认为，叙述者含蓄地支持杰佛西。因为他把杰佛西描述成一位善于观察、聆听和调查的人，因此比达维尔更有能力了解真相。达维尔只会坐在房间里，抱怨命运将他带到了特拉夫尼克这样的破落地方。然而，不是说因为杰佛西有好奇心就是对的，而达维尔没有好奇心就是错的。前者的善良和理性探索并不能推翻后者对波斯尼亚人的恶意评判。在小说的后面，叙述者把他们两人的判断和观点联系起来，含蓄地透露了自己对杰佛西的认可：

  就像往常一样，达维尔对身边发生的一切抱有一种强烈的鄙视态度，把一切归咎于这些人天生的品性和野蛮的生活方式，他只关心如何维护法国的利益。另一方面，杰佛西以一种让达维尔目瞪口呆的客观心态看待身边的所有现象，并从这些现象及其环境中寻找原因，不管他的观察给领事馆带来损害还是利益，宽慰还是不快。

人们对事物的观察和理解，不仅受到观察者个性的影响，还受其所处立场的影响。如果一个人只以法国利益为立场，来观察和理解波斯尼亚，虽然合理，但是他得出的结论必然与利益不相关者的观察结果不一样。对此，就像很多其他情况一样，我们不能说谁对谁错。《特拉夫尼克纪事》没有说杰佛西一定是对的，小说只是描绘了一个试图以开放性态度来理解陌生事物的外国人，

他不虚伪,也不因此而苦闷,他关心的不仅仅是自身的利益:

> 杰佛西毫不动摇地认为,这片地区虽然与世隔绝,麻木不仁,但它不是一片荒漠。相反,这里丰富多彩,从哪个角度观察都十分有趣,它以自己的方式打动人。当然,这里的人按宗教信仰分开,非常迷信,这里的行政管理可以说是全世界最糟糕的,因此这个地方在很多方面都很落后。不过,与此同时,这里的人幽默有趣,风俗奇特,有丰富的精神生活。总之,他们不幸和落后的原因很值得研究。达维尔先生、米特勒先生和杰佛西先生作为外国人在这里生活感到困难和不快,这不是什么问题。一个国家的价值和重要性不是靠外国领事的感受来衡量的。

分析达维尔的方法,用于杰佛西身上也同样合适,因为他也代表着来到波斯尼亚的欧洲人。《特拉夫尼克纪事》拒绝将波斯尼亚本质化,它同样拒绝将欧洲本质化的任何可能性。这部作品没有将欧洲归纳出来,没有将欧洲简化为某种单一的维度或者意义,没有将善和恶简单地对立起来。《特拉夫尼克纪事》以表现特拉夫尼克的方式来表现欧洲:陡峭而崎岖、复杂而交错,既被隔断又被连通。欧洲人带着痛苦的不屑来到波斯尼亚,不说当地语言,对它不甚了解,却想保护自己在波斯尼亚的利益。同时,还有另一种欧洲人满怀好奇地来到波斯尼亚,说着当地语言,愿意了解关于它的一切,而不是只从自己的利益出发去考虑关于波斯尼亚的事。这两个来到波斯尼亚的欧洲人——达维尔和杰佛西,他们互不理解。看到破损的道路,前者想到的是贸易的受阻和利润的减少,后者想到的是与利益和利润无关的东西:

> 在你脚下十几英尺的地方，你可以看到一层层的地质层，那是老路的痕迹，这些老路曾经也穿过了这条山谷。最底下是厚重的铺路石，那是罗马时期的道路遗迹，它上面六英尺则是中世纪鹅卵石路的遗迹，最上面的就是我们今天走的土耳其砾石路了。所以，通过观察土地的横截面，我看到了两千年来的人类历史，其中涉及三个时代，一个掩埋着一个。你看！

在这一段里，杰佛西不是在为波斯尼亚辩护，他试图让达维尔知道，波斯尼亚有丰富的内涵，它只是没有找到恰当的表达方式。波斯尼亚不只在用一种声音说话，而是通过多种不同的、互相竞争的声音来表达自己。杰佛西代表着仁慈的欧洲，愿意抛开自己的利益立场来认识陌生的东西。不过，他这一方却无法与达维尔代表的坚持欧洲利益至上的另一方相调和。尤利安神父和杰佛西对一个问题的见解是一致的：波斯尼亚的生活是艰苦的，坚持不同信仰的人却是同样的可怜和落后。然而，当他们试图理解这些困难、悲惨和落后的原因时，他们就会深深地陷入误解的困境。在这个例子中，尤利安神父抗拒任何理解，他拒绝承认多种声音的混杂喧嚣是困苦和落后的原因：

> 杰佛西问道："如果这个国家的人民如此分裂，比欧洲的任何地方都要分裂，那么这个国家怎么可能变得稳定而有秩序？怎么可能像它的邻国那样吸收先进的文明？在这一片狭长、多山和贫瘠的土地上，居住着四种宗教的信徒。每一种宗教都是排外的，它的信徒与其他宗教的信徒严格分开。他们都生活在同一片天空下，生活在同一片土地上，但是他

们精神生活的中心却在遥远的他乡——罗马、莫斯科、伊斯坦布尔、麦加、耶路撒冷或者其他地方,而他们又不在那里出生,也不在那里死去。每一个群体,都将另外三个群体的损失视为自己得益的条件,每一个群体都想将自己的发展建立在别人的代价之上。每一个群体都把不宽容视为最值得坚守的价值。每一个群体都把救赎寄希望于外部的某处,每一个群体都从相反的方向寻找救赎。"

我们很容易以为,这一段话表达了《特拉夫尼克纪事》的中心思想,是书的"定论",因为它没有进一步被相对化和被中和的空间。在这里,"仁慈的欧洲"不受任何特定利益的影响,以一种客观的方式来认识波斯尼亚,探究它困苦和落后的真正原因。而尤利安神父的回答似乎揭示出杰佛西想法的难于实施之处:"如果我们不那么顽固,向所有的'健康影响'敞开大门,那我的教友佩塔尔和安东今天可能叫作穆罕默德和侯赛因了。"当以杰佛西为代表的仁慈而开明的欧洲人试图去探究波斯尼亚落后的原因时,他们遇到的是一堵坚实的反抗之墙,把聆听和理解挡在外面。杰佛西说,波斯尼亚需要的不是与注定走向毁灭的欧洲封建思想和保守政治建立联系,而是需要"学校、道路、医生,需要与外界接触,需要工作和活力","需要前沿的教育和更加自由的思想"。最重要的是,波斯尼亚人必须找到"他们赖以生存的共同基础,找到一种更广泛的、更合理的、更人性化的方案",而不是祈祷和忏悔。杰佛西坚信,这一天有朝一日会到来:

> 波斯尼亚有朝一日会加入欧洲,不过它有可能是以分裂

的形式加入，带着在欧洲任何地方都找不到的古旧思想、习惯和直觉……你看，在欧洲，没有一个民族或者国家会将自己的发展建立在宗教的基础之上。

对此，尤利安神父的回答毫不沾边，好像完全没有听到杰佛西的话或者完全不明白他说的是什么意思："我们天主教徒一直都有这种方案，那就是罗马天主教会的信条。"在另一个场合，东正教主教约阿尼基耶对达维尔也说过类似的话："先生，我们支持俄罗斯，支持把所有的东正教徒从异教徒的手中解放出来。"穆斯林也不甘示弱，他们连忙提醒外国人："神的意旨表示，土耳其人的统治应该一直延续到萨瓦河，奥地利人可以从萨瓦河的另一边开始接手。"杰佛西的欧洲无法与其他领事的欧洲相调和，更无法与波斯尼亚的各种声音达成一致。这两种隔阂的原因是一样的：任何一方都死死拽住自己狭隘的立场，拒绝理会外面的东西。

《特拉夫尼克纪事》是没有定论的，任何看似中心思想的判断，都只是短暂有效，只要转一下"螺丝"，很快又被中和了。在小说混杂的声音中，杰佛西的声音并不比其他人的声音更响亮，他代表的是无私而仁慈的欧洲的声音，而达维尔代表的是另一种声音，这种声音似乎在说，波斯尼亚的不同宗教群体如果将救赎的希望寄托于外部，那么他们得救的机会相当渺茫。新总督阿利帕夏刚到达特拉夫尼克，马上就把天主教、东正教和犹太教群体的领导人抓起来关进了监狱，外国领事代表的"欧洲"对此事的反应正符合宗教群体对他们的期望：

奥地利领事立即采取了干预，为被囚禁的修士申冤。达维尔不甘示弱，他不只为修士们申冤，还为犹太人抱不平。修士们首先被释放了。然后，犹太人也一个一个被释放出来，他们回到家里马上翻箱倒柜，把原来打算用来行贿的钱全部拿了出来，交到总督府为自己赎身。在城堡里关押得最久的是修道院院长帕霍米耶，因为没有人来赎他。最后，他才终于被他那几位同样一贫如洗的教友们赎出来。

波斯尼亚按宗教而分，而欧洲按达维尔和杰佛西代表的两种价值观而分，双方互不听从，互不理解。即使达维尔的欧洲、领事的欧洲、以利益和利润为代表的欧洲，也不是一个整体，其内在也是分裂的。冯·米特勒是第一位奥地利领事，他几乎没有到过波斯尼亚，达维尔为了"欢迎"他，向德尔文塔的边境哨所队长奈尔·贝行贿，让他把米特勒可以自由进入波斯尼亚的法令收回（不放行米特勒，让他滞留在德尔文塔）。就米特勒而言，他似乎为这种情况做好了准备：在德尔文塔等待时，他开始阅读那些写给达维尔的信。领事们和土耳其的总督们为了提升影响力而展开竞争，他们贿赂驻扎在边境的边防兵，煽动他们到对方的领土上烧杀抢掠。达维尔命令他的雇佣兵向北越过边境进入奥地利的领地，而奥地利领事则命令自己的雇佣兵南下，向法国占领下的达尔马提亚地区进发：

> 各方（法国和奥地利）都利用他们的探子在民众中散播虚假消息，反驳对手传播的虚假消息。最终，他们互相诽谤，互相诋毁，像两个争吵的女人。他们拦截对方的信使，拆开对方的信，还引诱和贿赂对方的仆人。

冯·米特勒把达维尔的所有敌人都拉拢到一起，达维尔则竭尽所能削弱奥地利的军事力量，扰乱波斯尼亚边境的安定，制造持续的紧张冲突。诺维地区的长官——年轻、勇敢而骄傲的艾哈迈德·贝·塞里奇，原来是扰乱奥地利边境的主力，最后成了欧洲领事、土耳其总督和伊斯坦布尔宫廷钩心斗角的受害者。达维尔无力保护这位线人，虽然这是意料中事。然而，出人意料的是达维尔从失败中得出的结论：

> 你（指达维尔自己）在黑暗的一天来到这个国家，现在没有回头路可以走了，但是，你必须记住，不能以你的标准来评判这些人的行为，也不能用感性回应他们，否则，你很快就会落得可悲的下场。

我们不要误会，他的结论不是说他没有能力在危险发生的时候保护波斯尼亚人，就不应该将他们用作与奥地利领事博弈的工具。他的结论指的是，他应该降低波斯尼亚人的道德敏感度，应该用不同于自己国家的"双重标准"来衡量发生在波斯尼亚的事件，只能以这样的方式来保护波斯尼亚人。为了不要"落得可悲的下场"，他把一切归咎于"这个国家"和他到达这里时"黑暗的一天"——这个游戏可以无休止地进行下去。无论是达维尔还是冯·米特勒，他们被派往特拉夫尼克的使命都不是为了保护诺维地区城防军官的生命，也不是为了调和波斯尼亚四种宗教之间的矛盾，更不是为了增进东西方文化之间的交流和理解。达维尔来特拉夫尼克的任务是"开设领事馆，与奥斯曼土耳其统治下的这片地区建立起商业联系，协助达尔马提亚的法国占领军，跟进塞尔维亚和波斯尼亚的非穆斯林居民的行动"。所以他不需要关心这里的思想启蒙和社会进步的问题。法国与奥地利开战之初，为了对奥地利的攻击进行反击，拿破仑对"维也纳进行了闪电般的打击。现在，就算不关心战况的人，也明白为什么法国人要在波斯尼亚开设领事馆了"。领事们开始没日没夜地工作，并不在乎自己使用的方法是否合乎道德规范：

> 在达夫纳的帮助下，（达维尔）成功找到了所有因为思想倾向或者自身利益而反对奥地利的人，他把他们聚集起来，这些人为了反对奥地利可以赴汤蹈火。他联系了边境的城防司令，特别是诺维的城防司令。这位司令正是达维尔没能成功营救的艾哈迈德·贝·塞里奇的兄弟。达维尔为他们提供资源，敦促他们到奥地利的领地去捣乱。冯·米特勒通过利夫诺地区的修士把报纸和呼吁书发放到法国占领下的达尔马提亚地区，以此与达尔马提亚北部的天主教神职人员串通起来，协助他们建立抵抗法国人的组织。

这一切斗争发生在两个人之间，这两个人的宗教和文化背景是一致的，他们同样生活在这座东方小城镇里，"没有同伴，没有快乐，没有任何舒适的感觉，常常连最基本的东西都得不到。他们在这荒山野岭之间，在粗野的本地人之间，与不信任、肮脏、疾病和所有的不幸展开斗争"。这两个人的情况就跟波斯尼亚四种宗教的情形别无二致——人们生活在同一片天空下和同一片土地上，却长期处于冲突和不信任的状态。命运将这两个欧洲人引向彼此，但是他们从对方的不幸中，只看到了自身的利益：

> 他们在自己的小动作中，模仿着那些遥远的、看不见

的、无法理解的大动作。不过，艰苦的生活和悲惨的命运让他们彼此靠近。如果这两位领事不是敌人的话，他们一定是最能理解对方、最能同情对方和最能帮助对方的朋友。因为他们竭尽全力、无日无夜地尝试给对方设置障碍，让对方陷入困境。

在特拉夫尼克期间，达维尔不停地与杰佛西和奥地利领事钩心斗角，只有在与奥斯曼总督打交道时运气才好一些，不至于满是分歧。但是，如果没有分歧，理解就成了问题。达维尔带着"对亚洲精神和整个东方世界的反感"来到特拉夫尼克，这种心态是他的思想生活的主调，也是他毕生创作的主题——他在长诗里写的正是亚历山大与遥远的亚洲展开搏斗的故事。虽然，他在特拉夫尼克遇到的"亚洲人"让他感到惊喜，但是这不足以改变他对东方的看法。达维尔遇见的第一位总督穆罕默德帕夏，颠覆了达维尔对奥斯曼帝国政要的刻板印象，因为穆罕默德帕夏活泼、快乐和善良。他给人留下愉悦的印象，是"一位温和而又通情达理的人，他不仅会口头上做出善意的承诺，而且会用实际行动实现这些承诺"。最重要的，赢得了达维尔同情的，不是穆罕默德帕夏的微笑、礼貌和善意，而是他提出的区分"我们"和"他们"的新方法，这重新定义了达维尔东方主义的心理地图："在谈话过程中，总督特意强调了这个国家的野蛮性以及本地人的残酷和落后。这片土地很荒凉……人们很暴力和粗鲁。"在总督和达维尔的眼里，波斯尼亚都是他者，"不文明且野蛮"，于是他们两人站在另一边，也就是波斯尼亚的对立面——开明而文明。另一方面，达维尔遇到的第二位帕夏，易卜拉辛帕夏，印证了达维尔的刻板印象——他行动缓慢，面无表情，带有一种歌剧般的庄严。但是，在克服了第一印象之后，达维尔也跟这位帕夏建立了真挚而亲密的友谊，他们的友谊同样是建立在对"我们"和"他们"的区分基础上：

> 只要谈起波斯尼亚和波斯尼亚人，易卜拉辛帕夏永远找不到足够严厉的言辞和足够黑暗的比喻，而达维尔现在带着真诚的同情心和恰如其分的理解在听他说话……"我高贵的朋友，你可以用自己的眼看，看看我们所处的地方，看看这些我不得不打交道的人。管理一群野生水牛都比管理这群波斯尼亚人容易。他们都是野蛮人、野蛮人和野蛮人，没有头脑，粗俗，很自大，很容易得罪人，长着猪一样的脑袋，愚蠢至极。当我告诉你波斯尼亚人的心里没有荣誉，脑子里也没有理智的时候，你一定要相信我。"

在这里，《特拉夫尼克纪事》的情节颠覆了人物的主张，并使他们相对化，互相中和。达维尔的一位老朋友意外来到特拉夫尼克，计划用欺骗的方法刺杀穆罕默德帕夏，却被穆罕默德反杀。这就是这一位所谓"开明而文明"的帕夏所做的事情。诚实高尚的易卜拉辛帕夏，把割下来的人耳和鼻子堆在领事的面前，称那是他们在塞尔维亚镇压叛军的战利品。不过，后来发现，这些所谓的战利品，其实是他们在宗教节日期间屠杀波斯尼亚基督教徒的"收获"而已。对此，达维尔的第一反应是外交官的条件反射，他克服了心里的厌恶和恐惧，振作起来说了几句祝贺总督的话，同时表达了他对和平的希望，以及对苏丹军队未来胜利的祝愿。作为外交官，除了向东道主认为是胜利的事情表达祝贺以外，还能做什么？然而，在私底下，达维尔表达了他对这种胜利的真实看法。达维尔仿佛亲身经历了这场永远都醒不过来的噩梦,他想:"这就是这些人的样子,这就是他们的生活,这已经是他们能做到的最好的事情了。"经历完这场残酷的事件后,达维尔想知道自己和易卜拉辛帕夏之间是否存在某种共识:

> 为什么他要说谎?这种徒劳的、幼稚的残忍从何而来?他们的笑声和他们的眼泪意味着什么?他们的沉默掩盖着什么?这些人,思想高尚的总督、表面诚实的苏莱曼帕夏,还有聪明机智的塔希尔大人,他们是怎么想的?居然参与到这种属于其他世界的低级可怕的行为当中?他们的真实面目是什么?什么是真正的生活,什么是精心策划的表演?他们什么时候在说谎,什么时候说真话?

达维尔永远无法为这一问题找到满意的答案,但是可以从这个问题得出一个意义深远的关于"东方人"的结论。这件事之后,信使给达维尔传来了苏丹的死讯,达维尔则让这位信使给总督送去一箱柠檬。总督又给他回了信,这封信看起来亲切而镇定,看不出总督对主人的死的真实心情。信中的平静语气,跟达维尔先前对总督的祝贺语气如出一辙,但是达维尔还是吃了一惊:"这就是人们将在东方经历到的奇怪而惊讶的心情。真实的内心世界与他说出的话,看不出有半点联系。"对于达维尔来说,"东方"显然是一种万金油般的解释,甚至能够帮助他去理解那些前所未见的困惑。

如果这就是全部,我们可以得出这样的结论:《特拉夫尼克纪事》讲述的是,一个对东方怀有强烈的东方主义成见的法国人逐渐了解这个地方的故事,他的经历帮助他重新绘制了自己的心理地图：对他来说，"我们"和"他们"不再指代东方和西方、亚洲和欧洲。他在特拉夫尼克遇到的东方人，值得被纳入"我们"当中，只有粗鲁野蛮的波斯尼亚人依然属于"他们"。之后，在总督府发生了谋杀案和割鼻子割耳朵的插曲，达维尔认识到，他之前的印象是不成熟的，两位总督以及他们身后的整个东方应该回到自己的位置——野蛮、丑恶而没有思想的"他们"。然而，结论没有这么简单。尽管达维尔开始思考新的可能性，即总督们在仁慈和文明的面具下隐藏着自己的真实本性，但是他们的友谊和联盟关系是不容置疑的。尽管知道穆罕默德帕夏延长在特拉夫尼克逗留的原因和手段，达维尔最后还是以最友好和最亲切的方式跟总督告别，表现出了依依不舍甚至是悲伤的心情。总督最后的话使他大受感动："亲爱的朋友，我祝你健康、幸福和成功，遗憾的是，当你在波斯尼亚跟这些不文明的野蛮人打交道遇到困难时，我不能站在你的身边。"作为杀人凶手的奥斯曼总督，跟明知他是杀人凶手的法国领事依依作别，而他们互不拆穿，因为他们谁都不是野蛮人，只有波斯尼亚人才是野蛮人。达维尔以相似的方式与易卜拉辛帕夏惜别，帕夏跟他说："我发现你我都是流亡者，被囚禁在这些可怕的人中间。"达维尔再一次深受感动。那些被人割下来的鼻子和耳朵已经被遗忘了，也被原谅了，再一次，只有波斯尼亚人才是野蛮人。这就是"我们"和"他们"的区分——文明的领事和奥斯曼的权贵是"我们"，波斯尼亚的野蛮人是"他们"。波斯尼亚人的"野蛮"曾经因为可怜的命运而一度变得模糊，现在又清晰了起来。

如果因《特拉夫尼克纪事》而指责安德里奇怀有东方主义倾向，这种解读就太肤浅了。小说中的东方主义态度大多出现在达维尔的话语或"角色区域"当中，但是这种态度又在该人物的行动、话语和与其他角色的关系中被中和、被打破。如此看来，《特拉夫尼克纪事》中的东方主义只是小说的主题之一，而不是作者有意识或无意识的态度和主张。在特拉夫尼克所有的外国人中，达维尔和杰佛西即使有同样的语言、文化和宗教背景，但两人的共同点最少，其政治见解以及对一切事物的反应和行为也都大相径庭。达维尔与这一位奥地利领事经常发生冲突，因为两人分别代表的是互相排斥的两个帝国的利益。与达维尔关系最为亲密的是穆罕默德帕夏和易卜拉辛帕夏，这两位帕夏来自另一种文化和宗教背景，只有通过翻译才能与达维尔交流，却与达维尔有着重要的共同点：他们所代表的帝国，在当时与达维尔代表的帝国利益一致。除了个人利益和政治利益以外，作为外交官和领事的达维尔，与奥斯曼总督有着相似的特征，如他们的社会利益，以及统治阶级成员之间的下意识同情。这些相似性都建立在对社会礼仪和生活方式的相似理解之上。达维尔没能与他遇到的第三位总督——阿里帕夏建立起友谊。这位帕夏有冷血杀手的名声，虽然前两位总督在这方面也不逊色。达维尔无法走近阿里帕夏的原因是后者的不文明和没教养：他来特拉夫尼克时，"没有带官员、随从和妻妾，仿佛是'森林里的强盗一样，赤裸而孤单'"，他离开时，"总督府的房间和走廊空空如也，所有的家具和装饰都消失了"。他的出现，让达维尔关于亚洲精神和东方的旧印象重新出现并且固化。达维尔从之前两位总督身上看到了一种社会生活理想形式的文化变体，第三位总督的出现使他的印象幻灭了，使他不得不把注意力重新放回特拉夫尼克和波斯尼亚人身上。这些总督们的形象，使关于波斯尼亚的刻板印象不断重复。不断加深达维尔的东方主义印象。

在这部小说中，波斯尼亚被那些想要统治它和那些需要在其中保护帝国利益的人,即奥斯曼的总督和欧洲的领事们所憎恨和误解。当他们的政治利益和社会利益发生重叠,他们的国家相安无事,也没有发生战争时,他们才会在一定程度上发生接触和互相理解。他们称这种重叠为"文明",与那些利益可能完全不同的人的"野蛮"相对立。在波斯尼亚,被领事们称为"野蛮"的事物其实在他们的国家,甚至是在他们自己家里也经常出现。作为"一个基督徒和欧洲人",达维尔对"日常的野蛮行为"感到"厌恶和愤慨"。比如,在奥地利领事馆门前出现了一个处决地点,用竹竿插着塞尔维亚族人的人头。但是,他十五年前在巴黎就看见过这样的情景,那天当他推开房间的窗户时,"忽然发现自己与一个被砍下的头颅面对面,它苍白而血腥,被一根长矛杵在那里"。达维尔当时只是感到恶心,却没有对其野蛮性展开批判。[1] 冯·米特勒把特拉夫尼克人的歌唱称为"哀号"(urjammer),达维尔把当地人的歌唱解释为"隐藏的激情和卑劣的欲望,以及狂野的愤怒"。然而,冯·米特勒却把他妻子同样难听的歌声形容为"激情和大胆的感情语言,像是来自神秘的深处,来自一个与神圣与严肃相反的世界"。在妻子唱歌的时候,冯·米特勒不得不捂住自己的耳朵,但他从来没有把这种隐秘的激情称为"野蛮"。书中一位博学的"东方人"——塔希尔大人,对欧洲人这种逃避自身野蛮性的掩耳盗铃行为是这样评价的:

> 差别在于,伊斯兰国家在发动战争时,从来都不假思索,也从不自相矛盾。他们一直把战争看作是他们在世上的

---

[1] 见 Norris 1999: 68:Norris, David N. 1999. *In the Wake of the Balkan Myth. Questions of Identity and Modernity*. Basingstoke: Palgrave Macmillan。

重要使命之一。伊斯兰教就是通过战争的方式来到欧洲的，他们通过与基督教国家打仗，或者利用基督教国家之间的战争来维持自己的地位。据我所知，基督教国家如此谴责战争，以至于把所有战争的责任都推到对方身上。但是，他们在谴责战争的同时，从未停止发动战争。

理　解

《特拉夫尼克纪事》中，人与人互相理解的例子实在不多。人们互相赠送礼物：特拉夫尼克的妇女送礼物给达维尔夫人；在饥荒期间，两位领事给人分粮食；所罗门·阿季亚斯给达维尔送钱，而不求他办任何事。人们还彼此相爱，小说的第十章描述了几场跨越了宗教和社会界限的爱情：萨尔科爱上了冯·米特勒的女儿，杰佛西爱上了耶尔卡，而安娜·玛丽亚爱上了米亚特修士。又如，有人救助别人，从不计较对方的宗教信仰：卢卡修士是"病人的朋友"，救死扶伤，尽管他的爱心为自己和他的修道院带来了不愉快的后果。当他们不为权力而战，当他们不试图制服别人，当他们对别人感恩戴德与人为善，当他们在别人身上看见人间的苦难，或者当他们坠入爱河而希望保护对方，仅在这些时候，他们可以做到相互理解。然而，人们在感恩、同情和爱中相遇的情况，都不需要开口说话。人在恋爱时不需要说很多的话，甚至不需要说话，也不会谈自己的感受。交换礼物也不需要说话，或者可以通过中间人转交。卢卡修士为人治病，但是他只跟其他僧侣交谈，顶多偶然跟化学家摩尔多说几句话。当不需要主张某种意识形态，不需要倡导某种世界观时，人们确实是能够互相理解的。

然而，一旦人们开口说话，即使想表达的是同情、支持、理解和感激，理解就变成不可能了。所罗门·阿季亚斯努力想向达维尔解释为什么送他钱，却失败了：他过于兴奋，一句话都没有说。达维尔与阿季亚斯两人见面时，就像上面所说的治疗、爱或者送礼那样，没有依靠语言就做到了互相理解。不过，我们却没有因此而错过了"聆听"角色的机会。在整本书里，叙述者只有在这里才没有直接引用角色的话，而是待在阿季亚斯的"角色区域"里面，说出了这个角色本来打算亲口说出的话。[1] 此外，叙述者利用这一机会，用两句话表达出更进一步的意义，这层意义甚至超越了阿季亚斯未曾说出口的独白。第一句话是：

> 我们永远无法知道，在那一刻，是什么样的感情让所罗门·阿季亚斯感到窒息，是什么让他的眼泪夺眶而出，让他全身激动地颤抖。如果他还能说出话来，那么他大概会说。

第二句话：

> 然而，在他的意识中，这一切远不是完全清晰准确的，更不是成熟的表达。在他心中，这种感受既活泼又沉重，但却无法言说，无法表达。又有谁能将自己最美好的情感和冲

---

[1] 杨尼肯（Jänichen）认为，只有在这里，小说的作者安德里奇表达了自己的观点和态度。[Jänichen, Manfred. 1995. "O zakonu protivnosti, oder Ivo Andrić's Appell zur Toleranz im Roman Travnička hronika" in P. Thiergen (ed.). Ivo Andrić 1892–1992. München: Sagner: 45].

动表达出来呢？没有人，几乎没有人做得到。那么，既然如此，这个来自特拉夫尼克的皮货商人、西班牙的犹太人又怎么做得到？他不懂这个世界上的任何一种语言。即使他懂语言，对他来说也没有任何好处，因为就算他是摇篮里的婴儿，也不被允许大声地哭喊，更不用说自由而清晰地开口说话了。

叙述者没有以自己的名义来写这番话，只是说如果阿季亚斯能够开口，就会说出这些话来。在这部小说里面，所有的角色都能说会道，为什么偏偏就是阿季亚斯说不出话呢？叙述者在传递这层意义时，依然让自己隐身在背景里。一方面这是阿季亚斯的激动心情和缺乏语言技巧导致的，但是另一方面，这隐含了更加重要的意思：叙述者要为所有在1942年不仅被剥夺了发言权，还被剥夺了生命权的犹太人代言——安德里奇作为南斯拉夫大使被派驻德国柏林，在犹太人大屠杀的真实规模公之于世以前，他就已经对实情有所了解了。小说通过这样的方法为那些被剥夺了权利的人代言，把发言权还给他们。那么这位犹太商人有什么要说的呢？

我们对一个更好的世界的渴望是不会消失的，渴望这个世界有秩序有同情心，渴望人可以挺直腰板走路，可以冷静地看待事物，可以坦诚地开口说话……在那里，我们可以被人知道。我们的名字不应该在那个更加光辉、更加高尚的世界里消失，那个世界不断变暗，不但被破坏，还在不断变化，但是它永远不会被摧毁，它永远为了某人而存在于某处。这个世界应该知道我们的心里装着它，我们以自己的方式为它服务，我们感到自己与它融为一体，尽管我们现在不得不永远而绝望地与它分离。

理解是一种例外，它从来不是一种理所当然。即使有善意，人们也不可能互相理解，不仅因为人们从来不听，还因为他们不是总能够把应该说的话说出口。达维尔收下了阿季亚斯的钱，但没有收他的另一份离别礼物：希望人性宽容并互相理解的理想，能够在那一个"人可以挺直腰板走路，可以冷静地看待事物，可以坦诚地开口说话"的地方被人认识。他希望人们意识到，大家对他（犹太人）的形象理解有误。这种对人类本质的解释，在历史世界中是不可能的，因为在那里，人们甚至不允许大声呼喊。在历史世界里，不管是在达维尔和阿季亚斯的年代，还是安德里奇书写《特拉夫尼克纪事》的年代，战争不断爆发，欧洲不断被人征服，世界没有时间聆听，也没有意愿去理解。关于人的本质的解释，只有在文学中才有存在的可能：这就是叙述者替所罗门·阿季亚斯说话的原因所在，也是对阿季亚斯那活泼、沉重、无法言语和无法表达的心情的解释。

因此，达维尔是否听到阿季亚斯想说的话并不重要。毕竟达维尔不会奔着阿季亚斯想要得到的理解的方向去，他对阿季亚斯称之为"正确的道路"的那个世界感到绝望，认为它不存在。对达维尔来说，"正确的道路"指的是没有用长矛杵着人头的地方，是没有古代政权的地方，它也不是法国王朝的复辟，而只是他必须回到的地方。阿季亚斯的"那个世界"是不存在的，那不是一个地理事实，只是一种精神状态：是人性、宽容、尊重和理解的理念，它只在短暂的时间内被实现过。因此，安德里奇在小说中用斜体字来标识"那个地方"并不奇怪。

在《特拉夫尼克纪事》中，还有两个词是用斜体字来写的，其中一个是"第三世界"。特拉夫尼克的医生科洛尼亚在他的独白中曾经提到过这个词，随后杰佛西也用过。在这里，"第三世界"指的是来自黎凡特的基督徒，即"永远的翻译者和中间人……他们既了解东方又了解西方，但他们的习俗和信仰却遭到东方和西方的共同鄙视"。他们对两个世界都很了解，却不属于任何一方，一直处于两者之间。在他们身上，宽容和理解的理念罕见地被实现了，他们正是阿季亚斯所说的"那个地方"的真实写照。我们应该如何理解"那个地方"和介于东西之间的"第三世界"呢？

我们对真正的解释和真正的理解的认识，往往都跟"第三"和"之间"这两个概念相关联。埃及学家扬·阿斯曼（Jan Assmann）研究中东地区的神的名字的跨文化翻译形式，指出在希腊化时期，人们发明了一种"融合翻译"的形式。在作为媒介语言的希腊语中，不同的中东文化被融合在一起，没有任何一种文化会凌驾或支配其他文化。希腊语作为一种载体，把不同的传统汇聚在一起，以创造一种新的文化。"不同的神性没有被'翻译'到彼此的语境中，而是被'重现'于作为第三者的总体性里面，这种总体性成了某种共同的背景。"因此，在第三语言中，"融合翻译"的方法为每一个对象都提供了双重的成员资格。这种第三语言不是被赋予的，"而是被设想的，为的是能够提供一个框架，让每一种文化得到了解，同时不失去其身份特性"。查尔斯·泰勒同样主张第三语言的理念，他说过，我们的知识并不是注定要以民族为中心的：

> 一种能够帮助我们理解另一个社会的语言，不是我们的

语言，也不是对方的语言，而是一种"可以被理解的对比语言"。在这种语言里，我们可以把我们的生活方式和对方的生活方式表述为在基本人际状态中共同起作用的可能性。与这种对比语言相比，对方的语言会显得失真或者不充分，而我们的语言有时候也会遇到这样的情况（在这种情况下我们会发现，要理解对方，就意味着其中一方要改变理解方式，从而改变生活方式，这在历史是一个未知的进程），或者两者同时出现这种情况。

伽达默尔的阐释学也为这里的"融合翻译"或者"对比语言"提供佐证。理查德·伯恩斯坦在探讨跨文化交流的研究中，证明了伽达默尔提出的"视域融合"和"真实对话"等概念十分有效。尽管我们受制于各自的传统，这些传统既属于"我们"，也属于"他们"，（以"我们"的思考方式去理解"他们"的尝试是徒劳无功的）我们有限的视域正等待着被打破，而这些视域绝不是封闭和孤立的。它们是语言性的，也就是说，它们基于语言的元素，或可以用语言描述和阐释的现象组成。我们的视域可以由别人的视域要素来组织、重构和拓展，否则，我们该如何解释已有的文化翻译的例子呢？伯恩斯坦总结了伽达默尔的观点："如果我们愿意努力去理解，并且发展出阐释学所需要的才能和态度——我们只要具备超越我们有限视域的意愿和能力，那么我们总是能够达成理解。"阐释学的敏感性是"视域融合"的先决条件，它不是要求我们不加批判地接受来自其他文化和传统的所有元素，而是倡导我们进行对话，在对话中，我们的传统与那些我们希望去理解的传统是可以沟通的。"视域融合"指的是我们能够在一个更大的整体中理解熟悉和陌生的东西：对他人的理解，实际是我们进行自我理解的一个方式。这就是伽达默尔对理解的核心定义:"这些本来独立存在的视域的融合,就是理解。"伽达默尔称,理解并不意味着屈服,而是希望互相理解的双方的相遇,而相遇将发生在双方既定立场之间的某处:"阐释学的真正位置就是在这个中间地带。"这就是小说人物科洛尼亚的"第三世界",一个伊斯兰教、犹太教和基督教三者相遇的地方,三者没有互相同化,而是在一个更新、更大的整体空间里成为融合的统一体。要达到这样的理解,前提是要承认每个人都有阐释自己的权利,同时以最有力的方式努力去理解对方的论点。

伊沃·塔尔塔利亚指出"伊利里亚医生(科洛尼亚)的性格与安德里奇本人有着惊人的相似之处"。[1] 科洛尼亚医生在小说的第十二章首次登场,这一角色的诸多特征,与安德里奇其他作品中的一些诗人或者作家颇为相似:戴着面具,有能力认同他人的信仰和思想体系。他的身份是不确定的,然而对语言十分关注。此外,在该书的第十五章,安德里奇引用了鲁米的诗歌,为读者打开了新的联想,也流露出安德里奇希望读者将科洛尼亚理解为一位作家,有的读者甚至还把科洛尼亚看作是安德里奇的化身。但是,塔尔塔利亚谨慎地驳斥了这样的观点:"将科洛尼亚等同于安德里奇是不合理的。将自己投射在自己笔下的角色上,这种做法显然违背了安德里奇诗学的基本原则。相比而言,安德里奇更类似那位失败的诗人达维尔,而不是这位难以捉摸的作家、思想家科洛尼亚。"塔尔塔利亚称,我们顶多只能把科洛尼亚看作是"作者的漫画"。科洛尼亚身上或许的确有种漫画式的特色,但是,在这部作者竭尽全力抹去一切自身痕迹的作品中,这种漫

---

[1] 关于安德里奇的牛平与科洛尼亚不确定身份的相似性,详见 Longinović 1995: 136。

画特色又意味着什么?

与作者的个性相比,科洛尼亚这一角色的形象似乎与《特拉夫尼克纪事》这部小说更加相似。整部小说,以类似科洛尼亚的方式,接纳了其主题范围内的一切观点,并且尽可能强烈地表达这些观点。科洛尼亚给人留下难以捉摸和不确定的印象,因为他从不完全主张某一种观点,在一定时间内他会认同自己正在研究的对象,对这个对象感到兴奋,可以暂时将其作为自己唯一的、专属的信念,也可以从此拒绝和抛弃之前同样为之激动的其他对象,这种做法恰恰是《特拉夫尼克纪事》的特征。科洛尼亚在一次谈话中,通过戴上不同的面具而多次改变自己的外表。小说的叙述者也可以通过戴上人物角色的面具来消除自己可识别的、不曾改变的特征,通过这样的做法,作者把小说的大部分内容转化为不同人物的"角色区域"。这种转变的力量使科洛尼亚获得一种了解一切的自信:他比古契山(Guča Gora)[1]的僧侣更了解基督教,而比乌理玛(Ulema)[2]更了解伊斯兰教。对于科洛尼亚来说,所有的宗教体系都是"同等接近……时又同等疏离,因为他能够在一段特定的时间里,完全认同任何一种宗教"。对于叙述者来说,所有的角色观点也是如此。这种特性使科洛尼亚和整部小说既一致又不一致,从而为不同甚至相反的解释铺平道路。《特拉夫尼克纪事》属于那些"永远的解释者和中间人,其携带着隐藏的而无法表达的东西"。以阿季亚斯为代表,《特拉夫尼克纪事》努力让每一个角色和每一种观点充分表达,让它们阐释自己。这样,现实中不可能实现的伟大对话便在虚构的小说里上演

---

[1] 坐落在波斯尼亚的一座小村庄附近,山上修建了罗马天主教方济会教堂和修道院。——译者
[2] 阿拉伯语原义为学者,是伊斯兰教学者的总称。——译者

了。在小说中，那些在现实里不愿意聆听别人意见的耳朵，在虚构世界中将乐意去听。我们可以将科洛尼亚在困惑而无语的杰佛西面前的独白理解为整部小说的中心思想。这个场景非常符合巴赫金所说的"门槛上的对话"，也就是在即将到来的死亡面前，角色将解释自己"最深层的个性和思想"。科洛尼亚站在杰佛西的面前，仿佛准备说出离开前的最后一句话。这句话的风格和语调像极了陀思妥耶夫斯基笔下最崇高的角色独白：

> 在真正的最终结局到来时，一切都会好起来的，都会得到圆满的解决。尽管此时此刻，一切都不和谐，无可奈何地卷在一起。就像你们的哲学家所说的那样，"有朝一日，万事必然就绪，此乃希望所在"。人们甚至无法想象除此以外还有别的结局。如果我的思想是善良的，是真实的，那为什么比不上那些产生于罗马或者巴黎的思想呢？是因为我的思想诞生在这个叫作特拉夫尼克的小山沟吗？难道我的思想就不应该被注意到，不应该被记录下来吗？不，当然不。尽管从表面上看，一切都是支离破碎、混乱不堪的，但是实际上一切都是关联、和谐的。任何一个人的思想或者精神都没有白费。我们所有人都走在正确的道路上，当我们相遇时，我们将感到惊讶。不过，无论我们现在走向何方，哪怕我们误入歧途，我们最终都会遇到对方，理解对方。我们的相遇将是快乐的，会成为光荣的救赎般的惊喜。

那个在尽头等待着我们互相理解的相遇之处，没有任何东西被浪费或丢失的地方，一切和谐相连的地方，为人类文化的整体性和统一性服务的地方，就是安德里奇所指的"第三世界"。他

的这一思想是在波斯尼亚形成的,而不是在罗马或者巴黎。这一形象与科洛尼亚对耶尼清真寺的描述完全一致:

> 人们知道,在土耳其人到来之前,这座清真寺曾经是圣凯瑟琳教堂。他们相信教堂某个角落还有一个圣物室,无论他们用多大的力气都无法打开。如果你再仔细观察那面古墙的石头,你会发现这些石头来自罗马的废墟和墓碑……而在那下面的深处,在看不见的地基里,有一块巨大的红色花岗石,它来自更加古老的宗教遗迹,来自古老的密特拉神庙……在比那更深的地方,谁知道还埋藏着什么东西。

科洛尼亚要表达的不是文化之间的相互摧毁与吞噬,而是把耶尼清真寺看作是一个文化隐喻,以此说明文化的统一性。一切都被保存下来,没有付诸东流,没有白费。他对不同思想体系的认同,不能说明他思想杂乱,而是说明了他对文化统一的坚信。在他坚信的文化统一体中,尽管存在不同的语言,各种事物服务于不同的目的,但是一切都有一席之地,一切都同等重要:

> 你知道,一切都是联系在一起的,它们被丢失、被遗忘、分散而杂乱无章,但这都只是表面的现象。一切都在运动,在不知不觉中朝着同一个目标前进,就像一束束光线,它们将要汇聚在一个遥远而未知的焦点……所以希望是存在的,就在有希望的地方……你明白吗?

杰佛西最后听到的话,是科洛尼亚反复感叹的"你明白吗"。一个来自黎凡特的人,生活在欧洲和亚洲之间,生活在伊斯兰教、犹太教和基督教之间——就像这段对话的发生地波斯尼亚一样。科洛尼亚的话是对一个法国人说的，不是代表欧洲领事的法国人，而是代表启蒙和善良的欧洲的法国人。这么看，《特拉夫尼克纪事》就相当于安德里奇对欧洲说的话，其中包含了他对双方最终相遇和相互理解的愿望。他谈的不仅是波斯尼亚四种宗教之间的理解，还有我们所有人之间的彼此理解，包括两个欧洲之间的理解，即领事的欧洲和杰佛西的欧洲。最后，安德里奇想谈的还有波斯尼亚和欧洲之间的相遇和理解。正如作为解释者和中间人的科洛尼亚那样，《特拉夫尼克纪事》也希望成为波斯尼亚和欧洲之间的解释者。

安德里奇以一种不属于他风格的激情和悲怆，表达出《特拉夫尼克纪事》的核心意义。在1942年的历史背景下，要传递出这种团结和理解的声音，本身就需要怀有极大的希望。小说中的希望和意义，由一个具有漫画色彩的人物传递出来，而这个人物被认为是"困惑而可笑的，可疑而多余的"，很难被理解："他身上最好的东西，仍然是看不见摸不着的，而那些能被看见的特质，又受到所有人排斥。"很显然，在《特拉夫尼克纪事》里，科洛尼亚不是一个寓言，而是一个隐喻。尽管关于这个角色的描述与作者对自己作品的理解不需要时时刻刻都相互对应，但我们仍然遇到了一个无法回避的问题，那就是科洛尼亚的死亡。为了保护一位基督徒，科洛尼亚说出了一番话，而这番话被穆斯林理解为他对伊斯兰教的皈依，而在第二天，人们却发现科洛尼亚死了。安德里奇没有解释科洛尼亚为什么死亡，没有给出理由。科洛尼亚是被人谋杀的吗？这似乎不太可能，人们为什么要杀害一个"困惑而可笑"的医生呢？没有理由。那他是自杀的吗？难道他长期受困于混乱的精神状态，所以皈依伊斯兰教之后要做的第一件事就是杀死自己？我们在《特拉夫尼克纪事》里找不到任何迹象来支持这一解释。安德里奇没有给科洛尼亚的死亡留下任何解释，如果我们不把科洛尼亚视为小说的隐喻的话，这或许不是什么问题。然而，这是一部关于误解的小说，科洛尼亚这个角色恰恰承担着建立人类文化统一的崇高愿景，这个角色代表的正是这部小说本身，而小说的作者却把这个角色"杀死"了，他究竟想表达什么？

从小说的情节层面，我们无法为科洛尼亚的死亡找到原因，所以我们只好从象征层面寻找线索。在象征意义上，科洛尼亚承载着文化统一的愿景和人们互相理解的希望。一种可能是，通过科洛尼亚的死亡，作者想说，任何一种排他性的意见，如皈依伊斯兰教，都是有害的，将导致崇高愿景的幻灭。与小说已然达到的意义高峰相比，这似乎是一个反高潮：在《特拉夫尼克纪事》中，科洛尼亚的性格本身就是建立于对任何一种特定意见的克服之上，如果将他下降到与其他角色相当的维度，是一种贬低，这似乎没有什么好处。另一种可能是，科洛尼亚这个角色象征着《特拉夫尼克纪事》这部作品，同时还象征着文学整体，他的死亡说明文学太无力，无法改变这个世界。困惑的、可笑的、多余的文学，在致命的仇恨、分裂和误解面前是无能为力的。如果真是这样，科洛尼亚的死亡就向《特拉夫尼克纪事》引入了一种直接对立的意义，即在文学中，我们构建了一场在历史现实中没有任何地位的对话。

第三种可能性似乎最有说服力：安德里奇需要利用科洛尼亚之死所带来的激情和悲怆表达小说的核心意义。理性和冷静的方式无法表达这层意义所蕴含的乌托邦潜力。同样，安德里奇需要通过科洛尼亚之死来抑制激情和悲怆。只有通过这样的方式，安德里奇才有可能以最大的激情和悲怆来进行表达，同时与他一直避免的激情风格继续保持距离。出于同样的原因，科洛尼亚被表现为一个漫画般的形象。科洛尼亚"在门槛上"的独白没有出现在《特拉夫尼克纪事》整部小说中某个显眼的位置，而是出现在整部小说的中间。说罢，这个肩负着人类文化统一崇高愿景的"困惑而可笑"的角色，却被送上了不明不白的死亡。通过这种特殊的缓冲，小说中最强大的悲怆情绪被大幅度软化了，而它所蕴含的意义没有受到折损。安德里奇推崇的现代作家托马斯·曼在《魔山》中也使用过同样的手段：最重要的意义出现在书的中间，以斜体字被标出，它出现在汉斯·科托斯普的梦境里，并且很快被忘记。[1] 尽管意义只是一闪而过，但读者会记住它。《特拉夫尼克纪事》因此避免了常见于粗糙的文学作品中道德主义的陈词滥调：科洛尼亚希望我们所有人最终相遇的地方，那个全人类文化最终统一和相互理解的国度，那个穆斯林和基督徒、黎凡特人和法国人、波斯尼亚人和欧洲人最终走到一起的交会之处，就在一连串的误解旁边。在《特拉夫尼克纪事》中，作为一种希望的相遇才是真实存在的；科洛尼亚最终成了我们诸多误解中的一位受害者。误解是常态。理解，如果它真的会到来，也只是一个例外，一个奇迹，而且它绝不会轻易到来。因此，科洛尼亚对杰佛西所说的最后的那句话——"你明白吗"，既是一个问题，也是一个感叹。

《特拉夫尼克纪事》几乎囊括了两次世界大战中间那场漫长的欧洲讨论当中的所有要素：开明、仁慈和进步的欧洲能够为

---

[1] 在所有的现代作家中，安德里奇最为推崇的是托马斯·曼。关于安德里奇对《魔山》的阅读，详见 Tartalja 1991, pp. 74-90。

巴尔干提供很多东西;欧洲的帝国主义只关心自己的利益;欧洲其他国家对巴尔干的蔑视;东方和西方之间的错误对立;阶级差异,后被欧洲观察家转化为民族差异;对法国的崇拜;以及人类文化统一的崇高愿景。除了最后的愿景,其他的形象都是建立在欧洲与巴尔干之间长期的对立之上。安德里奇以缓慢而不可察觉的动作解构了这一僵化的话语结构式对立,并表明了观点:正如有很多种欧洲人一样,波斯尼亚人也有很多种。但是,安德里奇解构的意图是与众不同的,他的解构其实是为了建构解释者和中间人的形象扫清障碍,从而更好地树立科洛尼亚的形象,因为科洛尼亚代表着整部小说乃至文学整体。就像唐娜·玛丽娜（Doña Marina）所说,解释者是"文明流通过程中的主要代理人",是"处于流动状态的人",是"沟通的中间人,是文化转换的一种模式",是"自我与他人之间战略符号的博弈场所"。[1] 科洛尼亚表现的是安德里奇对一种新的融合文化的愿景,这种新文化有朝一日将使现存对立的旧文化融合起来。

---

1 Greenblatt, Stephen. 1991. Marvelous Possessions. *The Wonder of the New World.* Oxford: Clarendon Press.

结语：野蛮人

但是，有两个欧洲出现了：第一个欧洲是我们为自己编造的（我们用空气来编造，编造得很好），第二个欧洲是真实的欧洲。真实的欧洲活着，从不过问我们是否对它的样子感到满意。更重要的是，只有真实的欧洲是活的，那个被我们编造出来的欧洲，终究只是虚构之物。[1]

20世纪上半叶，塞尔维亚作家和知识分子生产和编造了不止一个，而是许多个欧洲，正如蒂尼亚诺夫（Tynianov）在俄国人身上看到的那样。伊西多拉·赛库利奇的欧洲是最值得珍视的文化典范；约万·斯凯尔利奇的欧洲是现代化和帝国主义的化身；米洛什·朱里奇的欧洲是泰戈尔式的"去精神化"的欧洲；弗拉迪米尔·武伊奇的欧洲是斯宾格勒式的没落欧洲；弗拉迪米尔·德沃尔尼科维奇将欧洲比喻为理性的维京人；米洛什·茨尔年斯基眼中的欧洲是统一的；博格丹·波波维奇、斯洛博丹·约万诺维奇和米兰·卡沙宁的欧洲以自制和自律为特征；约万·杜契奇的欧洲具有浓厚的法国风味；尼古拉耶·韦利米罗维奇的欧洲拒绝神性，而迪米特里耶·米特里诺维奇讲求意志和理性；安德里奇在《特拉夫尼克纪事》中建构了许多种不同的欧洲，它

1　G. Montelius (Y. Tynianov), Peterburg, no.1, December 1921:20.

们相互冲突对立。当然，还存在着一个真实的欧洲，不管塞尔维亚的知识分子如何编造，它都始终保持着自己的模样。正如我们所见，塞尔维亚人建构的欧洲形象，与其他欧洲国家所建构的欧洲形象没有太大的不同。几乎不存在一个独特的"塞尔维亚的欧洲"，塞尔维亚知识分子只是参与了这场关于欧洲形象的话语建构，他们从这些话语中借鉴，也为这些话语做贡献。

然而，这些欧洲的建构有一个明显的共同点，那就是它们都很关注"野蛮性"。在赛库利奇看来，"以欧洲的方式孕育文化"直接等同于压制野蛮性。不过，她同时又将野蛮性视为一种原始的力量和活力的来源，没有这种力量和活力的话，弱势国家就没有办法抵御强大的征服者入侵。她赞颂那些依然保留着野蛮时期痕迹的文化，在需要的时候，它们可以从中找回对力量和活力的记忆。由此可见，她同时主张两种对立的立场，并且试图将它们结合起来。正如两次世界大战之间许多前卫作家那样，茨尔年斯基将斯拉夫人塑造为野蛮人，而在他看来，正是这些野蛮人为衰老疲惫的欧洲文化注入了新鲜活力，可见，他依循的是塔西佗式的话语路线，即把野蛮人的形象用作对"文明"社会进行批判的手段。德沃尔尼科维奇十分抗拒欧洲诋毁斯拉夫人的行径，并且把"野蛮人"的标签扔回给欧洲，他认为帝国主义就是现代的维京掠夺，而实施暴力掠夺的主体正是所谓的理性文化，他们在掠夺中使用的是先进的科学技术手段，欧洲帝国主义者的行径在道德上是绝对说不过去的。拉斯特科·佩特罗维奇的野蛮人形象摇摆不定，一边是"高贵的野蛮人"，另一边是"可怕的食人者"，后者违背一切文明的原则，哪怕是最基本的规则也不遵守。更重要的是，他在他的旅行同伴，欧洲贵族 N 伯爵的身上，看到了野蛮、不法、越界的一面，最终他在自己身上也看到了野蛮性。

在佩特罗维奇的《非洲》里，野蛮的行为其实是一种权力表现：虽然欧洲在针对非洲的"文明化进程"中压制了非洲人的野蛮性，在文明行为和荒淫无度、道德沦丧的自然状态之间划开了清楚的界限，却为自己（欧洲）的野蛮保留了特权。在《特拉夫尼克纪事》中，安德里奇展示了野蛮性标签的功能，这一标签常常被奥斯曼帝国的总督和欧洲的领事们使用，用以指代他们意欲征服的波斯尼亚和波斯尼亚人。"他们是野蛮人，没有能力管理自己，所以他们需要被我们统治"，这一逻辑掩盖的实际上是"我们想要统治他们，所以他们必须是野蛮的"。安德里奇所揭示的，也是茨维坦·托多洛夫（Tzvetan Todorov）明确提出的：野蛮人"是被认为不足以为人的社会或者个人，因此他不可以得到应得的待遇"。"野蛮人"这个词的词源众所周知，发明这个词的是"使用骄傲的单一语言"的希腊人[1]，他们是旧世界的语言沙文主义者，用这个词来指代所有不讲希腊语的人。不过，在语言划分背后，隐藏着一个更加深刻的划分：希腊人是民主和平等的，而其他人是暴虐和等级分明的。[2] 哈托格（Hartog）认为，波斯战争催化了这一分裂：

> 希罗多德的作品清楚地传达了这样的信息：野蛮人并不一定意味着野蛮性（残忍、过度、落后等），分裂的根本是"政治性"的：它把那些熟悉城邦政治的人，和那些不熟悉

1　Momigliano, Arnaldo. 1975. "The Fault of the Greeks" in Daedalus 14(2): 9-19.
2　Berman, Marshall. 1982. *All That Is Solid Melts Into Air. The Experience of Modernity.* New York: Penguin Books.

城邦政治，只能服从国王统治的人分开。[1]

野蛮人是指那些即使有机会生活在自由和自治中，只受法律、习俗和规则约束，也无法管理自己，必须由他人来统治的人。蛮族的国王往往就是野蛮行为的缩影：比如波斯国王，专制而暴虐，"无法节制，他放任自己的各种荒淫作为，沉溺于各种暴行……他是一个无法抑制自己违反各种既定规则、法律和习俗的专制统治者"。希腊人和野蛮人之间的区分最初只是为了表达希腊人对他者的政治敌视，但到了公元前4世纪和前3世纪，这个区分被修改了，用以表达希腊人对他者的文化对立：从那时起，野蛮人指的就是那些文化背景不是希腊文化的人。罗马人抛弃了希腊人区分的语言基础，但是继承了区分中的政治和文化意涵：对于罗马人来说，野蛮人指的就是生活在罗马之外的人。[2] 西罗马帝国衰落后，被域外来者接管。东罗马帝国语境下对野蛮人的界定标准，又加入了宗教的意涵：对拜占庭人来说，野蛮人指的就是非基督徒。"对拜占庭人来说，他们的国家、教会和文化秩序有着绝对的标准，凡是在标准以外的，都是野蛮人。"[3] 据说，野蛮人衣冠不整、野性十足、不信神、性情乖张、原始、像野兽一样活着；他们无视法律、社会和国家；他们不值得信任，背信弃义，虚伪；他们只认同武力；拜占庭正被这些野蛮人包围，必须奋起自卫。大陆西部地区的人（他们大多本身就是野蛮人），用野蛮人这个词来指代异教徒，以及指代异教徒的传统道

1　Hartog, François. 2001. *Memories of Odysseus. Frontier Tales from Ancient Greece*. Edinburgh: Edinburgh University Press.
2　Lechner, Kilian. 1990. "Byzanz und die barbaren" in *Saeculum* 6: 292-304.
3　同上。

德属性，如凶残、背叛和残忍。11世纪，欧洲普遍皈依了基督教，异教徒消失了，但是野蛮人这个词并没有随之消失：欧洲人继续用它来指代那些他们认为不够高雅的人。其道德意涵被保留下来。柏朗嘉宾（John of Plano de Carpine）如此写道：

> 他们（野蛮人）一旦看到形势对他们有利，就会打破承诺，他们的行为和许诺都充满了欺骗；他们的目的是将所有的王子、贵族、骑士和生性温和的人从地球上消灭……他们以狡猾的手段，来对付当权者……起初他们的确会说些好话，但之后就会像蝎子一样刺痛人和伤害人。[1]

在地中海的对岸，阿拉伯人继承了希腊人的体液学说和气候区学说，按不同脾性对人加以分类。他们把自己视为理想的中间者，因此有资格制定标准，而其他所有的人几乎都是野蛮人，生活在肮脏的环境中，没有修养也没有城市化，性生活无度，奉行火葬，崇尚暴力和热爱黑暗的色情。[2] 阿拉伯人越不了解的人，就越觉得他们野蛮：北方的斯拉夫人和土耳其人、南方的非洲人在阿拉伯人看来都十分野蛮。对生活在印度洋沿岸和印度尼西亚群岛的民族，阿拉伯人只知道他们存在，别的一无所知，因此在阿拉伯人眼中，这些亚洲人最野蛮了，他们还吃人，这是野蛮中的野蛮。[3] 早期印度文化对野蛮有自己的定义：蔑戾车（melccha），即蛮夷的外国人。"蔑戾车地区是不纯洁的土地，不仅因为生活

---

[1] Jones, W.R. 1971. "The Image of Barbarian in Medieval Europe" in *Comparative Studies on Society and History* 13(4): 376-407.

[2] Al-Azmeh, Aziz. 1992. "Barbarism in Arab Eyes" in *Past and Present*, 134: 3-18.

[3] 同上。

在那里的人说着外语,还因为他们没有正确的礼仪。"[1] 公元前 5 世纪起,蔑戾车除了指代所有讲外语的、来自技术落后的部落和生活在边疆的人以外,还指代希腊人、中国人、阿拉伯人和土耳其人。[2] 当英国人出现在印度,蔑戾车的概念和野蛮人的概念融为一体,也适用于指代"那些可恶的白人,他们没有皮肤,吃包括人肉在内的一切"。[3] 人们认为,欧洲人从他们的野蛮祖先那里继承了严重的暴力倾向,这在他们的殖民行为和无休止的战争中可见端倪,对基督教的皈依只能在很有限的程度上帮助他们克制自己的行为。[4] 印度人在欧洲人身上,看到了德沃尔尼科维奇所说的"理性的维京人"的特质,即背信弃义和虚伪。

> 在爱国主义的旗帜下,个人层面的不道德行为可以是合法的。民族国家是欧洲人真正的上帝,为其服务的罪行可以等同为英雄主义……普遍地看,欧洲没有达到它所宣称的理想标准。欧洲的现实情况,似乎很难与它自己吹嘘的彰显高度文明的标准规范相匹配。[5]

滥用野蛮人概念的例子不胜枚举,让我们就此打住,且看看近期的一些讨论。几年前,在讨论欧洲的概念时,J.G.A. 波考克

---

[1] Thapar, Romila. 1971. "The Image of Barbarian in Early India" *in Comparative Studies in Society and History* 13: 408-36.
[2] 同上。
[3] Raychaudhuri, Tapan. 1992. "Europe in India's Xenology: the Nineteenth-Century Record" in *Past and Present* 137: 156-182. Rémond, René. 1999. Religion and Society in Modern Europe.
[4] 同上。
[5] 同上。

反问道：

> 难道因为前南斯拉夫是"欧洲"的一部分，它的事务就该由"欧洲"来安排？还是说，这一地区是野蛮的疆界（或者说是古老的野蛮世界的边界在这片区域碰撞），所以最好不要试图控制它？一个帝国应该同化它（内部）的野蛮人还是排斥驱逐他们？如果我们说，他们首先就不应该被定义为野蛮人，那么问题来了，应该用什么术语来定义他们？那些在以前就被称为"欧罗巴"的土地，正是今天的"欧洲"在自我定义时不断遇到的问题。

波考克知道，在学术领域，"野蛮人"这个词属于"石器时代"的老旧产物，他不想使用它。但是，他想不到其他适用于南斯拉夫人的词了。说到南斯拉夫人，"野蛮人"虽然不准确，却是必需的，因为除此以外没有适用的词了。德里达曾经用过"打叉"的方式来表达某一个概念：他写下一个词，然后在这个词上打一个叉，就这样印出来。他通过这样的办法来表达一个不得不使用的词的不准确性，比如说：野蛮人。

讽刺的是，波考克在文集《从古代到欧盟的欧洲概念》中的文章发表在阿富汗战争爆发后的一年，也就是伊拉克战争爆发前的一年。许多欧洲国家都参与了这两场军事行动，有的国家还非常热情。当然了，这些战争都是有理由的，都是为了和平的利益，带着美好的愿望。不过，如果我们让战士来说的话，又有哪场战争不是正义的呢？

斯坦尼斯拉夫·韦纳维尔曾经在法国学习，他的妻子是德国人。在这两个国家他都生活过很长时间，他掌握这两个国家的语言，并且做过大量的翻译。20世纪20年代初在德国生活时，德国人和法国人不断争抢在别的国家的话事权，他对此感到疑惑和可笑。1922年，他写道：

> 当我们看到他们互相抛出证据时，我们忽然感到悲伤。沉重的伤感落在我们的身上，我们崇拜他们，因为在令人窒息的巴尔干地区，我们无法仿效那些明亮而宽广的思想。大家可以看到，德国人根本不承认法国人是他们的邻居，连地理上的接壤他们都拒绝，就更不用说精神层面的接近了。法国人认为德国人是不可能有文化的；但凡他们在德国发现了伟大而有智慧的东西，他们一概宣称那是法国的。我曾经跟他们谈过，如今在德国拥有某些价值反而是危险的，因为一切有价值的东西，法国人都宣称是他们的。他们认为，"德国佬"不可能拥有任何有价值的东西，因为他们不配，任何有价值和有美感的东西一定来自法国，德国人宁愿把它们全部倒到法国的海里也不会要。这便是法国人古老的虚荣心，他们认为这个世界上所有的崇高事物，都萌芽于法国的某一块石头下，或公开地，或静悄悄地……这就是两个伟大民族之间的争吵，其中的内容几乎歪曲了历史，甚至连孩子的睡前故事都不会放过。他们为马其顿而争吵，对这里的我们，对保加利亚人又意味着什么？巴尔干难道不就是一切的前兆吗？战争、沙文主义、党派政治、种族灭绝、篡改历史、狂热激情、深仇大恨和恶毒报复，巴尔干成了这一切的试验场，随后被推广到更大的舞台上。而巴尔干所在的欧洲，多少个世纪以来都以光明而著称，这不是更加悲剧，更加血腥，更加疯狂，更加痛苦和更加讽刺吗？相信我，有时候我

们比德国人和法国人，乃至所有的欧洲人都更了解欧洲。因为他们无意中向我们靠近了。因为——看！——在一个更大的语境下，由于某些类似之处，他们也开始变成巴尔干人。[1]

1　Vinaver, Stanislav. 1991. *Evropa u vrenju. Putopisi i memoarski spisi*. Novi Sad: Dnevnik.

人物小传

伊西多拉·赛库利奇（Isidora Sekulić，1877—1958 年）

1894 年至 1897 年，赛库利奇在布达佩斯学习数学和物理学。从 1897 年起，她开始担任教师。1905 年，她在欧洲各地旅行，去过巴黎、柏林等地。工作间隙，她也经常去欧洲旅行，参观博物馆，去图书馆读书。第一次世界大战后，她全情投入写作。赛库利奇是塞尔维亚最早的女权主义者之一，曾一度担任伦敦国际妇女协会秘书。1922 年，她几乎整年都在柏林度过，并获得了博士学位。之后，她在法国格勒诺布尔度过了 1924 年的夏天和秋天，1925 年在意大利过了几个月，1926 年回到法国，随后又在伦敦住了几年。1928 年底，赛库利奇回到贝尔格莱德重返教坛，每逢假期，她就去欧洲各地旅行。第二次世界大战后，她作为职业作家定居塞尔维亚，之后没有再去旅行。

约万·斯凯尔利奇（Jovan Skerlić，1877—1914 年）

1895 年，斯凯尔利奇考入贝尔格莱德大学的前身贝尔格莱德大学堂，主修历史和语言学。上学期间，他成为一个社会主义者，并经常为社会主义报刊撰稿。1899 年毕业后，他去到瑞士洛桑，在那里写博士论文。回到贝尔格莱德后，他在贝尔格莱德大学任法国文学初级教授，1905 年起任塞尔维亚文学教授。尽管他从 1903 年起与社会党分道扬镳，但是从未停止过政治活动，并在 1912 年成为塞尔维亚议会独立议员。他经常利用暑期在巴黎、慕尼黑、卢塞恩和日内瓦等地的图书馆读书和写作。

约万·茨维伊奇（Jovan Cvijić，1865—1927 年）

茨维伊奇曾在贝尔格莱德大学堂学习和工作，1889 年，他转移到维也纳大学继续深造，并在 1893 年拿到了博士学位。随后，他回到贝尔格莱德，在大学堂担任地理教师。后来，他成为贝尔格莱德大学校长，以及塞尔维亚皇家学院（塞尔维亚科学艺术院前身）院长。此外，茨维伊奇还是苏维埃科学院的名誉院士、南斯拉夫科学艺术院名誉院士，获索邦大学和查理大学的荣誉博士学位。

米洛什·朱里奇（Miloš Djurić，1892—1967 年）

朱里奇曾在萨格勒布和贝尔格莱德学习古典学和哲学。1922 年他在萨格勒布获得博士学位，随后在贝尔格莱德大学教授哲学和古典语言学。

弗拉迪米尔·德沃尔尼科维奇（Vladimir Dvorniković，1888—1956 年）

德沃尔尼科维奇在贝尔格莱德和萨拉热窝上过中学，大学到维也纳学习哲学，1911 年获得博士学位。他曾在萨拉热窝学校教授哲学，直至奥匈帝国当局因他有亲南斯拉夫的政治倾向而将他开除。1919 年，他在萨格勒布大教授哲学，1926 年被勒令退休了，当时他年仅 38 岁。之后他搬到贝尔格莱德居住，在维也纳、布拉格、苏黎世等地写作和讲学。他兴趣广泛，从哲学、文学，到人类学和精神分析都有所涉猎。他还是塞尔维亚精神分析协会的创始成员之一。他短暂地担任过教育部长助理，不过 1934 年再次被勒令退休。他倾注了大量心血写成的巨著《南斯拉夫人性格研究》在 1939 年出版。

弗拉迪米尔·武伊奇（Vladimir Vujić，1886—?）

武伊奇在贝尔格莱德学习数学和哲学，随后在中学里教授数学、哲学和德语。第二次世界大战期间，他和占领当局合作，继续从事出版工作。1944 年，他离开贝尔格莱德，从此杳无音讯。

米洛什·茨尔年斯基（Miloš Crnjanski，1893—1977）

1913 年，茨尔年斯基前往维也纳学习哲学和历史。第一次世界大战期间，他在医院和军校里度过，没有被发往前线。1919 年春天，他开始在贝尔格莱德学习比较文学，1920 年中断了学业，经维也纳去了巴黎和慕尼黑。当年的冬天和次年的春天，他在法国和意大利进行了长途旅行。1928 年 3 月，茨尔年斯基供职于南斯拉夫政府中央新闻局，以非职业外交官的身份被派驻柏林一年。1933 年夏天，他去了西班牙，1934 年去了希腊。1935 年他再次回到柏林。随后，他继续前往瑞典、丹麦和德国北部等地进行长途旅行。1936 年，他回到西班牙，为贝尔格莱德报刊《时代》报道西班牙内战的情况。整个 20 世纪 30 年代，只要有暑假，他就到英格兰、苏格兰、冰岛、瑞典和挪威等地旅行。1938 年 3 月，茨尔年斯基被派往罗马出任新闻局官员。

1941 年 4 月，德国对南斯拉夫发动进攻，连同茨尔年斯基在内的南斯拉夫大使馆工作人员被撤离到马德里，随后被转移到里斯本和伦敦，在那里他担任南斯拉夫流亡政府的新闻官，并一直担任这一职务到战争结束。战争结束后，茨尔年斯基继续在伦敦生活，同时跟塞尔维亚侨民圈子保持着距离。1965 年，他回到贝尔格莱德，度过了他生命的最后十年。

博格丹·波波维奇（Bogdan Popović，1863—1944 年）

1881 年到 1893 年，波波维奇在贝尔格莱德和巴黎学习历史和现代语言。1894 年，他受聘为贝尔格莱德大学堂的教授。1901 年，他创办了《塞尔维亚文学先驱报》，这被认为是 20 世纪上半叶最重要的塞尔维亚文化刊物。1914 年到 1920 年间，波波维奇在伦敦居住。在他的一生中，他经常利用暑假到欧洲各国旅行。他于 1929 年退休。

斯洛博丹·约万诺维奇（Slobodan Jovanović，1869—1958 年）

1887 年到 1890 年间，约万诺维奇在日内瓦学习。在外交部短期供职后，他于 1897 年成为贝尔格莱德大学堂的宪法教授。他是《塞尔维亚文学先驱报》的联合主编，与塞尔维亚皇家学院院长、贝尔格莱德大学校长博格丹·波波维奇合作。1936 年，他出版了自己的作品全集，共计 17 卷。1941 年 3 月，西莫维奇（Simović）将军发动政变，废黜了与纳粹德国缔结合作的摄政王保罗亲王（Prince Paul）后，约万诺维奇出任新政府的副总理。第二次世界大战期间，约万诺维奇去到伦敦，跟南斯拉夫流亡政府在一起。战后，新政府判处他 20 年监禁。他最后在伦敦去世。

米兰·卡沙宁（Milan Kašanin，1895—1981 年）

第一次世界大战打断了卡沙宁在萨格勒布的学业，他当时正在学习哲学。战争期间，为了不被发往前线，他躲在好几所医院里。1919 年到 1924 年间，卡沙宁在巴黎学习艺术史和比较文学。回到南斯拉夫后，他在贝尔格莱德撰写了他的建筑史博士论文。他曾担任当代艺术博物馆的保管员，1935 年他任保罗亲王博物馆馆长。战争结束后，新政府勒令他退休。在接下来的八年里，他被禁止出版。从 1953 年起，他才重新开始发表艺术评论、散文和文学史研究论文，随后担任贝尔格莱德壁画博物馆馆长。

约万·杜契奇（Jovan Dučić，1874—1943 年）

杜契奇曾在萨拉热窝和松博尔（Sombor）接受师范教育。1893 年，他在比耶利纳（Bjelina）的一所学校担任教师，不过后来因为发表了一首爱国歌曲而失去了教职。他与一群朋友一起创办了文学杂志《黎明》，积极翻译出版德语、法语和俄语文章。1899 年，他前往日内瓦学习文学和哲学。杜契奇在日内瓦住了七年，期间多次到巴黎长期生活。1907 年起，他开始担任外交官，1910 年驻伊斯坦布尔，1912 年驻罗马，1914 年驻雅典，1918 年驻马德里。1922 年，他回到了贝尔格莱德度过了短暂的时光，1923 年又被派到了雅典，1924 年到日内瓦，1926 年到开罗。1927 年他退休了，不过 1929 年又被返聘并再次被派驻开罗。1931 年驻布达佩斯，1933 年驻罗马，1937 年驻布加勒斯特，1940 年驻马德里。1941 年，他去了美国，1943 年在美国去世。

尼古拉耶·韦利米罗维奇（Nikolaj Velimirović，1880—1956 年）

韦利米罗维奇曾在德国和瑞士学习。1909 年他在伯尔尼大学获得神学博士学位，1910 年获历史学博士学位，随后他又在牛津大学学习了一年。1911 年，他去圣彼得堡大学学习。同年回到塞尔维亚后，他在贝尔格莱德大学担任神学讲师。1915 年，塞尔维亚政府将他派往伦敦，他在那里一直待到 1919 年。在此期间，韦利米罗维奇大量写作，在英国和美国的大学里面讲学，在教堂里布道（其中包括圣保罗大教堂）。1919 年，他被格拉斯哥大学授予神学博士学位。同年，他成为塞尔维亚东正教会的主教，继续到处讲学和布道，前往英国、美国、荷兰、希腊和瑞士等地参加促进基督教不同教派联合的会议。1941 年，德国占领当局将他和牧首加夫里洛·多日奇（Patriarch Gavrilo Dožić）一起禁锢在沃伊洛维察修道院（Voilovica monastery），一直到 1944 年。1944 年年末，德国人在撤退时将他们两人转移到了达豪集中营，在那里关了两个月，之后又把他们和其他政要一起转移到奥地利的好几个地方，继续关了他们几个月。1945 年 5 月，韦利米罗维奇被美国军队解救。在伦敦短暂逗留后，他去了美国。1946 年，他被哥伦比亚大学授予神学博士学位。1956 年，韦利米罗维奇在宾夕法尼亚州的一座俄罗斯修道院里去世。

拉斯特科·佩特罗维奇（Rastko Petrović，1898—1949 年）

第一次世界大战期间，十几岁的佩特罗维奇跟随塞尔维亚军队撤退，徒步穿越阿尔巴尼亚。他在尼斯上了中学，之后 1920 年在巴黎学习法律。1924 年，他进入南斯拉夫外交部工作，1926 年被派往罗马，1927 年到巴黎。他在西班牙、土耳其、非洲、德国和英国等地进行了广泛的旅行。1935 年，他被派往芝加哥，1936 年被派往华盛顿特区，他从那里出发，又到加拿大、墨西哥和加勒比海进行长途旅行。1949 年，他在华盛顿去世。

伊沃·安德里奇（Ivo Andrić，1892—1975 年）

安德里奇曾在萨格勒布、维也纳和克拉科夫等地学习。第一次世界大战开始后，他因亲南斯拉夫的政治倾向而被捕，战争期间被关进了监狱，后来因病住院。战后，他进入外交部，1920 年驻罗马，1921 年驻布达佩斯，1922 年驻的里雅斯特，1923 年驻格拉茨。次年，他获得了格拉茨大学的博士学位后回到了贝尔格莱德。随后，他继续驻外工作，1926 年驻马赛，1927 年驻巴黎，1928 年驻马德里，1929 年驻布鲁塞尔，1930 年驻日内瓦。1937 年，他被任命为外交部副部长，1939 年出任驻德国大使。1941 年初春，安德里奇因为反对保罗亲王与纳粹德国建立合作而辞去了职务。第二次世界大战期间，他生活在贝尔格莱德。战后，他作为不同代表团的成员，先后出访苏联、保加利亚、波兰、法国和中国。1961 年，他获得了诺贝尔文学奖。

参考文献

基础文本

Angell, Henrik A. 1917. *Le Soldat Serbe* (tr. Jacques de Coussange). Paris: Libraire Delagrave.

– 1997. *Kroz Crnu Goru na skijama* (tr. Boba Blagojević). Cetinje: Jas Promet.

Andrić, Ivo. 1967. *Travnička hronika*. Belgrade: Prosveta.

– 1967. *Na Drini ćuprija*. Belgrade: Prosveta.

– 1976. *Eseji II. Sabrana dela Ive Andrića*, Vol. 13. Belgrade: Prosveta.

– 1995. *The Bridge over the Drina* (tr. L.F. Edwards). London: Harvill Press.

– 1996. *Bosnian Chronicle* (tr. Celia Hawkesworth). London: Harvill Press.

Crnjanski, Miloš. 1966. *Putopisi*. Belgrade: Prosveta.

Cvijić, Jovan. 1921a. *Govori i članci*, Vol. 1. Belgrade: Napredak.

– 1921b. *Govori i članci*, Vol. 2. Belgrade: Napredak.

– 1922. "Osnove južnoslovenske civilizacije" in *Srpski književni glasnik* 7(5): 349-58.

Djurić, Miloš. 1914. *Vidovdanska etika*. Zagreb: Srpsko akademsko društvo Njegoš.

– 1922. *Filozofija panhumanizma. Jedan pokušaj nove jugoslovenske sintagme*. Belgrade: Knjižarnica Rajkovića i Ćukovića.

– 1928. *Pred slovenskim vidicima. Prilog filosofiji slovenske kulture*. Belgrade: Knjižara M.J. Stefanovića.

Dučić, Jovan. 1940. *Gradovi i himere*. Belgrade: Srpska književna zadruga.

– 1969. *Jutra sa Leutara. Staze pored puta*. Sarajevo/Belgrade: Svjetlost/Prosveta.

Dvorniković, Vladimir. 1930. *Naša kulturna orijentacija u današnjoj Evropi*. Zagreb: GSSZZ.

– 1995. *Borba ideja*. Belgrade: Službeni list SRJ.

Jovanović, Slobodan. 2005. *Kulturni obrazac*. Belgrade: Stubovi kulture.

Kašanin, Milan. 1961. *Pronadjene stvari*. Belgrade: Prosveta.

– 2004a. *Susreti i pisma. Pronadjene stvari. Misli*. Belgrade: Zavod za udžbenike.

– 2004b. *Sudbine i ljudi. Ogledi o srpskim piscima*. Belgrade: Zavod za udžbenike.

Lazarević, Branko. 1930. *Tri najviše jugoslovenske vrednosti*. Belgrade: Geca Kon.

– 2007. *Dnevnik jednog nikoga. Drugi deo (1947)*. Belgrade: Zavod za udžbenike.

Petrović, Rastko. 1974. *Eseji i članci*. Belgrade: Nolit.

– 1977. *Putopisi*. Belgrade: Nolit.

Popović, Bogdan. 1932. *Članci i predavanja o književnosti, umetnosti, jeziku i moralu*. Belgrade: Srpska književna zadruga.

Sekulić, Isidora. 1951. *Pisma iz Norveške*. Belgrade: Prosveta.

– 1966a. *Služba*. Novi Sad: Matica srpska.

– 1966b. *Analitički trenuci*. Novi Sad: Matica srpska.

– 1966c. *Jezik i govor*. Novi Sad: Matica srpska.

– 1971. *Proza*. Novi Sad/Beograd: Matica srpska/Srpska književna zadruga.

– 1986. *Moj krug kredom. Izabrana pisma*. Belgrade: Narodna knjiga.

– 2005. "Beleška uz putopis *Ljubav u Toskani*" in Milo Lompar (ed.). *Knjiga o Crnjanskom*. Belgrade: Srpska književna zadruga: 160-170.

Stefanović, Svetislav. 1919. *Pogledi i pokušaji*. Belgrade: Geca Kon.

Skerlić, Jovan. 1964a. *Srpska književnost u 18 veku*. Belgrade: Prosveta.

– 1964b. *Pisci i knjige* 4. Belgrade: Prosveta.

– 1964c. *Pisci i knjige* 5. Belgrade: Prosveta.

– 1964d. *Pisci i knjige 6*. Belgrade: Prosveta.

– 1964e. *Feljtoni, skice i govori*. Belgrade: Prosveta.

– 1966. *Omladina i njena književnost*. Belgrade: Prosveta.

Velimirović, Nikolai. 1916. *The Soul of Serbia*. London: The Faith Press.

– 1917. *The Agony of the Church*. London: Student Christian Movement.

– 1920. *The Spiritual Rebirth of Europe*. London: The Faith Press.

– [Episkop Nikolaj]. 1976–1986. *Sabrana dela*, Vols. 1-13. Düsseldorf: Himmelsthur.

Vinaver, Stanislav. 1991. *Evropa u vrenju. Putopisi i memoarski spisi*. Novi Sad: Dnevnik.

– 1999. *Beč. Staklena bašta na Dunavu*. Belgrade: Narodna knjiga/Alfa.

– 2005. *Zanosi i prkosi Laze Kostića*. Belgrade: Dereta.

Vujić, Vladimir. 2006. *Sputana i oslobodjena misao*. Belgrade: Algoritam.

– 1989. "Osvald Špengler i njegovo delo" in O. Špengler. *Propast Zapada*. Belgrade: Književne novine: 9-21.

– and Prvoš Slankamenac. 1923. *Novi humanizam*. Belgrade: Geca Kon.

补充参考

Al-Azmeh, Aziz. 1992. "Barbarism in Arab Eyes" in *Past and Present* 134: 3-18.

Amin, Samir. 1989. *Eurocentrism*. New York: Monthly Review.

Antohi, Sorin. 2002. "From Geocultural Bovarism to Ethnic Ontology". *Tr@nsit online*, No. 21.

Arens, William. 1998. "Rethinking Antropology" in Francis Barker, Peter Hulme and Margaret Iversen (eds). *Cannibalism and the Colonial World*. Cambridge: Cambridge University Press: 39-62.

Assmann, Aleida. 2002. *Rad na nacionalnom pamćenju. Kratka istorija nemačke ideje obrazovanja* (tr. A. Bajazetov-Vučen). Belgrade: Biblioteka XX vek.

Assmann, Jan. 1996. "Translating Gods: Religion as a Factor of Cultural (Un) Translatability" in Sanford Budick and Wolfgang Iser (eds). *The Translatability of Cultures. Figuration of Space Between*. Stanford:Stanford University Press: 25-36.

Auerbach, Erich. 1984. *Scenes from the Drama of European Literature*. Minneapolis: University of Minnesota Press.

Bakhtin, Mikhail M. 1981. *The Dialogic Imagination*: *Four Essays* (tr. C. Emerson). Austin and London: University of Texas.

– 1984. *Problems of Dostoevsky's Poetics* (tr. Caryl Emerson). Manchester:Manchester University Press.

Bakić, Jovo. 2004. *Ideologije jugoslovenstva izmedju srpskog i hrvatskog nacionalizma 1918–1941*. Zrenjanin: Gradska narodna biblioteka Žarko Zrenjanin.

Bakić-Hayden, Milica. 1995. "Nesting Orientalisms: The Case of Former Yugoslavia" in *Slavic Review* 54.4: 917-931.

Barfoot, C.C. (ed.). 1997. *Beyond Pug's Tour. National and Ethnic Stereotyping in Theory and Literary Practice*. Amsterdam and Atlanta, GA: Rodopi.

Bataković, Dušan T. 1997. "Francuski uticaji u Srbiji 1835–1914. Četiri generacije 'parizlija'" in *Zbornik Matice srpske za istoriju* 56: 73-94.

Behr, Shulamith. 1992. "Wassily Kandinsky and Dimitrije Mitrinovic: Pan-Christian Universalism and the Yearbook *Towards the Mankind of the Future through Aryan Europe*" in *Oxford Art Journal* 15(1): 81-88.

Beller, Manfred and Joep Leerssen (eds). 2007. *Imagology. The Cultural Construction and Literary Representation of National Characters: A Critical Survey*. Amsterdam: Rodopi.

Belloc, Hilaire. 1920. *Europe and the Faith*. London: Constable.

– 1937. *Crisis of our Civilization*. London: Cassell.

Benes, Tuska. 2006. "From Indo-Europeans to Aryans: Philology and the Racialization of Salvationist National Rhetoric, 1806–1830" in Sara Eigen and Mark Larrimore (eds). *The German Invention of Race*. New York: State University of New York Press: 167-181.

Berger, Peter L., Brigitte Berger, Hansfried Kellner. 1973. *The Homeless Mind. Modernization and Consciousness*. New York: Random House.

Bergson, Henri. 1915. *The Meaning of the War. Life & Matter in Conflict*. London: Ballantyne.

Berman, Marshall. 1982. *All That Is Solid Melts Into Air. The Experience of Modernity*. New York: Penguin Books.

Bernstein, Richard J. 1996. "The Hermeneutics of Cross-Cultural Understanding" in Anindita Niyogi Balslev (ed.). *Cross-Cultural Conversation (Initiation)*. Atlanta GA: Scholars Press: 29-41.

Bhabha, Homi K. 1994. *The Location of Culture*. London and New York: Routledge.

Bigović, Radovan. 1998. *Od svečoveka do bogočoveka. Hrišćanska filozofija vladike Nikolaja Velimirovića*. Belgrade: Raška škola.

Boehmer, Elleke. 2002. *Empire, the National, and the Postcolonial, 1890–1920. Resistance in Interaction*. Oxford: Oxford University Press.

Bonnett, Alastair. 2004. *The Idea of the West. Culture, Politics and History*. Basingstoke:

Palgrave Macmillan.

Bracewell, Wendy. 2008. "The limits of Europe in East European travel writing" in Wendy Bracewell and Alex Drace-Francis (eds). *Under Eastern Eyes. A Comparative Introduction to East European Travel Writing on Europe*. Budapest and New York: CEU Press: 61-120.

Browning, Christopher and Marko Lehti. 2007. "Beyond East-West: Marginality and National Dignity in Finnish Identity Construction" in *Nationalities Papers* 35 (4): 691-716.

Burke, Peter. 1980. "Did Europe exist before 1700?" in *History of European Ideas* 1: 21-29.

Byford, Jovan. 2005. *Postikivanje i poricanje antisemitizma*, Belgrade: Helsinškiodbor.

Carrier, James G. (ed.). 1995. *Occidentalism. Images of the West*. Oxford: Clarendon Press.

Carrier, James G. 1992. "Occidentalism: the World Turned Upside-down" in *American Ethnologist* 19 (2): 195-212.

Casanova, Pascale. 2004. *The World Republic of Letters*. Cambridge MA: Harvard University Press.

Chakrabarty, Dipesh. 2007. *Provincializing Europe. Postcolonial Thought and Historical Difference*. Princeton: Princeton University Press.

Cinnirella, Marco. 1997. "Ethnic and national stereotypes: a social identity perspective" in *Barfoot* (1997): 37-52.

Clarke, John J. 1997. *Oriental Enlightenment. The Encounter between Asian and Western Thought*. London and New York: Routledge.

Compagnon, Antoine. 2005. *Les antimodernes de Joseph de Maistre a Roland Barthes*. Paris: Gallimard.

Conrad, Joseph. 1988. *Heart of Darkness*. New York and London: W.W. Norton.

Cooper, Henry R. Jr. 1984-85. "The Image of Bosnia in the Fiction of Ivo Andrić" in *Serbian Studies* 3(1-2): 83-105.

Coronil, Fernando. 1996. "Beyond Occidentalism: Toward Nonimperial Geohistorical Categories" in *Cultural Anthropology* 11(1): 51-87.

Dainotto, Roberto M. 2007. *Europe (In Theory)*. Durham and London: Duke University

Press.

Daskalov, Roumen. 1994. *Images of Europe: A Glance from the Periphery*. Florence: European University Institute, Working Papers SPS No. 94/8.

– 2008. "Pro- und antiwestliche Diskurse in Bulgarien" in *Schubert and Sundhaussen* (2008): 77-86.

Delanty, Gerard. 1995. *Inventing Europe. Idea, Identity, Reality*. London: Palgrave.

Derrida, Jacques and Anne Dufourmantelle. 2000. *Of Hospitality*. Stanford: Stanford University Press.

Deretić, Jovan. 1996. *Put srpske književnosti. Identitet, granice, težnje*. Belgrade: Srpska književna zadruga.

Dimić, Ljubodrag. 1997. *Kulturna politika u Kraljevini Jugoslaviji 1918–1941*, Vols. 1-3. Belgrade: Stubovi kulture.

Dimitrijević, Vladimir. 2007. *Oklevetani svetac*. Gornji Milanovac: Lio.

Dostoevsky, Fyodor M. 1995. *A Writer's Diary 1877–1881*, Vol.2 (tr. K. Lantz). London: Quartet Books.

Dyserinck, Hugo. 1966. "Zum Problem der 'images' und 'mirages' und ihrer Untersuchung im Rahmen der Vergleichenden Literaturwissenschaft" in *arcadia* 1: 107-120.

– 2002. "Von Ethnopsychologie zu Ethnoimagologie" in *Neohelicon* 39.1: 57-74.

Egerić, Miroslav. 1981. "Nasilje i tolerancija u *Travničkoj hronici*", in Dragan Nedeljković (ed.). *Delo Ive Andrića u kontekstu evropske književnosti i kulture*. Belgrade: Zadužbina Ive Andrića: 307-322.

Elias, Norbert. 2000. *The Civilizing Process. Sociogenetic and Psychogenetic Investigations*. London: Blackwell.

Eliot, T.S. 1939. *The Idea of a Christian Society*. London: Faber & Faber.

Frank, Robert. 2002. "The meanings of Europe in French national discourse: a French Europe or an Europeanized France?" in *Malmborg and Stråth* (2002): 311-326.

Freud, Sigmund. 1961. "Civilisation and its Discontents" (tr. James Strachey) in *The Standard Edition of the Complete Psychological Works of Sigmund Freud*, Vol. XXI. London: The Hogarth Press: 59-145.

– 1953. "Three Essays on the Theory of Sexuality" (tr. James Strachey) in *The Standard*

Edition, Vol. VII: 125-243.

– 1959. "Civilised Sexual Morality and Modern Nervous Illness" (tr. James Strachey) in *The Standard Edition*, Vol. IX: 181-204.

Gadamer, Hans-Georg. 2004. *Truth and Method*. London and New York: Continuum.

Genette, Gerard. 1997. *Palimpsests. Literature in the Second Degree* (tr. C. Newman and C. Doubinsky). Lincoln and London: University of Nebraska Press.

Gibbs, David N. 2009. *First Do No Harm. Humanitarian Intervention and the Destruction of Yugoslavia*. Nashville: Vanderbilt University Press.

GoGwilt, Christopher L. 1995. *The Invention of the West. Joseph Conrad and the Double-Mapping of Europe and Empire*. Stanford: Stanford University Press.

Gokalp, Ziya. 1959. *Turkish Nationalism and Western Civilization*. Westport, Conn: Greenwood Press.

Goldsworthy, Vesna. 1998. *Inventing Ruritania. The Imperialism of the Imagination*. New Haven and London: Yale University Press.

Golubović, Vidosava and Irina Subotić. 2008. *Zenit 1921–1926*. Belgrade/Zagreb: Narodna biblioteka, Institut za književnost i umetnost, Prosvjeta.

Gorup, Radmila. 2001. "Reader as Critic: Ivo Andrić's *Bosnian Chronicle*" in *Serbian Studies* 15(2): 217-28.

Graham, Stephen. 1964. *Part of the Wonderful Scene. An Autobiography*. London: Collins.

Grčević, Franjo. 2005. *Srpske teme – komparatistika srodnih književnosti*. Zagreb: Prosvjeta.

Griffiths, Richard. 2000. "Three 'Catholic' Reactionaries: Claudel, T.S.Eliot and Saunders Lewis" in Richard Griffiths (ed.). *The Pen & the Sword. Rightwing Politics & Literary Innovation in the Twentieth Century*. London: King's College.

Grill, Chrysostomus R. 1998. *Serbischer Messianismus und Europa bei Bischof Velimirović*. St.Ottilien: EOS.

Greenblatt, Stephen. 1991. *Marvelous Possessions. The Wonder of the New World*. Oxford: Clarendon Press.

Gvozden, Vladimir. 2003. *Jovan Dučić putopisac. Ogled iz imagologije*. Novi Sad: Svetovi.

Hall, Edith. 1989. *Inventing the Barbarian. Greek Self-Definition through Tragedy*. Oxford: Clarendon Press.

Hartog, Francois. 2001. *Memories of Odysseus. Frontier Tales from Ancient Greece*. Edinburgh: Edinburgh University Press.

Hawkesworth, Celia. 1984. *Ivo Andrić: Bridge Between East and West*. London and Dover N.M.: The Athlone Press.

– 2002. "Ivo Andrić as Red Rag and Political Football" in *Slavonic and East European Review* 75(2): 201-216.

Heppell, Muriel. 2001. *George Bell and Nikolai Velimirović. The Story of a Friendship*. Birmingham: Lazarica.

Heppner, Harald and Grigorios Larentzakis (eds). 1996. *Das Europa-Verständnis im orthodoxen Südosteuropa*. Graz: Institut fur Ökumenische Theologie und Patrologie.

– (ed.). 1997. *Die Rumänen und Europa vom Mittelalter bis zur Gegenwart*. Wien, Koln, Weimar: Böhlau.

– and Olga Katsiardi-Hering (eds). 1998. *Die Griechen und Europa*. Wien, Köln, Weimar: Böhlau.

– and Rumaina Preshlenova (eds). 1999. *Die Bulgaren und Europa von der Nationalen Wiedergeburt bis zur Gegenwart*. Sofia: s.n.

Herzfeld, Michael. 2002. "The European self: rethinking an attitude" in *Pagden* (2002): 139-170.

Hunt, Lynn. 2002. "Against Presentism" in *Perspectives on History, The Newsmagazine of the American Historical Association* 40(5): 7-9.

Hofer, Tamas. 1995. "East and west in self-image of the Hungarians" in Teppo Korhonen (ed.). *Encountering Ethnicities. Ethnological Aspects on Ethnicity, Identity and Migration*. Helsinki: Suomalaisen Kirjallisuuden Seura: 215-38.

Hroch, Miroslav. 2002. "The Czech discourse on Europe, 1848–1948" in *Malmborg and Stråth* (2002): 243-262.

Janichen, Manfred. 1995. "O zakonu protivnosti, oder Ivo Andrić's Appell zur Toleranz im Roman *Travnička hronika*" in P. Thiergen (ed.). *Ivo Andrić 1892–1992*. Munchen: Sagner: 41-52.

Jauregui, Pablo. 2002. "'Europeanism' versus 'Africanism': 'Europe' as a symbol of modernity and democratic renewal in Spain" in *Malmborg and Stråth* (2002): 77-100.

Jerrold, Douglas. 1939. *The Necessity of Freedom*. London: Sheed & Ward.

Jones, W.R. 1971. "The Image of Barbarian in Medieval Europe" in *Comparative Studies on Society and History* 13(4): 376-407.

Kant, Immanuel. 1984. *Critique of Judgment* (tr.W.S.Pluhar).Indianopolis/Cambridge: Hackett.

Kantor, Vladimir. 1997. "*...Est' evropeiskaia derzhava". Rossiia: trudnyi put' ktsivilizatsii. Istoriosofskie ocherki*. Moskva: Rosspen.

Kazaz, Enver. 2001. "Egzistencijalnost / povijesnost Bosne – interpretacija u zamci ideologije" in *Novi izraz* 10-11: 120-137.

Kern, Stephen. 1983. *The Culture of Time and Space 1880–1918*. Cambridge, Mass: Harvard University Press.

Keyserling, Hermann. 1925. *The Travel Diary of a Philosopher* (tr. J. H. Reece). London: Jonathan Cape.

– 1928. *Europe* (tr. M. Samuel). London: Jonathan Cape.

Kiernan, V.G. 1980. "Europe in the Colonial Mirror" in *History of European Ideas* 1: 39-61.

Kirby, Dianne. 2000. "Divinely Sanctioned: The Anglo-American Cold War Alliance and the Defence of Western Civilization and Christianity, 1945–1948" in *Journal of Contemporary History* 35(3): 385-412.

Koljević, Svetozar. 1979. "Andrićev Vavilon. Dijalog civilizacija u Andrićevom umetničkom svetu" in Antonije Isaković (ed.). *Zbornik radova o Ivi Andriću*. Belgrade: SANU: 13-32.

Konstantinović, Radomir. 1971. "Kultura i siromaštvo" in Jovan Skerlić. *Studije*. Novi Sad / Belgrade: Matica srpska / Srpska književna zadruga: 7-29.

– 1983. *Biće i jezik u iskustvu srpske kulture dvadesetog veka*, Vol. 2. Belgrade: Prosveta.

Ković, Miloš. 2008. "From Vienna to Paris: Serbian Elite between Central and Western Europe (1878–1914)" in *Schubert* (2008): 53-60.

Kralj, Lado. 1988 "'Jaz sem barbar.' Barbarstvo kot motiv in ideologija v avantgardistični literaturi" in *Primerjalna književnost* 11(1): 29-41.

Kurtović, Šukrija. 2000. "*Na Drini ćuprija* i *Travnička hronika* od Ive Andrića usvjetlu bratstva i jedinstva" in *Andrić i Bošnjaci*. Tuzla: Preporod: 113-177.

Landow, George P. 1986. *Elegant Jeremiahs. The Sage from Carlyle to Mailer*. Ithaca and London: Cornell University Press.

Lechner, Kilian. 1990. "Byzanz und die barbaren" in *Saeculum* 6: 292-304.

Leerssen, Joep. 2000. "The Rhetoric of National Character: A Programatic Survey" in *Poetics Today* 21(2): 267-292.

– 2008. "Europe from the Balkans" in Michael Wintle (ed.). *Imagining Europe. Europe as Seen from its Margins and by the Rest of the World, in the Nineteenth and Twentieth Centuries*. Bruxelles: Peter Lang: 105-120.

Lejeune, Philippe. 1975. *Le pacte autobiographique*. Paris: Seuil.

Lešić, Zdenko. 2005. "Ivo Andrić – pripovjedač. Izmedju naratologije i hermeneutike" in *Novi izraz* 30: 25-39.

Levinger, Esther. 2002. "Ljubomir Micić and the Zenitist utopia" in Timothy O. Benson (ed.). *Central European Avant-gardes: Exchange and Transformation, 1910–1930*. Cambridge, MA/London: MIT Press: 260-278.

Lewis, Martin W. and Karen E. Wigen. 1997. *The Myth of Continents. A Critique of Metageography*. Berkeley: University of California Press.

Liakos, Antonis. 1998. "The canon of European identity: transmission and decomposition" in Luisa Passerini (ed.). *The Question of European Identity: A Cultural Historical Approach*. Florence, European University Institute, Working Papers HEC No. 98/1: 53-59.

– (forthcoming) "The Canon of European History and the Conceptual Framework of National Historiographies" in Stephen Berger (ed.) *National Histories in Europe*, Vol. 3. London: Palgrave.

Longinović, Tomislav Z. 1995. "Bosnian Cultural Identity in the Works of Ivo Andrić" in *Vucinich* (1995): 123-138.

Ludlow, Piers. 2002. "Us or them? The meaning of Europe in British political discourse" in *Malmborg and Stråth* (2002): 101-262.

Lukas, Filip. 1997. *Hrvatska narodna samobitnost*. Zagreb: Dom & svijet.

Mairet, Philip. 1981. *Autobiographical and Other Papers*. Manchester: Carcanet.

Malmborg, Mikael af and Bo Stråth (eds). 2002. *The Meaning of Europe*. Oxford and New York: Berg.

Malmborg, Mikael af. 2002. "The dual appeal of 'Europe' in Italy" in *Malmborg and Stråth* (2002): 51-76.

Marx, Karl and Friedrich Engels. 1990. "Manifest der Kommunistischen Partei" in *Studienausgabe*, Band Ⅲ. Frankfurt a/M: Fisher.

Matić, Svetozar. 1975. "U susretu sa Zapadom II" in *Zbornik Matice srpske za knjizevnost i jezik* 23(1): 445-449.

Mazower, Mark. 2000. *The Balkans*. London: Weidenfeld & Nicilson.

Miller, William. 1936. *The Ottoman Empire and its Successors 1801–1927*. Cambridge: Cambridge University Press.

Milićević, Nataša. 2007. "Privatni život grananske porodice posle 1945" in Milan Ristović (ed.). *Privatni život kod Srba u dvadesetom veku*. Belgrade: Clio: 444-478.

Miočinović, Mirjana. 1997. *Nemoć očiglednog*, Belgrade: Beogradski krug / AKAPIT.

Mishkova, Diana. 2008. "Symbolic Geographies and Visions of Identity. A Balkan Perspective" in *European Journal of Social Theory* 11.2: 237-256.

Momigliano, Arnaldo. 1975. "The Fault of the Greeks" in *Daedalus* 14(2): 9-19.

Norris, David N. 1999. *In the Wake of the Balkan Myth. Questions of Identity and Modernity*. Basingstoke: Palgrave Macmillan.

Obeyesekere, Gananath. 1992. "'British Cannibals': Contemplation of an Event in the Death and Resurrection of James Cook, Explorer" in *Critical Inquiry* 18:630-654.

Oleneder, Maurice. 1992. *The Languages of Paradise. Race, Religion, and Philology in the Nineteenth Century*. Cambridge, MA and London: Harvard University Press.

Orluc, Katiana. 2000. "Decline of renaissance: the transformation of European consciousness after the First World War" in *Stråth* (2000): 123-155.

Orwell, George. 2004. *Why I Write*. London: Penguin.

Palavestra, Predrag. 1977. *Dogma i utopija Dimitrija Mitrinovića. Počeci srpske književne avangarde*. Belgrade: Slovo ljubve.

— 1986. *Istorija moderne srpske književnosti. Zlatno doba*. Belgrade: Srpska književna zadruga.

— 1990. "Sudbina i delo Dimitrija Mitrinovića" in Dimitrije Mitrinović. *Sabrana djela*. Sarajevo: Svjetlost: 9-153.

Palmier, Jean-Michel. 1978. *L'Expressionnisme comme revolte. Apocalypse et revolution*. Paris: Payot.

Passerini, Luise. 1999. *Europe in Love, Love in Europe. Imagination and Politics in Britain between the Wars*. London and New York: I.B. Tauris.

— 2002. "From the ironies of identity to the identities of irony" in Pagden (ed.) (2002): 191-208.

Pagden, Anthony (ed.). 2002. *The Idea of Europe From Antiquity to the European Union*. Cambridge MA: Woodrow Wilson Center Press/Cambridge University Press.

Pavlović, Miodrag. 1964. "Beleške o Skerliću" in V. Gligorić (ed.). *Skerlićeva spomenica*. Belgrade: Srpska književna zadruga: 87-91.

— 1981. *Poetika modernog*. Belgrade: Vuk Karadžić.

Petrović, Predrag. 2008. *Avangardni roman bez romana. Poetika kratkog romana srpske avangarde*. Belgrade: Institut za književnost i umetnost.

Pocock, John G.A. 2002. "Some Europas and their History" in Pagen (ed.): 55-71.

Popović, Miodrag. 1977. *Vidovdan i časni krst. Ogled iz književne arheologije*. Belgrade: Slovo ljubve.

Radica, Bogdan. 1940. *Agonija Evrope. Razgovori i susreti*. Belgrade: Geca Kon.

Rakić, Bogdan. 2000. "The Proof Is in the Pudding: Ivo Andrić and His Bosniak Critics" in *Serbian Studies* 14(1): 81-91.

Rajić, Ljubiša. 1997. "Isidorina recepcija Norveške" in *Isidoriana* 3: 9-16.

Raychaudhuri, Tapan. 1992. "Europe in India's Xenology: the Nineteenth-Century Record" in *Past and Present* 137: 156-182.

Rèmond, Renè. 1999. *Religion and Society in Modern Europe*. London: Blackwell.

Ribnikar, Vladislava. 1986. *Književni pogledi Isidore Sekulić*. Belgrade: Prosveta.

Rigby, Andrew. 1984. *Initiation and Initiative. An Exploration of the Life and Ideas of Dimitrije Mitrinović*. Boulder, CO: East European Monographs.

Rizvić, Muhsin. 1996. *Bosanski muslimani u Andrićevom svijetu*. Sarajevo: Ljiljan.

Rutherford, H.C. (ed.). 1987. *Certainly, Future. Selected Writings of Dimitrije Mitrinović*. Boulder, CO: East European Monographs.

Said, Edward. 1979. *Orientalism*. New York: Vintage Books.

Saussure, Ferdinand de. 1966. *Course in General Linguistics*. New York: McGraw-Hill.

Schonert, Jorg. 1988. "Gesellschaftliche Modernisierung und Literatur der Moderne" in Christian Wagenknecht (ed.). *Zur Terminologie der Literaturwissenschaft*. Stuttgart: J.B. Metzlerishe Verlagsbuchhandlung.

Schubert, Gabriella (ed.). 2008. *Serbien in Europa. Leitbilder der Moderne in der Diskussion*. Wiesbaden: Harrassowitz.

Schubert, Gabriella und Holm Sundhaussen (eds). 2008. *Prowestliche und antiwestliche Diskurse in den Balkanländern/Südosteuropa*. Munich: Otto Sagner.

Sica, Alan. 1985. "Reasonable Science, Unreasonable Life: The Happy Fictions of Marx, Weber, and Social Theory" in Robert J. Antonio and Ronald M. Glassman (eds). *Marx – Weber Dialogue*. Lawrence: Kansas University Press: 68-88.

– 2000. "Rationalization and Culture" in Stephen Turner (ed.). *The Cambridge Companion to Weber*. Cambridge: Cambridge University Press: 42-58.

Solovyev, Vladimir. 1948. *Lectures on Godmanhood*. London: Dennis Dobson.

Spohn, Willfried. 2002. "Continuities and changes of Europe in German national identity", in *Malmborg and Stråth* (2002): 285-310.

Stern, Fritz. 1961. *The Politics of Cultural Despair. A Study in the Rise of Germanic Ideology*. Berkeley, Los Angeles and London: University of California Press.

Stojanović, Dragan. 2008. "Das Europäische und das Antieuropäische in Europa" in *Schubert* (2008): 111-116.

Stråth, Bo (ed.). 2000. *Europe and the Other and Europe as the Other*. S.l.: Peter Lang.

Südland, L. V. 1918. *Die sudslavische Frage und der Weltkrieg. Ubersichtliche Darstellung des Gesamt-Problems*. Vienna: K.u.K. Hof-, Verlags- u.Universitats- Buchhandlung.

Sundhaussen, Holm. 2008. "Antiokzidentalismus im Balkanraum. Regionale Varianten eines universalen Diskurses" in *Schubert and Sundhaussen* (2008): 267-293.

Šamić, Midhat. 2005. *Istorijski izvori* Travničke hronike *Ive Andrića i njihova umetnička transpozicija*. Belgrade: Gutenbergova galaksija.

Škreb, Zdenko. 1985. "Što je Ivo Andrić unio novo u svjetsku književnost?" in *Sveske Zadužbine Ive Andrića* 3: 215-229.

Tagore, Rabindranath. 1991. *Nationalism*. London: Papermac.

Tartalja, Ivo. 1979. *Pripovedačeva estetika. Prilog poznavanju Andrićeve poetike*. Belgrade: Nolit.

– 1991. *Put pored znakova*. Novi Sad: Matica srpska.

Taylor, Charles. 1985. *Philosophy and Human Sciences. Philosophical Papers 2*. Cambridge: Cambridge University Press.

– 2007. *A Secular Age*. Cambridge, MA and London: The Belknap Press.

Thapar, Romila. 1971. "The Image of Barbarian in Early India" in *Comparative Studies in Society and History* 13: 408-36.

Todorov, Tzvetan. 2008. *La peur des barbares. Au-delà du choc des civilisations*. Paris: Robert Laffont.

Todorova, Maria. 1997. *Imagining the Balkans*. New York and Oxford: Oxford University Press.

– 2005. "The Trap of Backwardness: Modernity, Temporality, and the Study of Eastern European Nationalism" in *Slavic Review* 64(1): 140-164.

Törnquist-Plewa, Barbara. 2002. "The complex of an unwanted child: the meanings of Europe in Polish discourse" in *Malmborg and Stråth* (2002): 215-242.

Trgovčević, Ljubinka. 2003. *Planirana elita. O studentima iz Srbije na evropskim univerzitetima u 19. veku*. Belgrade: Istorijski institut.

Tsoukalas, Constantine. 2002. "The irony of symbolic reciprocities – the Greek meaning of 'Europe' as a historical inversion of the European meaning of 'Greece'" in *Malmborg and Stråth* (2002): 27-50.

Vitošević, Dragiša. 1987. *Do Evrope i natrag*. Gornji Milanovac: Dečije novine.

Vucinich, Wayne S. (ed.). 1995. *Ivo Andrić Revisited: The Bridge Still Stands*. Berkeley: University of California.

Vučković, Radovan. 1974. *Velika sinteza. O Ivi Andriću*. Sarajevo: Svjetlost.

– 1979. *Poetika srpskog i hrvatskog ekspresionizma*. Sarajevo: Svjetlost.

Wachtel, Andrew B. 1995. "Imagining Yugoslavia: The Historical Archeology of Ivo Andrić" in Vucinich (1995): 82-102.

Watts, Alan. 1972. *In My Own Way. An Autobiography*. London: Jonathan Cape.

Weber, Max. 1978. *Economy and Society. Au Outline of Interpretative Sociology* (tr. Ephraim Fischoff et al.). Berkeley: University of California Press.

– 2002. *The Protestant Ethics and the Spirit of Capitalism* (tr. Stephen Kalberg). London: Blackwell.

West, Rebecca. 1995. *Black Lamb and Grey Falcon. A Journey Through Yugoslavia*. Edinburgh: Canongate.

White, Hayden. 2000. "The discourse of Europe and the search for a European identity" in Stråth (2000): 67-86.

Wolff, Larry. 1994. *Inventing Eastern Europe. The Map of Civilization on the Mind of the Enlightenment*. Stanford: Stanford University Press.

Young, Robert J.C. 2003. *Postcolonialism. A Very Short Introduction*. Oxford: Oxford University Press.

Zjelinjski, Boguslav. 1986. "Bosna između Istoka i Zapada" in *Sveske Zadužbine Ive Andrića* 6: 277-287.

Zjenjkovski, Vasili V. 1922. *Ruski mislioci i Evropa*. Zagreb: Nova Evropa.

Zen'kovskii, Vasili V. 1997. *Russkie mysliteli i Evropa*. Moskva: Respublika.

Žanić, Ivo. 1996. "Pisac na osami" in *Erasmus* 18: 48-57.

致　谢

我衷心感谢利华休姆信托研究奖学金（Leverhulme Trust），感谢伦敦大学学院和斯拉夫东欧研究学院为我提供宝贵的公休时间和研究基金，本书的大部分内容正是在这段时间内完成的。我衷心感谢许多朋友和同事，他们的支持、帮助和鼓舞使我更好、更快地完成了本书的撰写：感谢斯维特拉娜·加夫里洛维奇（Svetlana Gavrilović）、斯雷登·乌格里契奇（Sreten Ugričić）和米莉查·维纳瓦尔（Milica Vinaver）帮我找到了那些在伦敦买不到的书籍和文章；感谢卡罗尔·阿文斯（Carol Avins）、斯塔沙·巴比奇（Staša Babić）、娜塔莎·巴什奇（Nataša Bašić）、斯蒂芬·布尔曼（Stephen Bulman）、艾格博尔特·克劳特科（Egbert Klautke）、安东尼斯·里亚克斯、斯科特·林嘉斯（Scott Lyngaas）、柳比沙·拉伊奇和周密（Mi Zhou，音译）慷慨地与我分享他们的知识；感谢达尼埃尔·阿本多罗（Daniel Abondolo）、博扬·阿雷克索夫（Bojan Aleksov）、叶莲娜·查里奇（Jelena Čalić）、劳曼·达斯卡洛夫（Roumen Daskalov）、阿莱克斯·德拉斯·弗兰西斯（Alex Drace-Francis）、西莉亚·霍克斯沃尔斯（Celia Hawkesworth）、狄安娜·米什科娃（Diana Mishkova）、大卫·A. 诺里斯（David A. Norris）和彼得·祖斯（Peter Zusi）阅读了部分手稿，提供了宝贵的建议；感谢佐里察·贝察诺维奇·尼克利奇（Zorica Bečanović-

Nikolić)、温蒂·布拉斯韦尔感谢她为本书取名）和弗拉迪斯拉娃·里布尼卡尔通读了全书，给出了宝贵的建议，帮我修正了许多不可原谅的错误。如果还有遗漏的错误，都是我个人的失误。我非常感谢阿兰·肯尼迪（Alan Kennedy），他一直关注着本书的进展，多次阅读我的手稿，耐心地捍卫了英语的尊严，帮助我处理了语言和措辞上的诸多问题。没有他的不懈坚持，本书不可能面世。

最后，我非常感谢胡戈·狄泽林克（Hugo Dyserinck）和叶普·列尔森，感谢他们将本书纳入"形象学研究系列"（*Studia Imagologica*），我还要感谢埃斯特·罗斯（Esther Roth），她帮助我将本研究从手稿变成了一本书。

本书的一些章节，曾经以论文的形式发表过。导论部分曾以《塞尔维亚文化中的欧洲形象（1911—1945），方法导论》〔*Immagini dell'Europa nella cultura serba (1911–1945), Una introduzione metodologica*〕的题目发表[1]。第一章最初是较长的版本，以《"西方"是什么？民族主义、世界主义和20世纪塞尔维亚文化中的"西方"》（*What is the "West"? Nationalism, Cosmopolitanism, and the "West" in Early 20th-Century Serbian Culture*）为题发表[2]。第五章曾发表在温蒂·布拉斯韦尔和阿莱克斯·德拉斯·弗兰西斯合编的文集《东方之眼：东欧旅行书写的比较研究》中[3]。第六章的较长版本以《维舍格勒下的机器：〈德

1　Ricerche slavistiche 8 (2010).
2　The Carl Beck Papers in Russian & East European Studies, Center for Russian & East European Studies, University of Pittsburgh, 2010.
3　Wendy Bracewell and Alex Drace-Frances (eds.): Under Eastern Eyes. A Comparative Introduction to East European Travel Writing on Europe, Budapest/NewYork: Central European University Press, 2008.

里纳河上的桥〉中的社会现代化和现代主义》(*Mašina prolazi kroz Višegrad: Društvena modernizacija i književno-istorijski modernizam u Na Drini ćuprija*) 为题发表在安德里奇基金会文集中[1]。第七章以《误解是常理，理解是奇迹：伊沃·安德里奇的〈特拉夫尼克纪事〉》(*Misunderstanding is a Rule, Understanding is a Miracle: Ivo Andrić's Bosnian Chronicle*) 为题，发表在《斯拉夫和东欧评论》[2]里。我感谢编辑们允许我在本书中以这样的形式使用这些文章。

1　Sveske Andrićeve zadužbine, 21 (2004).
2　Slavonic and East European Review, 86.3 (2008).

译后记

塞尔维亚所坐落的巴尔干地区,一直以来是东方世界和西方世界的十字路口,有着漫长、复杂的历史和独特、多元的文化,不同的民族在此地混居,不同的宗教在这里相遇。塞尔维亚文学从东、西方文化吸取营养,形成了鲜明的民族特征和深厚的艺术传统,焕发出丰富多彩的面貌和极其强劲的生命力,孕育了许多享誉世界的作家与作品。作为文学爱好者,我被它独特的气息深深吸引。而作为阅读者,我又是幸运的——对塞尔维亚语的熟悉,让我能够更加深入地走进它的宝库,也能够透过它的表象去探寻更加深刻的问题。

"塞尔维亚文化属于东方还是西方?"这个问题很久之前就引起了我的兴趣,为了探寻答案,我开始涉足游记文学的研究,希望从塞尔维亚人的域外游记入手,考察知识迁移的踪迹。我懵懂地穿行于错综复杂的文本,纠结于各式各样的形象,常常迷失于字里行间。2017年早春,在塞尔维亚贝尔格莱德大学图书馆,我偶然遇到了《克服欧洲》这本书。当时那种如获至宝的心情,现在还记忆犹新。

《克服欧洲》是一部精彩的论著。本书的作者米卢蒂诺维奇教授凭借着出色的写作能力和贯穿全书的基本理念,成功将丰富的内容和复杂的思想浓缩到简洁的文字里。长期研究安德里奇的米卢蒂诺维奇教授,似乎也吸收了安德里奇的叙事技巧,行文杂而不乱，阐发游刃有余。他以塞尔维亚知识分子和知名作家及其作品为研究对象，考察19世纪末至20世纪上半叶欧洲形象在塞尔维亚知识文化环境中的建构问题，研究它的流动及变迁。

然而，形象问题从来都不是静止孤立的，对他者形象的塑造，反映的往往是自我确证的过程。《克服欧洲》通过剖析欧洲形象，反过来揭示了塞尔维亚的文化思想底图。在动荡的19至20世纪之交，塞尔维亚知识分子面对的欧洲是多面的——它既是精神思想的巅峰，又是道德伦理的深渊，既是文明美好的信条，又是野蛮行径的温床。他们正是在焦虑和矛盾中，谨慎而警觉地接受欧洲、思考欧洲和想象欧洲。他们将自身与欧洲的关系看作是最重要的议题，通过衡量自身与欧洲的距离来进行自我确证，并且在这样的基础上进行自我表达，因此出现了"西化派""东化派""斯拉夫派""颓废派""先锋派"等多种主张。这些"文明的另一种声音"，穿行于激荡的时代，在碰撞中绽放出了绚烂的火花。从这个角度看，《克服欧洲》是对比较文学形象学理论和方法的教科书般的演绎，而这正是作者耕耘了三十余年的学术领域。

2018年夏天，米卢蒂诺维奇教授来到北京外国语大学访问，我终于有机会一睹他的学识与风采。他温文儒雅，又不缺乏塞尔维亚人特有的热情。得知我对游记文学的兴趣，便慷慨地与我分享了他的"文献工具箱"。后来，我们在教学方面有了越来越多的交流与合作，而我想要将他的作品翻译成中文的愿望，也变得越来越热切。

2020年，在《克服欧洲》原作出版十周年之际，这样的机会终于到来。在活字文化的策划和柏琳老师的推荐下，《克服欧洲》的中文版翻译项目正式启动了。我幸运地成为了中文版译者，得到了一段安静而美好的时光，跟随着米卢蒂诺维奇教授的笔径，以前所未有地专注去重新感受塞尔维亚现代文学的脉搏。不过，本书内容丰富，涉猎和征引广泛，超过了我有限的知识储备，在翻译过程中，米卢蒂诺维奇教授耐心地为我解答各种各样的问题。尽管如此，译文中还有许多不尽人意的地方，欢迎读者朋友批评指正。借此机会，特别感谢陈碧村老师、柏琳老师、杨司奇老师、刘盟赟老师和洪羽青老师，如果没有他们无条件的支持与投入，这一译作未必能够以目前的样貌与读者见面。

《克服欧洲》或许没有回答"塞尔维亚文化属于东方还是西方"这个问题，不过它似乎给了我们新的启示：无论东方或者西方，似乎都不能为任何一种文化提供直截了当、万无一失的定论。相反，这种简单化的二分法，以及轻易将人和事情进行归类的做法，才是我们真正需要克服的东西。"克服欧洲"的方法不在于"理解欧洲""成为欧洲"或者"战胜欧洲"，而是泰然自若地承认"克服"之不可能：因为"欧洲"不在任何地方，它永远不会接纳任何人。从这层意义上看，本译作的完成不是终点，而是一个崭新的开端。

彭裕超
2023 年 1 月于北京

图书在版编目（CIP）数据

克服欧洲 /（塞尔）佐兰·米卢蒂诺维奇著；彭裕超译. —北京：商务印书馆，2023
（文明的另一种声音）
ISBN 978－7－100－22414－7

Ⅰ. ①克… Ⅱ. ①佐… ②彭… Ⅲ. ①文化史—塞尔维亚 Ⅳ. ①K543.03

中国国家版本馆 CIP 数据核字（2023）第085872号

权利保留，侵权必究。

克 服 欧 洲

〔塞尔〕佐兰·米卢蒂诺维奇 著
彭裕超 译

商 务 印 书 馆 出 版
（北京王府井大街36号 邮政编码 100710）
商 务 印 书 馆 发 行
山西人民印刷有限责任公司印刷
ISBN 978－7－100－22414－7

2023年6月第1版	开本 880×1230 1/32
2023年6月第1次印刷	印张 11¾

定价：88.00元